미국에서 처음부터 다시 배운 **미국영어·미국문화**

Study English in America

by Lee Garam

Study Live English in America

2011년 1월 17일 인쇄
2011년 1월 21일 발행

지은이	Lee Garam
발행인	서 홍
발행처	**MENT⊙RS**

463-873 경기도 성남시 분당구 수내동 10-1 트라팰리스 259
TEL 031-604-0025 FAX 031-696-5221

www.mentors.co.kr

등록일자	2005년 7월 27일
등록번호	제 2009-000027호
ISBN	978-89-91298-55-2
가격	15,600원

잘못 인쇄된 책은 교환해 드립니다.
저자와의 협의에 의해 인지는 붙이지 않습니다.
이 책에 게재된 내용의 일부 또는 전체를
무단으로 복제 및 발췌하는 것을 금합니다.

PREFACE

    2005년 8월 미국 행 비행기를 처음 탔을 때 나는 세상을 다 가진 것처럼 들떠있었다. 하지만 그것도 잠시 그 기쁨은 24시간도 채 지나기 전에 내려놓아야 했다. 만 15세였던 나는 미국에만 가면 당연히 영어를 잘하게 될 줄 알았다. 3개월만 지나면 귀가 뚫리고 말이 터진다는 어른들의 말을 아무런 의심 없이 믿었던 것이다. '준비'와 '연습'이라는 갑옷을 입지 않고 무작정 맨 몸으로 부딪혔으니 그 고통을 겪어보지 못한 사람은 상상이 가지 않을 것이다. 그 결과는 어미 잃은 새처럼 참담했다. 한국인이 한 명도 없는 그 큰 땅 덩어리에서 실실 웃기만 하는 벙어리 새가 되어 버린 것이다.

    그러나 언제까지 지저귀지 못하는 새, 벙어리 동양애로 남아 있을 수는 없었다. 한국에서, 그것도 교육열 높은 곳에서 부모님 등살에 떠밀려 영어 공부를 해왔던 것이 하루 이틀도 아니고 초등학교 때부터 최소한 6~7년은 넘게 공부를 해왔는데 'Yes'나 'No' 밖에 하지 못하는 한국인으로 남고 싶지 않았다. 그래서 얼굴에 철판을 깔고 다시 처음부터 영어공부를 하기 시작했다. 이번엔 한국에서 배운 '짝퉁 영어'가 아닌 '진짜 영어'를 배우기 시작했다. 그 영어의 첫 걸음마로 뗀 것이 바로 문법이었다.

    요즘에는 예전처럼 문법 위주의 공부를 하지 않는다. 내가 중학교 때만 해도 그러한 문법 위주의 영어 공부가 언어를 배우는데 큰 도움을 주지 않는다는 말이 오가곤 했었다. 귀가 얇은 나는 그 말을 철썩 같이 믿었다. 누가 문법이 중요하지 않다고 했던가? 문법? 중요하다! 특히 한국어가 모국어인 사람에게 영어 문법은 더욱 중요하다. 동사 뒤에 무엇이 오고, 형용사는 무엇이며, 분사구는 또한 무엇이냐 하는 그런 기존의 딱딱한 문법을 말하는 것이 아니다. 내가 말하고 싶은 것은 한국어라는 문법 체계에 익숙해져 있는 사람들이 영어라는 또 다른 문법 체계로 된 언어를 빨리 익히기 위해서는 새로운 개념과 방법이 필요하다는 것이다. 그 개념과 방법은 단순히 영어의 구조와 형식 뿐만 아니라 우리와 다른 영어권 나라의 문화와 가치관과도 연관되어 있다.

    나는 이 책을 통해 새로운 접근방식에 대한 경험과 노하우를, 예전의 나처럼 마냥 들떠있는 예비 유학생들, 그리고 2% 부족으로 늘 영어에 자신감이 없는 사람들과 나누고 싶다. 아울러 나의 미국 생활 경험을 이 책 속에 모두 풀어 놓았다. 나와 함께 하는 미국 여행이라고 생각하면 흥미로울 것이다. 「Study Live English in America」가 여러분에게 영어를 잘 할 수 있는 든든한 자양분이 되길 바란다.

Lee Garam

이 책의 Real-life Episodes 33에는 무엇이 담겨져 있나?

1 온몸으로 부딪히면서 배운 영어에 대한 생생한 경험담이 넘친다!

미국 호스트 가정에서 거주하며 미국 학교(고등학교, 대학교)를 다니면서 온몸으로 깨달은 영어의 원리에 대한 실제 경험담들이 들어있습니다. 이런 경험담은 한국에서 영어를 배울 때는 느낄 수 없는 것으로서 이 책을 통해 영어와 한국어의 차이가 무엇인지, 영어를 어떻게 이해하고 배워야 하는지를 직접적으로 체험할 수 있습니다.

2 현재 미국에서 살아 숨쉬는 21세기 영어가 가득 들어 있다!

현재 미국에서 사용되는 따끈따끈한 일상 생활영어, 학교에서 사용되는 교육영어 등이 숨소리가 들릴 정도로 현장감 넘치게 소개되어 있습니다. 따라서 한국에서 교실이나 일반 회화책을 통해서는 도저히 깨닫거나 배울 수 없는 귀중한 영어 스토리가 펼쳐져 있어 흥미진진하게 읽을 수 있습니다.

3 그리고 미국의 문화가 있다!

미국 사람들이 살아가는 모습의 단편들을 한 이방인 필자의 감각적이고 감성적인 시각을 통해 접할 수 있습니다. 글을 읽는 순간, 마치 순간이동(teleport)을 해서 미국에 와 있는 듯한 착각을 불러일으킬 만큼 생생한 미국인들의 문화가 담겨져 있어 문화 충격을 간접적으로 체험할 수 있습니다.

이 책의 Real-life Episodes 33은 누가 봐야 하나?

1 영어의 개념과 원리를 이해하려는 영어 학습자!

영어는 살아 있는 유기체입니다. 따라서 다른 과목들처럼 단순히 교실 책상에서 책을 읽고 암기만 한다고 해서 배워지지 않습니다. 이제 그런 죽어 있는 영어학습법을 지양하고 영어의 기본 개념과 원리를 이해하면서 실력을 향상하고픈 진정한 영어 학습자들에게 필자가 미국 현지에서 고통스럽게 깨달은 영어의 원리는 소중하게 다가갈 것입니다.

2 현지 유학(고등학교·대학교)을 준비하고 있는 학생!

누구보다 현재 한국이나 미국 현지에서 유학을 준비중인 학생들에게는 더 없는 귀중한 사전정보가 될 것입니다. 처음 가 보는 생소한 길을 아무런 보호장비 없이 무작정 가는 것보다는 몇 년 앞서 경험한 선배의 생생한 이야기를 담은 이 책의 Episodes는 예비 유학생들에게 타향살이에 대한 두려움과 현지 영어에 대한 어려움을 이길 수 있는 지침서가 되어 줄 것입니다.

3 자녀의 영어실력 향상을 고대하면서 향후 유학을 계획 중인 학부모님!

Episodes 33에는 영어의 기본 원리뿐만 아니라 미국 학교생활에 대한 정보 등 직접 경험해 보지 않고는 알 수 없는 소중한 내용들이 들어 있습니다. 유학을 준비중인 자녀들에게 현지 영어 습득 방법뿐만 아니라 어떻게 생활하고 어떻게 공부해야 할지에 대한 실용적인 팁이 가득하기 때문에 학부모님의 근심과 걱정을 크게 덜어줄 것입니다.

CONTENTS

미국 그리고 영어, 너 어디까지 아니?
What do you know about America & English? | 9
▶ Test Yourself with 33 Quizzes!

온몸으로 부딪힌 미국 그리고 영어
Study Live English in America | 19
▶ Real life Episodes 33

EPISODE 01	영어, 주어 뒤에 있는 동사를 찾아라!	20
EPISODE 02	논리적인 영어, 감성적인 한국어?!	26
EPISODE 03	생략이 많은 한국어 반면에 생략이 적은 영어!?	32
EPISODE 04	영어, 'a (an)'에 미치다!	42
EPISODE 05	'the'는 또 왜 그렇게 좋아하는지	49
EPISODE 06	셀 수 있는 것과 셀 수 없는 것의 애매모호함?!	54
EPISODE 07	한국어와 거꾸로인 영어	61
EPISODE 08	반기문 유엔사무총장님처럼만 스피킹 해도 훌륭해!	67
EPISODE 09	토종 한국인들이 버터 냄새 나는 영어 발음 도전하기 1	74
EPISODE 10	토종 한국인들이 버터 냄새 나는 영어 발음 도전하기 2	84
EPISODE 11	영어, 제발 영어답게 쓰자!	93
EPISODE 12	소유하는 걸 지나치게 좋아하는 미국인?! 1	102
EPISODE 13	소유하는 걸 지나치게 좋아하는 미국인?! 2	110
EPISODE 14	관계대명사는 부가적인 설명을 연결하는 고리	116

EPISODE 15 주는 쪽과 받는 쪽의 차이 | 124
EPISODE 16 영어에만 특별한 완료시제 | 132
EPISODE 17 혼자서는 맥을 못 추는 동사들 | 142
EPISODE 18 혼자서도 잘 노는 동사들 | 149
EPISODE 19 Give & Take! 확실히 하는 미국인들?! | 156
EPISODE 20 무엇보다 다양하게 쓰여지는 On | 167
EPISODE 21 On의 반대 개념 Off | 174
EPISODE 22 기분이 UP & DOWN | 183
EPISODE 23 왜 쓸데없이 수동태를 사용할까?! | 191
EPISODE 24 접두사와 접미사 유용하게 써먹자 | 198
EPISODE 25 한국어는 1인칭, 2인칭, 3인칭에게 흔들리지 않아 | 207
EPISODE 26 초딩식 영어작문 피하기 | 216
EPISODE 27 단어 책에서 찾아보기 어려운 실생활 영어단어 | 224
EPISODE 28 아는 단어에 발등 찍히게 하는 영어 | 232
EPISODE 29 미국인들도 쉬운 단어를 좋아해 | 242
EPISODE 30 짧지만 큰 'impact'를 가지고 있는 감탄사와 의태·의성어! | 251
EPISODE 31 미국 교과 과목 이렇게 공부해라! 1 | 260
EPISODE 32 미국 교과 과목 이렇게 공부해라! 2 | 279
EPISODE 33 수업 시간에 알고 있어야 할 것들 | 289

알고 보면 유용한 미국 생활 단어들
Mini Dic for Studying in America | 303
▶ Useful Terms for Studying in America

미국 그리고 영어, 너 어디까지 아니?

What do you know about America & English?

▶ Test Yourself with 33 Quizzes!

Let's Get Started!

자신이 미국과 영어에 대해 얼마나 알고 있는지 테스트 해보는 자리입니다. 기본실력으로 33개의 테스트를 해본 다음, 결과를 보고 자기 실력이 어떤지 파악해보시기 바랍니다.

---

01 In America, we usually give a _____ to a cab driver.

    a. 20~30% tip
    b. 5-10% tip
    c. 10~20% tip

02 Many Americans believe that the number thirteen brings _____.

    a. good luck
    b. fortune
    c. bad luck

03 President Barack Obama won the Nobel Prize for _____.

    a. medicine
    b. literature
    c. peace

04 How do Americans write the date October 15, 2011?

    a. 10/15/11
    b. 15/10/11
    c. 11/15/10

05 Your teacher's name is Debora Taylor. You can call her _____.

a. Debbie
b. teacher
c. Ms.Taylor

06 If they have a sleepover, they will _____ most of the night.

a. drink
b. talk
c. work

07 The maid of honor at a wedding is _____.

a. a honorable girl
b. a flower girl
c. a bridesmaid

08 _____ is a meal that is served between breakfast and lunch.

a. Snack
b. Supper
c. Brunch

09 A _____ is someone you pay to watch your children.
   a. babysitter
   b. lifeguard
   c. social worker

10 If someone said to you, "Act your age," it means you were acting _____.
   a. childlike
   b. active
   c. nasty

11 If it rains like cats and dogs, it _____.
   a. is drizzling
   b. is raining hard
   c. is not raining

12 A café latte is a coffee _____.
   a. with whipped cream
   b. with milk
   c. with alcohol

13 On Easter Day we go to _____.
   a. the library
   b. school
   c. church

14. You put your two thumbs up. That means you are _____.

   a. satisfied
   b. ashamed
   c. uncertain

15. A sweet sixteen is a(n) _____ party.

   a. birthday
   b. anniversary
   c. prom

16. His line is busy. He _____.

   a. is sewing a clothing
   b. is talking on the telephone
   c. is listening to music

17. Which city is known as "The Windy City"?

   a. New York City
   b. San Francisco
   c. Chicago

18. In 1620, the pilgrims landed in Massachusetts with a ship named _____.

   a. Santa Maria
   b. Titanic
   c. Mayflower

19. On every one dollar bill, there's a picture of _____.
   a. George Washington
   b. Abraham Lincoln
   c. Thomas Jefferson

20. If it's up to you, it's _____.
   a. your fault
   b. your idea
   c. your decision

21. _____ is a telephone service in America used in emergencies.
   a. 191
   b. 911
   c. 119

22. A deli is a kind of restaurant which sells _____.
   a. ice cream
   b. sandwiches
   c. steak

23. Sending a thank you card _____ people feel good.
   a. greets
   b. turns
   c. makes

24 On April 1st, people play _____ their friends or family members.

   a. music to
   b. tricks on
   c. games with

25 Trick-or-treaters visit houses and ask for _____ on Halloween Day.

   a. candy
   b. money
   c. toys

26 _____ sales are a way to sell used items.

   a. Baking
   b. Annual
   c. Garage

27 What bird is the symbol of the United States? The _____.

   a. turkey
   b. eagle
   c. parrot

28. Valentine's Day is a day when couples express their _____ for each other.
    a. love
    b. hatred
    c. respect

29. During Thanksgiving, people express their thanks for the _____ that year.
    a. health
    b. harvest
    c. weather

30. Niagara Falls is one of the most famous _____ in North America.
    a. government sites
    b. natural sites
    c. historical sites

31. A(n) _____ is a big building where students can live.
    a. assembly hall
    b. arena
    c. dormitory

32. Netiquette refers to the social rules for _____ who are using the Internet.
    a. citizens
    b. netizens
    c. children

33 Kids in America often send letters to _____ in December.

   a. the United Nations
   b. the North Pole
   c. UNICEF

ANSWERS & GRADES

1. b	2. c	3. c	4. a	5. c	6. b	7. c	8. c	9. a
10. a	11. b	12. b	13. c	14. a	15. a	16. b	17. c	18. c
19. a	20. c	21. b	22. b	23. c	24. b	25. a	26. c	27. b
28. a	29. b	30. b	31. c	32. b	33. b			

GRADES
- 31~33 ⟶ WOW! You are a native???
- 26~30 ⟶ Great! You can go study abroad now.
- 15~25 ⟶ Good! Keep up the good work.
- 06~14 ⟶ Not Good! Come on, this book won't hurt you.
- 00~05 ⟶ Unbelievable! You need to talk with US!!!

온몸으로 부딪힌 미국 그리고 영어

Study English in America

Live

▶ Real life Episodes 1~33

EPISODE 01

영어, 주어 뒤에 있는 동사를 찾아라!

영어의 중심은 동사이고
동사는 언제나 주어 뒤에서 빛을 발해~

    우리말은 늘 동사가 문장 끝에 오지만 영어는 늘 동사가 주어 뒤에 온다. 영어 문법을 처음 배울 때부터 주어 뒤에 동사가 온다는 말은 귀가 아플 정도로 들었을 것이다. 또 동사의 종류를 1형식, 2형식, 3형식 아니면 완전자동사, 불완전 자동사, 완전 타동사 등으로 나누며 달달 외우기도 했을텐데 그렇게까지 딱딱 구분해서 알 필요는 없다.

    다만 여기서 중요한 것은 독해를 하든, 듣기를 하든, 회화를 하든 간에 문장의 중심은 주어와 동사이며, 주어 뒤에는 반드시 동사가 따라붙는다는 것을 명심해서 공부해야 한다는 점이다.

    ==한국어는 동사로 문장의 끝맺음을 하지만 영어는 동사를 중심으로 문장을 완성해 나간다.== 그래서 '한국말은 끝까지 들어봐야 안다.' 는 속담까지 생긴 것이다. 같은 말을 돌려서 표현하기를 좋아하는 한국사람들과는 달리 직설적으로 말하는 것이 일반적인 영어권 국가의 사람들에게는 주어 다음에 동사가 오는 문장구조가 상대방에게 더 쉽고 분명하게 의사를 전달할 수 있기 때문이다.

주어 뒤에는 항상 동사가 온다

<u>나는</u> 너의 꿈을 <u>지지한다</u>. ← 한국어: 주어와 동사가 떨어져 있다.
<u>I</u> <u>support</u> your dream. ← 영어: 주어와 동사가 붙어 있다.

<u>아바타는</u> 그의 여자친구를 위해 핸드폰을 <u>샀다</u>.
<u>Avatar</u> <u>bought</u> a cellular phone for his girl friend.

==영어에서 주어랑 동사는 친한 친구이다.== 반면에 한국어는 주어를 생략할 때도 많고 주어의 위치도 다양한데 비해 동사는 꼭 문장 끝에 와야 한다.

미래형 만들기

<u>나는</u> 너의 꿈을 <u>지지할 것이다</u>. ← 한국어: '~것이다'를 동사 뒤에 붙여서 만든다.
<u>I</u> <u>will</u> <u>support</u> your dream. ← 영어: will을 동사 앞에 붙여서 만든다.

<u>사만다는</u> 친구들을 그녀의 파티에 <u>초대할 것이다</u>.
<u>Samantha</u> <u>will</u> <u>invite</u> her friends to her party.

한국어는 미래형을 만들 때 주로 '동사'와 '…할 것이다'를 붙여서 만들지만 영어는 동사의 변형은 없고 'will'이 동사 앞에 와서 주어와 동사를 연결을 해주면서 미래형을 만든다. 이때도 또 한국어랑 영어의 다른 점을 찾아볼 수 있다. ==will이나 can, may같은 조동사(동사를 도와주면서 다양한 문장을 만들어주는 역할)는 항상 주어 뒤, 동사 바로 앞에 온다는 점이다.==

과거형 만들기

<u>나는</u> 너의 꿈을 <u>지지했다</u>. ← 한국어: '…했다, …했었다' 등으로 동사를 변형해서 만든다.
<u>I</u> <u>supported</u> your dream. ← 영어: 동사를 변형시켜 만드는데 동사마다 형태가 다르다.

<u>우리는</u> 빅터의 생일 선물을 <u>샀다</u>.
<u>We</u> <u>bought</u> Victor's birthday present.

부정형 만들기

<u>나는</u> 너의 꿈을 <u>지지하지 않는다</u>. ← 한국어: '…않는다, 않다'를 동사 뒤에 붙여서 만든다.
<u>I</u> <u>do not</u> <u>support</u> your dream. ← 영어: 동사 앞에 not을 붙여 준다.

<u>나는</u> 샘의 반지를 <u>훔치지 않았다</u>.
<u>I</u> <u>did not</u> <u>steal</u> Sam's ring.

우리와 문장구조가 달라 배우기 더 어려워

위의 예처럼 영어는 「주어 + 동사」를 중심으로 문장이 만들어진다. 따라서 동사로 문장을 끝맺는 우리에게 영어식 사고방식을 갖는 것은 생각보다 힘들다.

내가 교환학생으로 처음 미국에 갔을 때 세계 각지에서 온 교환학생들을 만날 수 있었다. 그 때 독일이나 프랑스와 같은 유럽에서 온 교환학생들은 영어를 거의 native 수준으로 잘 하는 모습을 보면서 부러워 한 적이 있다. 하지만 지금 생각하면 당연한 일이었던 것 같다. 우리가 일본어를 배울 때 영어를 배우는 것 보다 쉽게 느껴지듯이 그들에게도 일본어 보다는 문장구조가 비슷한 영어를 배우는 편이 훨씬 쉬웠을 것이다.

CHECK IT OUT | 헷갈리는 동사들을 익혀두자!

다음의 단어들은 동사의 형태가 비슷비슷해서 헷갈리는 경우가 있는 단어들이기 때문에 유념해 두는 것이 좋다.

- see - saw - seen 보다   saw - sawed - sawn 톱으로 자르다
  sow - sowed - sown 씨를 뿌리다   sew - sewed - sewn 바느질하다

- wound - wounded - wounded 상처를 입히다
  wind - wound - wound 감기다

  바람을 뜻하는 명사 wind와는 다른 뜻을 가진 동사이며 발음도 다르다. '바람'을 '윈드'라고 발음한다면 동사 wind는 '와인드'로 발음한다. '되감다'의 뜻인 rewind(리와인드)도 이 단어에서 파생된 단어이다.

- lie-lied-lied 거짓말하다
  lie-lay-lain 눕다
  lay-laid-laid 눕히다, 놓다

  우선 lie는 두 가지 뜻이 있다. 첫 번째는 '거짓말하다'의 lie가 있는데 이때의 lie의 과거형과 과거분사형은 lie - lied - lied이다.

She lied to me. 그녀는 내게 거짓말을 했다.

두 번째는 '눕다'의 lie가 있다. 여기서 lie의 과거형과 과거분사형은 lie – lay – lain 이다.

He lay in bed. 그는 침대에 누웠다.

마지막으로 이번에는 lie 동사가 아닌 lay 동사가 있다. 바로 lay – laid – laid 인데 이 때의 lay는 '눕히다, 놓다' 라는 뜻을 가진다. lie의 과거형 lay와 혼동하기 쉽다.

I laid my cell phone on my desk. 나는 내 핸드폰을 내 책상에 놓았다.

「lie의 과거형 lay」와 「놓다의 뜻을 가진 lay」의 차이점은 「lie의 과거형 lay」는 주체(주어)가 눕는 것이고 그냥 'lay'는 주체(주어)가 다른 무언가를 놓는 것이다. 따라서 그냥 'lay'는 뒤에 목적어가 붙는 경우가 다반사이다.

 주어가 길어도 주어 뒤에는 항상 동사가 온다

What the cynics fail to understand is that the ground has shifted beneath them - that the stale political arguments that have consumed us for so long no longer apply.(오바마 연설문)

냉소주의자들이 이해하지 못한 것은 자신들 아래에 위치한 근본적인 기반이 변했다는 것과 우리를 오랫동안 소모적으로 이끌어왔던 진부한 정치적 주장들을 더 이상 적용할 수 없다는 것입니다.

가끔 주어가 길어지면 동사를 찾기 힘들 때가 있다. 영어에서 동사는 항상 주어 뒤에 온다는 것을 잊지 말고 영어를 공부하자.

다음과 같은 예를 통해서도 영어와 한국어의 차이를 살펴 볼 수 있다.

At Harvard's medical school, only about 5% of the students that apply are allowed to enter the school.
하버드 의대는 지원한 학생들 중 단지 5%만이 학교에 입학한다.

apply는 '지원하다' 라는 뜻을 가진 동사이다. 하지만 위의 문장에서는 동사 apply는 주어를 수식하는 부분이고 그 뒤에 오는 'are allowed' 가 진짜 동사다.

Brown, Columbia, Cornell, Harvard, Princeton, Yale, Dartmouth and the University of Pennsylvania are universities in the Northeastern US that had a football association called the Ivy League.
브라운, 콜롬비아, 코넬, 하버드, 프린스턴, 예일, 다트모스 그리고 펜실베니아 대학은 아이비리그라고 불리는 풋볼 연합에 속한 미국의 북동부 지역의 대학들이다.

주어가 아무리 길어도 동사는 그 뒤에 오기 마련이다. '동사는 주어 뒤에!!' 항상 명심하자.

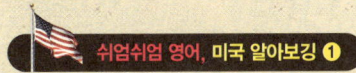

입이 떡 벌어지는
거대한 나라 미국!

처음 미국에 갔을 때는 한동안 눈에 보이는 모든 것에 놀라지 않을 수 없었다. 눈앞에 펼쳐진 모든 것들이 너무나 거대해서 경이로웠기 때문이다.

미국은 뉴욕과 시카고 같은 대도시가 아닌 이상 우리나라처럼 빽빽하고 높게 들어선 건물들은 보기 어렵다. 땅 덩어리가 워낙 넓다 보니 일 이층 밖에 안 되는 건물들이 듬성듬성 크게 자리를 잡고 있다. 나는 미시간 디트로이트에서 1시간 정도 떨어진 소도시에서 살았는데, 내가 다니던 2층 건물의 미국 공립학교를 제외하고는 거의 계단을 오르내리며 다닌 적이 없다. 물론 엘리베이터도 거의 타 본 기억이 없다. 그리고 도시를 조금만 벗어나면 말 그대로 고속도로 빼고는 황야 뿐이다. 고속도로를 달리다가 사슴이나 곰이라도 만나면 더할 수 없이 반가울 정도로 끝없이 마냥 넓고 긴 땅 덩어리다.

그렇게 넓고 거대한 미국에 어느 정도 익숙해질 무렵 나는 호스트 가족과 함께 오대호로 여행을 간 적이 있다. 오대호를 그저 거대한 호수쯤으로 생각했었는데 내 눈으로 직접 본 것은 호수가 아닌 거대 바다였다. 바다처럼 파도도 일고 지평선이 보이지 않을 만큼 어마어마한 호수였던 것이다. 그 안에 우리나라 땅 덩어리가 다 들어간다는 말에 나는 또 충격을 받았다. 그 호수의 다리는 몇 시간 이상은 운전해야만 건널 수 있을 정도로 거대했다.

그 밖에도 미국의 거대함에 놀라지 않을 수가 없었다. 레스토랑에 가서 나오는 음식들은 족히 2인분은 되어 보였고, 사람들이 끌고 다니는 자동차는 승용차도 많았지만 우리나라에서 보기 힘든 트럭이나 밴이 많이 보였다. 또한 워낙 모든 것의 크기나 부피가 크다 보니 미국사람들이 생각하는 '멀다,' '크다' 라는 말에서도 우리나라 사람들의 개념과는 상당한 차이를 보였다. 우리는 2시간만 운전해도 멀다고 느끼는데 비해 미국사람들은 2시간 정도의 운전거리는 가깝다고 생각하는 것이다. 크리스마스나 추수감사절에 나는 호스트 가족이랑 15시간 정도 운전을 해서 호스트 가족의 친척들을 방문하곤 했다. 그렇게 오랫동안 자동차로 움직이다 보니 한국에 와서는 2시간, 3시간 정도의 운전은 아무것도 아닌 게 되어 버렸다.

EPISODE 02
논리적인 영어, 감성적인 한국어?!

영어는 6하 원칙에 따라 생각하는 순서대로 말하는데 우리말은?

우리는 책을 읽고 줄거리를 간추려서 요약하라고 하면 대부분 6하원칙을 (who 누가, what 무엇을, when 언제, where 어디서, why 왜, how 어떻게) 활용한다. 전체적인 줄거리를 가장 쉽게 중요한 알맹이만 골라서 표현할 수 있기 때문이다. 영어에서 이 6하원칙을 Five Ws & One H (5W 1H)이라고 부른다. 어떻게 보면 영어도 이러한 6하원칙을 제대로 따른다. 주어인 '누가' 뒤에 동사 '어떻게'가 오고 부가적으로 언제, 어디서, 무엇을, 왜가 따른다. 이러한 부가적인 것들은 때에 따라서 「주어+동사」 앞에 올 수도 있고 주어+동사 뒤에 올 수도 있다. <mark>영어는 이렇게 생각하는 순서대로 쓴다.</mark>

하지만 반면에 한국어는 이러한 순서가 중요하지 않다. 무조건 동사가 뒤에 와서 문장을 마친다면 영어처럼 순서와 상관없이 배열할 수 있다. 그 이유에는 한국어에는 영어와 다른 무엇이 있기 때문이다. 바로 조사(indicator)가 있기 때문이다. 이 indicator들이 어떤 것이 주어고 어떤 것이 동사고 어떤 것이 부가물들인지 친절하게 알려준다. 주어 'who 누가'를 가리키는 '-가, -는, -이'가 있고 목적어 'what 무엇을' 가리키는 '-을, -를'이 있다. 따라서 이러한 indicator들이 주어인지 목적어인지 알려주는 역할을 하기 때문에 영어처럼 굳이 순서를 두고 문장을 만들 필요가 없다. <mark>영어는 이러한 친절한 indicator들이 없기 때문에 순서가 매우 중요하다.</mark> 따라서 이러한 차이를 알면 영어를 배우는데 도움이 될 것이다.

우선 다음 문장을 보자.

Samantha gave Mark a birthday card because last Sunday was his birthday.
(=Samantha gave a birthday card to Mark because last Sunday was his birthday)

위의 문장은 주어(who)인 '사만다'가 동사(how) '주었다' 라는 「주어 + 동사」 순서로 시작해 부가물인 목적어(what)와 이유(why)가 뒤에 따라온다. 이처럼 영어는 순서가 있다. 무조건 주어와 동사가 온 후에 뒤에 부가물들이 따른다. ==어떤 부가물들은 콤마(,)나 전치사, 접속사 등을 이용하여 「주어 + 동사」 앞에 올 수도 있지만 대부분 영어는 이러한 순서를 지니고 있다.==

반면에 위의 문장을 한국어로 옮길 때는 다양한 순서로 문장들을 만들 수 있다.
- 사만다는 지난주 일요일이 그의 생일이었기 때문에 마크에게 생일카드를 주었다.
- 지난주 일요일이 그의 생일이었기 때문에 사만다는 마크에게 생일카드를 주었다.
- 마크에게 사만다는 지난주 일요일이 그의 생일이었기 때문에 생일카드를 주었다.
- 지난주 일요일이 그의 생일이었기 때문에 생일카드를 마크에게 사만다는 주었다.
- 사만다는 지난주 일요일이 그의 생일이었기 때문에 생일카드를 마크에게 주었다.

(이 순서 외에 동사 '주었다'로 문장만 마무리 하면 다양한 문장을 만들 수 있다.)

 우리말은 영어와 달리 순서와 상관없이 통해

이처럼 한국어는 영어와는 달리 순서가 상관이 없다. 이는 주어(who)를 가리키는 '-는, -이, -가,' 목적어를 가리키는 '-을, -를, -에게' 등과 같은 다양한 indicator 들이 있기 때문이다. 위의 문장에서는 '때문에'도 indicator가 될 수 있다. 바로 '이유(why)를 나타내기 때문이다. 이처럼 이러한 indicator들은 보통 단어의 끝에 와서 단어가 어떻게 사용되고 있는지 보여 준다.

영어는 「주어 + 동사 + 목적어(보어)」의 형태로 문장을 이룬다고 문법책에서 많이 배웠을 것이다. 영어에서는 순서가 아주 중요하다. 한국어에서는 동사만 끝에 온다면 순서는 그렇게 문제가 되지 않는다.

심지어 우리가 다음과 같이 말을 해도 사람들은 대충 이해할 것이다.

"그것에 대해 말하지 않았어 마크에게 수잔은."

한국어로도 문법적으로 매우 허술하고 동사로 문장이 끝나지도 않았지만 이 문장을 읽은 우리는 무슨 뜻인지는 이해했을 것이다. 바로 '…에게' 와 '…은' 과 같은 indicator 덕분이다.

하지만 만약에 영어를 위와 같이 엉망진창으로 썼다면 어땠을까?

did not tell it about Mark to Susan. (???)

위의 문장을 쉽게 이해할 미국인은 없을 것이다. 이처럼 한국어를 쓸 때는 조사에, 영어를 쓸 때에는 순서에 유의해야 한다. 나도 가끔 이 순서를 잘 지키지 못해 미국인들이 내 영어를 이해하지 못한 적이 한 두 번이 아니었다.

또 다른 예로는

Susan did not tell about it to Mark.

위의 문장을 조사 없이 한국어로 단어 뜻만 옮기면 다음과 같다.

수잔 했다 아니다 말하다 대해서 이것 에게 마크

위의 문장을 쉽게 이해할 수 있는 사람들은 없을 것이다. 조사가 없어서 무엇이 주어인지도 모르겠고 목적어도 모른다.

따라서 영어를 한국어로 해석할 때는 영어에 없던 조사를 붙여서 해석해야 한다.

수잔은 마크에게 이것에 대해 말하지 않았다.

이처럼 영어는 순서가 뜻을 좌지우지하고 한국어는 조사가 뜻을 좌지우지한다.

MORE TIP

영어 문장 구조를 쉽게 이해하고 자유롭게 영작을 할 수 있으려면 한국어와 영어 구조의 다른 점을 알아두면 쉽게 익힐 수 있다. 하지만 더 중요한 것은 이러한 문장을 많이 접해 보는 것이다. 당장 어느 정도 수준에 맞는 영어로 된 다양한 글을 읽어라! 끊임없이 읽어라! 읽을 때 주어와 동사의 위치를 잘 확인하고 어떠한 문장 구조로 되어 있는지 파악하면서 읽어본다. 그러면 점차 한국어의 문장 구조와 상당히 다른 영어 문장 구조에 익숙해져 있을 것이다. 어느 순간부터 자연스럽게 영어를 작문할 때 주어 다음에 동사를 자연스럽게 쓸 수 있는 영작을 할 수 있을 것이다. 아래 문장들을 끊어 읽기를 해보자.

She / didn't wear/ her makeup/ during the meeting.
(그 여자는 회의 중 화장을 하지 않았어.)
Everything in the bakery / looks / delicious.
(빵집에 있는 게 다 맛있게 보여.)
I /often / go to Hollywood / to hang out with the stars.
(종종 할리우드에 가서 스타들과 어울려.)
You're not actually going to / get married / on Friday the thirteenth,/ are you?
(사실 13일의 금요일에는 결혼하지 않을 거지, 안 그래?)
I / need to / know / whether / you're coming / to the party.
(파티에 올 건지 알려주세요.)
I'm going to / be a star / when / I / grow up!
(난 커서 스타가 될거야.)

미국의 Special Day

한국의 설날, 추석처럼 미국에도 다양한 Special Day가 있다. 한국과 비슷한 면도 있지만 일반적으로 성향이 다르다. 주로 종교와 관련된 Special Day가 많은 것 같다. 알아두면 좋을 것 같다.

New Year's Day : 설날. 하지만 한국과는 달리 미국의 설날은 큰 명절이 아니다. 12월 31일에 가족이나 친구들이 모여 새해 축하를 위해 자리를 마련해 새해 전날 밤을 조촐하게 보낸다. 주로 햄이나 칠면조요리를 해먹거나 가벼운 식사를 한다.

Martin Luther King, Jr. Day : 흑인 인권운동가로 활동했던 마틴 루터 킹 목사의 생일을 기념하기 위해 만들어졌다. 매년 1월의 세 번째 월요일을 공휴일로 정해 그를 기념하고 인권운동을 되새기는 날이다.

President's Day : 매년 2월 세 번째 월요일로 대통령의 날이다. 조지 워싱턴 대통령의 생일을 기념하기 위해 처음으로 만들어졌다가 이제는 대통령의 날로 그 이름이 바뀌었다.

Ash Wednesday : 한국말로는 성회일이며 사순절의 첫날이다. 기독교에서 부활절이 오기 전 46일전 날을 (일요일을 제외하면 40일) 일컫는다.

Saint Patrick Day : 아일랜드의 수호 성인 성패트릭 기념일로 3월 17일이다. 이날 많은 카톨릭 신자들이나 아일랜드 혈통의 사람들은 아일랜드의 국화인 shamrock(토끼풀)이 그려진 옷을 입고 초록색으로 많이 치장을 한다.

Good Friday : 부활절 전의 성금요일로 그리스도의 수난 기념일이다.

Easter : 부활절. 대부분 미국인들은 그리스도의 부활을 기념하며 교회에서 예배를 드리고 가족들이 모여 시간을 보낸다. 달걀(egg)에 다양하게 그림을 그려서 선물하기도 하고 달걀 찾기(egg hunting) 등의 행사를 한다.

Mother's Day : 미국은 한국과 달리 어버이날이 없고 어머니의 날과 아버지의 날로 따로 분리되어 있다. 매년 5월의 둘째 주 일요일이다.

Father's Day : 아버지의 날이다. 매년 6월의 셋째 주 일요일이다.

Memorial Day : 한국말로 전몰 장병 기념일이다. 한국의 현충일과 비슷하다. 전사한 미군을 애도하는 날이다. 매년 5월 마지막 월요일이다.

Independence Day : 독립 기념일이다. 7월 4일이다. 가족들끼리 모여 주로 바베큐를 하거나 소그룹으로 혹은 대규모로 모여서 음악회, 폭죽놀이 등을 즐기며 시간을 보낸다.

Labor Day : 9월의 첫 월요일로 노동절이다.

Halloween : 너무나 유명한 할로윈. 10월 31일로 아이들이 주로 기괴한 분장을 하고 의상을 입고 집집마다 돌아다니며 사탕을 얻으며 trick-or-treating을 즐기는 날이다.

Veterans Day : 재향 군인의 날로 퇴역 군인들을 기념하는 날이다. 11월 11일이다.

Thanksgiving Day : 추수감사절이다. 한국의 추석과 비슷한 날인데 크리스마스 다음으로 큰 명절이다. 많은 가족들이 모여 칠면조요리와 다양한 음식들을 먹으며 함께 시간을 보낸다. 11월의 4번째 목요일이다. 캐나다는 10월 두번째 월요일이다.

Black Friday : 추수감사절이 끝나고 난 후의 금요일이다. 추수감사절이 끝나면 사람들은 크리스마스 선물을 준비하는데 이 날 많은 사람이 쇼핑을 하러 간다. 따라서 많은 가게들과 백화점들은 크게 세일을 하고 또한 많은 사람들로 붐벼 흑자가 난다고 해서 Black Friday 라는 이름을 붙였다.

Christmas : 아기 예수가 태어난 날이다. 미국에서 가장 큰 명절이다. 크리스마스 시즌에 사람들은 집을 꾸미고 1년 동안 모아둔 돈으로 가족과 친척들을 위한 선물을 산다. 크리스마스 이브에 가족이 모여 함께 푸짐한 식사를 하며 시간을 보내고 기독교인들은 교회에 간다. 아이들은 산타할아버지가 선물을 가져다 주기를 기다리면서 예쁜 크리스마스용 양말을 벽난로 앞에 걸어놓으며 어른들은 이런 아이들을 위해 선물을 준비한다.

생략이 많은 한국어 반면에 생략이 적은 영어!?

'준비되었나요' 를 영어로 어떻게 바꾸지???
주어가 없잖아?

바로 영어로 바꾸면 "Are you ready?"이다. 이처럼 영작을 할 때 무조건 직역하려고 하면 힘들다. 생략된 주어를 찾아가며 비슷한 뜻으로 해석하는 것이 좋은 방법이다. 하나부터 열까지 똑같이 번역하는 방법은 없다. 위의 예를 통해 우리는 영어와 한국어의 큰 차이점 중 하나가 한국어는 주어 없이도 문장을 잘 마무리 지어 완성할 수 있는 반면에 영어는 명령문 이외에는 주어가 꼭 필요하다. 주어가 불분명할 때에도 가짜 주어를 만들어서라도 있어야 한다. 영어에서는 주어가 없으면 문장을 이어나갈 수가 없다.

그 외에 다양한 예를 들어 볼 수 있다.

엄마랑 전화 통화를 하다가 엄마가 딸 아이한테 다음을 물어본다.
"집에 언제 올거니?"
당연히 딸은 자신에게 묻는 말인지 알고 언제 갈 거라고 대답할 것이다.

하지만 이를 영어로 옮길 때에는 한국어와 달리 주어를 빼놓을 수 없다.
"When are you going to come home?"

일반적으로 우리는 흔히 대화를 할 때 상대방이 무엇을 말하는지 안다면 주어를 생략하고 대화를 한다. 주어를 생략해도 의사소통을 하는데 크게 문제가 되지 않는다. 하지만 영어에서는 주어를 빼놓으면 문장이 완성되지 않는다.

한국어에서는 주어만 생략되는 것이 아니다. 주어 이외에도 우리는 많은 것은 생략하고 말할 때가 있다.

예를 들어
"그녀는 남자친구 때문에 미국에 가지 않았다"를 영어로 바꾸면
"She did not go to America because of her boyfriend" 가 된다.

여기서 한국어는 그냥 '남자 친구' 라고 했지만 영어에서는 'her boyfriend' 라고 한다. 한국말로는 그녀에 대한 얘기를 하고 있기 때문에 남자친구 또한 그녀의 남자친구라고 단정지어 생각하기 때문에 꼭 그녀의 남자친구라고 언급하지 않는다. 반면에 영어에서는 무조건 'her boyfriend' 라고 명확히 얘기해야 한다. 그렇지 않으면 누구의 남자친구 때문에 그러는지 몰라 궁금해 할지도 모른다.

 영어는 우리말과 달리 분명한 것을 좋아해

이처럼 한국어는 이야기 안에서 주어를 생략하든 다른 무엇을 생략하든 앞뒤 문맥을 통해 알아서 이해를 할 수 있다. 하지만 '영어는 무언가 명확히 구분'을 지어서 말하는 것을 좋아한다.

내가 미국에 처음 갔을 때는 이러한 문법적 오류를 많이 범했던 기억이 난다.

예를 들어
친구의 차를 빌리는데
"Can I borrow car?"이라고 말해버렸다.

"Can I borrow your car?" 아니면 "Can I borrow a car?"이라고 해야 문법적으로 맞는 문장이다. 하지만 두 문장은 의미상 차이가 있다.

첫 번째 "Can I borrow your car?"는 "네 차 좀 빌려도 되겠니?"라는 뜻으로 상대방의 차를 빌리고 싶다는 뜻이고,

두 번째 "Can I borrow a car?"은 친구의 차도 될 수 있지만 일반적으로 "자신이 모르는 아무 차나 빌려도 되겠니?"라는 뜻이다.

한국어는 쉽게 "차 좀 빌려줄 수 있어?"라고 물으면 되지만 영어는 그 사이에 무엇이 들어가느냐에 따라 뜻이 변하거나 오해를 살 수도 있다.

다음과 같은 예도 들어 볼 수 있다.

A: 지난 주말에 뭐했어?
B: 집에서 별일 없이 보냈어. 넌 뭐했는데?
A: 좋아하는 한국인 가수 비에 대한 텔레비전 쇼를 봤어.
B: 뭐에 관한 거였는데?
A: 새 앨범 홍보하는 쇼였어.
B: 나중에 나도 찾아 봐야겠다.

위의 문장을 영어로 바꾸면 주어가 항상 들어가 있다.

A: What *did* you do last weekend?
B: *I* just stayed home and did nothing special. How about you?
A: *I* watched a TV show *which* was about *my* favorite Korean singer, Rain.
B: What was *it* about?
A: *It* was a promotional show of *his* new album.
B: *I* have to look *it* up later.

위의 문장을 보면 한국어에서는 생략되었던 주어들과 소유격(my, his) 등이 등

34

장한다. 한국말로 대화를 할 때는 서로 주어 등을 생략하고 대화를 해도 이해가 되지만 영어에서는 워낙 순서를 중요시 여기기 때문에 주어 없는 영작뿐만 아니라 일상생활에도 대화가 불가능하고 생략하지 말아야 하는 것도 많다.

 일반인이라도 주어는 빼면 안돼~

이번에는 다음 예문을 한번 살펴보자.

People should observe the law.

We should obey the law.

위의 문장에서는 people이나 we처럼 일반인을 대표하는 단어를 주어로 써서 문장을 완성했다. 이를 한국어로 옮기면 "우리는 법을 지켜야 한다"가 된다. 하지만 한국어는 '우리는'을 생략하고 바로 '법을 지켜야 한다'라고 간추릴 수 있다.

하지만 영어에서는 '우리는'을 생략하면 문장이 완성되지 못한다.
만약에 영어에서 '우리는'이란 단어를 빼고 싶으면 다음과 같이 쓸 수도 있다.

The law should be observed.

목적어로 쓰인 'the law'를 주어 위치로 바꾸어 수동태로 사용하는 것이다. 하지만 위의 문장의 정확한 뜻은 '법을 지켜야 한다'가 아니고 '법은 지켜져야 한다'이다. 법을 지키는 사람을 강조하는 뜻이 아닌 지켜져야 하는 법을 강조하는 뜻이 더 강하게 느껴진다. 비슷한 뜻으로 이해될 수도 있지만 뉘앙스의 차이가 분명히 있다. 이러한 수동형태의 표현은 좀더 형식적이고 딱딱한 글에서 주로 사용된다.

35

가짜 주어라도 넣어줘야 직성이 풀려

영어는 간혹 '가짜 주어나 없는 주어'를 만들어 문장을 만들기도 한다.

It has been raining since this afternoon.
(오후부터 비가 계속 내린다.)

위의 문장에서 it은 아무런 뜻도 가지고 있지 않다. 내가 미국에 처음 갔을 때 분명히 한국에서 위와 같은 문장을 많이 접했음에도 불구하고 영어로 날씨를 얘기할 때 주어로 무엇을 써야 할까 고민했던 적이 많았다.

시간을 말할 때도 역시 'it'을 사용하는데 이 때도 'it'은 별다른 뜻을 가지고 있지 않다.

It's quarter after two.
(2시 15분입니다.)

CHECK IT OUT | 시간과 관련된 표현들

- quarter (1/4을 의미한다. 시간에서는 15분을 가리킨다.)

  It's a quarter past eight (8시 15분)

  It's a quarter to four. (3시 45분, 여기서 to는 「…전에」라는 뜻이다. 4시 15분전)

  It's a quarter before seven. (6시 45분, 7시 15분전)

- half (1/2를 의미한다. 시간에서는 30분을 가리킨다.)

  half는 딱 반이기 때문에 to나 before를 쓰지 않고 past나 after를 쓴다.

  It's half after midnight. (밤 12시 30분)

  It's half past six. (6시 30분)

- to (「…전에」라는 뜻)

  It's two to two (1시 58분)

  It's ten to three (2시 50분)

- Do you have time? *vs.* Do you have the time?

'Do you have time'은 여유시간이 있는지 물어보는 문장이다. 따라서 시간이 있으면 'Yes, I have time' 이라고 하면 되고 시간이 없으면 'No, I don't have time' 이라고 하면 된다. 'Do you have the time'은 '지금이 몇 시인지'를 물어보는 문장이다.

'많은 아름다운 꽃이 있다' 를 영어로 하면 뭘까?

나는 위의 문장을 영어로 바꾸라고 해서 터무니 없이 다음과 같이 영작했던 기억이 난다.

'Many beautiful flowers exist' 또는 'Many flowers are there'

둘 다 어떻게 보면 문법상으로는 맞는 문장이 될 수도 있다. 하지만 영어권 사람들이 거의 쓰지 않는 자연스러운 표현이 아니다. 좀 더 자연스러운 표현은 다음과 같다.

There are many beautiful flowers.

주어가 '아름다운 꽃' 이지만 「…가 있다」라고 말할 때는 There is[are]라는 표현을 이용하며 이때 '진짜 주어' 는 동사 뒤에 온다. There is[are]는 위와 같은 문장에서는 별다른 뜻이 없다.

문장을 많이 접하다 보면 위의 예 이외에도 많은 '가짜 주어' 들이 쓰인다는 것을 알 수 있다. 가짜 주어를 쓸 만큼 영어에서는 주어가 필요하다는 증거가 아닐까 싶다. 또 찾아보면 가짜 주어 이외에도 가짜 목적어 등을 찾을 수도 있다.

 그래도 대세를 피할 수는 없어

하지만 세상사에도 예상 밖의 일이 벌어지는 것처럼 영어도 마찬가지이다. 영어에도 변수가 있는 것이다. 주어 없이는 안될 것 같은 영어도 주어 없이 사용될 때가 있는데, 주로 일상생활에서 대화를 할 때 가볍게 주어 없이 말할 때이다.

예를 들어 친구가 새로 나온 영화를 같이 보자고 했을 때 '좋다'고 대답할 때 주어가 필요한 영어에서는 'That sounds good to me'라고 한다. 하지만 간단하게 주어를 빼고 'Sounds good to me'라고 말할 때가 많다.

이처럼 의사소통에 지장이 없는 범위 내에서 주어의 생략이 일어나는 모습들을 흔히 볼 수 있다. 따라서 생활영어를 배울 때 이러한 점을 유의하고 다양한 표현을 익히는 것이 중요하다.

주어 없이 자주 사용되는 표현들

- Want some more?

 (더 먹을래? – Do you가 생략됨)

- Nice to meet you.

 (만나서 반가워. – It's가 생략됨)

- Looks great to me.

 (내게 아주 좋아보여. – It이 생략됨)

- Sounds like you're having trouble these days.

 (너 요즘 곤경에 처한것 같아. – It이 생략됨)

- Be right back.

 (바로 돌아올게. – I'll이 생략됨)

- Talk to you soon.

 (곧 다시 얘기하자. – I'll이 생략됨.)

쉬엄쉬엄 영어, 미국 알아보기 ❸

이름보다 성이 더 중요한 미국

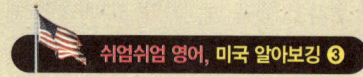

내가 미국에 가서 참 놀랐던 것 중 하나는 매우 다양한 미국의 Last Name (성) 때문이었다. 어렸을 때부터 어린 마음에 세계화를 꿈꾸며 글로벌리더가 되고 싶다는 꿈을 가졌지만 우물 안 개구리처럼 미국에 대해 아니 다른 나라에 대해서 그리 많이 알고 있지 못했다. 따라서 단일민족이라 불리며 인구는 5천만 정도에 미국의 한 주보다 작은 우리나라가 그렇게 조그만 곳인지 전혀 몰랐다. 하지만 미국에 가서 하나하나 직접 보고 경험하면서 내가 전에 깨닫지 못했던 사소한 것들이 눈에 들어 오기 시작했다. 그 중 하나가 바로 이름에 관한 것이었다.

우리나라는 보통 이름으로 사람을 구분한다. 그 이유는 성이 간단하고 다양하지 못하기 때문이다. 대부분의 사람들이 이씨, 김씨, 박씨, 최씨 등 흔한 성을 가지고 있기 때문에 성으로 누구를 구별한다는 것은 쉽지 않다. 그래서 그런지 우리나라는 이름을 지을 때도 공들여서 아기 이름을 짓는 경우가 많다. 하지만 미국은 다르다. 워낙 크고 다양한 나라의 다양한 문화가 함께 피어나고 있는 곳이어서 그런지 성 또한 매우 다양하다. 그래서 학교에서 출석 체크를 할 때에도 사람을 구분할 때에도 누구를 정중하게 높여 부를 때에도 성을 사용한다. 오히려 first name은 너무 흔하게 짓는다는 느낌을 받을 정도로 개성이 없어 보인다.

미국에 처음 갔을 때 나는 한국에서의 버릇처럼 last name을 외우려고 하기 보다는 first name을 외우려고 노력했다. 하지만 워낙 같은 이름이 많아서 혼란스러웠던 적이 많았다. 반에 Elizabeth라는 이름을 가진 애가 3명이나 되고 David도 최소 2명은 되니 쉽게 애들 이름이 외워질 턱이 없었다. 애들과 대화 하던 중에 똑같은 이름을 가진 애들이 나오면 Which one?이라고 물어 볼 때도 많았다. 그럴 때마다 내 친구들은 last name이 뭐냐고 물어봤다. 고등학교 때 선생님 이름도 대학교에 와서 교수님 이름도 다 last name을 사용했다. 그렇게 last name을 많이 쓴다는 것을 깨닫고 나는 last name도 함께 외우려고 노력했다.

하지만 last name은 생각보다 외우기가 너무 어려웠다. 미국사람들이야 워낙 그렇게 말하면서 지내와서 쉽게 외워질지도 모르지만 평생 한글 이름만 외우다 영어 이름을 그것도 흔하지 않는 last name을 외우려고 하니까 잘 되지 않았다. 전혀 읽기도 힘든 last name은 내게 큰 곤욕이었다. 그러다가 외우기 쉬운 Smith나 Lee같은 last name이 나오면 너무 반가웠다. 간혹 가다 매우 우스운 last name을 가진 친구들도 있었다. 그 중 기억에 남는 것은 처음에 Christmas라고 잘 못 읽은 Chrisman, 금붕어라는 뜻의 Goldfish, 한국말로 비었다는 뜻인 Blank, 먹는 음식인 Bacon, 금요일이라는 뜻의 Friday 등이 있다. 아직도 나랑 정말 친했던 친구나 선생님들 외에는 last name을 잘 모른다. 가뜩이나 기억력이 별로인데…. 쉽게 외우는 방법이 없나?!

아! 마지막으로 우리가 그들의 다양한 last name을 보며 신기해 하는 것처럼 미국사람들도 우리의 last name을 보며 신기해 한다. 내가 다니던 고등학교에 한국인이 8명 정도 있었는데 그 중 반 이상이 성이 Lee였기 때문이다. 따라서 몇몇 미국인들은 나한테 우리가 다 가족이냐고 물어본 적도 있다.

〈미국 First Name과 Nickname〉

미국에서는 이름을 부를 때 애칭으로 부르는 경우가 많이 있다. 사람들마다 자기 이름을 줄여서 각자 선호하는 이름으로 불러 달라고 한다.

남자이름

- Arthur- Arty, Art
- James - Jay, Jake, Jimmy, Jim, Jamie
- William - Bill, Will, Billy, Willy
- Andrew - Andy
- Nicolas - Nick
- Christoper - Chris
- Thomas - Tom, Tommy, Thom
- Nathan - Nate, Nat
- Edward - Ed, Eddie
- Richard - Ricky, Rickie, Rick, Dick, Dicky
- Albert - Al
- Robert - Rob, Robbie, Bobby, Bob, Bert
- Stephan - Steve
- Joseph - Joe
- Timothy - Tim, Timmy
- Stephan - Steve

여자이름

- Samantha - Sam, Samy
- Amanda - Mandy, Mandi
- Christine - Chris, Chrissy
- Katherine - Kate, Katy, Katie
- Pamela - Pam
- Teresa - Terry, Tess
- Bridget - Brie
- Frances - Fran, Francie
- Elizabeth - Liz, Lizzy, Bess, Beth, Betty
- Cynthia - Cindy, Cynth
- Catherine - Cathy, Cath
- Susan - Sue, Suzie
- Deborah - Deb, Debbie
- Patricia- Pat
- Dorothy- Dora
- Janet- Jan

EPISODE 04

영어, 'a (an)'에 미치다!

"I am exchange student from Korea."
(나는 한국에서 온 교환학생이야.)

내가 미국에 가서 한달 동안 새로운 사람들을 만났을 때 수도 없이 사용했던 문장이다. 동네 이웃을 만날 때 마다 새로운 친구를 사귈 때마다 선생님과 대화를 할 때마다 나는 내 소개를 해야 했고 내 이름 다음으로 가장 많이 썼던 영어 문장이었다. 위의 문장을 한국말로 바꾸면 "나는 한국에서 온 교환학생이다"라는 뜻이 된다. 하지만 언뜻 보면 멀쩡해 보이는 저 문장은 사실 문법적으로 틀린 문장이다.

바로 단순히 'an'이란 작은 단어 하나가 빠졌기 때문이다.
맞는 문장은 an이란 단어를 넣어 "I am an exchange student from Korea"이다.

영어에서는 우리나라 사람들이 생각하는 것 이상으로 'a (an)'가 중요하다.

미국에 간 후 한 두 달 정도는 학교생활에 적응하고 또 무엇보다 영어를 말하기 보다는 듣기에 더 집중을 해야 해서 나는 어떻게 보면 문법상으로 틀린 말을 참으로 많이 했던 것 같다. 사실 그때를 돌이켜 보면 틀린 줄도 모르고 썼던 경우도 많았다. 우선 의사소통을 하며 살아남아야 했기 때문에 문법이고 뭐고 우선 뜻만 통하면 상관이 없었다. 내가 나의 이러한 문법적 오류와 무지를 알아차리기 시작한 것은 내가 영어로 일본어 수업을 듣기 시작하면서이다. 영어에 대한 불안감에 내가 듣는 수업 중 하나는 내가 쉽게 이해할 수 있고 또한 영어의 실력이 많이 요구되지 않는 수업을 들어야겠다라는 마음에 일본어 수업을 택했다. 하지만 일본어 수업은 단순히 내게 일본어만을 가르쳐준 시간이 아닌 영어와 한국어의 문법적 차이를 미국인의 입장으로 배울 수 있었던 시간이었다. 일본어와 한국어가 문법적으로 같은 부분이 많기 때문에 나는 그제서야 내 영어의 부족함을 깨달았다. 그 중 크게 깨달은 것이 바로 'a'의 사용법이다. 한국인들이 가장 무시하고 넘어가기 쉬운 문법이지만 영어에서는 앞에서 말했듯이 매우 중요하다.

한국말로 'a'를 해석하자면 '하나의'라는 뜻이 된다. 이 단어는 영어에서는 미친 듯이 쓰이지만 한국말에서는 특별한 경우를 제외하고는 쓰지 않는다. 그 이유는 역시 가치관의 차이가 아닐까 한다. ==영어에서는 모든 것 하나하나의 의미를 두고 수를 매기고 특별하게 취급하는 것을 좋아하지만 우리나라 사람들은 추상적이고 전체적으로 보는 경향이 있다. 결론은 한국어에는 영어에 있는 'a (an)'의 개념이 없다.==

 그림으로 알아보는 한국어와 영어 개념 차이

영어는 '하나하나의 수(number)'에 중심을 두고 한국어는 '전체'에 중심을 둔다. (이래서 '미국인들은 개인주의적 성향이 강하다'는 말이 있는 게 아닐까?)

위의 사진은 한 도서관의 모습이다.

이 사진을 보고 영어로 표현한다면 다음과 같이 말할 수 있을 것이다.

'There are many books at the library.'

영어에서는 셀 수 있는 것 중 하나 이상이 있을 때는 복수 취급을 해주면서 'book'에 '-s'가 붙어 'books'로 바꿔준다.

반면에 이를 한국어로 옮기면

'도서관에는 책이 많이 있다.'가 된다.(NOT 도서관에는 책들이 많이 있다.)

아무리 책이 많다고 해서 책들이라고 한국어에서는 표현하지 않는다. 반면 영어에서는 셀 수 있는 명사가 하나 이상이면 무조건 복수형으로 바꿔야 한다.

책이 한 권 있으면 'a book,' 두 권 이상 있으면 'books'가 된다.

위와 같은 예는 우리 주변에서 흔히 찾을 수 있다. 사과가 많다고 해서 사과들이라고 하지 않지만 영어에서는 'apples'라고 한다. 사과가 하나가 있든 열 개가 있든 한국어에서는 사과는 사과이다. 하지만 영어에서는 하나 있으면 'an apple,' 두 개 이상이 있으면 'apples'로 써주어야 한다.

MORE TIP 한국어에는 'a'의 개념이 없지만 가끔 복수형에 '~들'을 붙여 쓸 때가 있다. 사람들, 동물들 등과 같은 경우이다. 하지만 일반적으로는 붙이지 않는 경우가 많으며, 붙이지 않는다고 해서 문법적으로 틀리다고 보지도 않는다. 하지만 영어에서는 a나 the 같은 관사나 복수형 -s 등을 빼먹으면 문법상으로 틀리는 경우가 허다하다. 한국인의 경우 a나 the를 빼먹는 오류를 자주 범하게 되는데, 그 이유는 우리가 한국어에서는 별로 중요하게 다루지 않는 관사(a/an, the)나 복수형을 만드는데 익숙하지 않기 때문이다. 따라서 영작을 하거나 회화를 할 때 이 부분에 유의해서 연습을 하면 좋다.

시간이란 time 단어에 관사를 붙여~ 말아~

이번에는 시간이라는 단어를 생각해보자

시간이라는 영어단어는 'time' 이다. 일반적으로 우리는 시간의 개념을 셀 수 없다고 생각한다. 죽지 않는 한 시간이 끊임 없이 무한대로 계속되는데 어떻게 셀 수 있을까? 따라서 한국인들이 가끔 'time' 은 셀 수 없는 명사로만 생각하는데 영어에서는 가끔 'time' 을 셀 수 있는 명사로 취급 할 때가 있다.

예를 들어
많은 미국인들이 가족이나 친구랑 좋은 시간을 보내고 나서 흔히
"I had a great time," "I had a good time"이라고 한다.

'time' 앞에 'a' 가 붙었다. 논리적으로만 생각하면 뭔가 한국인의 상식으로는 이해하기 힘든 상황이 아닌가 싶다. 하지만 미국인들은 단순한 '좋은 시간' 에도 'a' 를 붙이며 그 시간을 하나의 구체적인 시간으로서 셀 수 있는 개념으로 쓰고 있다.

또한 그런 좋은 시간을 하나씩 일일이 세는 건 아니지만 그래도 그런 시간을 모아 'good times' 라고 표현하기도 한다. 따라서 가끔씩 '좋은 시절은 다 갔어' 라는 뜻의 'The good times are ending' 이라는 표현을 사용하기도 한다.

이렇게 영어는 우리가 그냥 지나치는 생각하지도 못한 것(곳)에 'a(an)' 이나 복수형을 사용한다.

time이란 단어 이외에도 hour(시), minute(분), second(초)와 같은 시간과 관련된 단어도 마찬가지이다. 한 시간에는 'an hour' 이지만 (hour 앞에는 a가 아닌 an이 온다.) 일곱 시간에는 'seven hours' 로 뒤에 '-s' 가 붙어야 한다.

한국어에서는 한 시간이든 열 시간이든 그대로 '시간'인데 영어는 다르다.

영어는 이처럼 '수'에 매우 민감한 언어이다. 그래서 '수'에 덜 예민한 한국어를 쓰는 우리는 가끔 이러한 혼동이 올 때가 많다.

 a few와 a little, 셀 수 있고 없음의 차이

영어가 이렇게 수에 민감하다는 것은 명사 앞에 수와 양을 나타내는 형용사를 붙일 때에도 찾아볼 수 있다.

대표적인 예가 바로 a few와 a little이다.

I have a few friends.
Cindy drank a little water.

둘 다 약간의(some)의 뜻을 가지고 있는 형용사이지만 a few는 셀 수 있는 명사에, a little은 셀 수 없는 명사에 사용한다. 명사를 셀 수 있느냐 없느냐에 따라 앞에 오는 형용사가 달라진다는 것은 수에 민감하게 반응하지 않는 우리에게는 다소 낯설다. 한국어에서는 '약간의' 라는 단어밖에 없지만 영어에서는 명사가 무엇이냐에 달려있기 때문이다. 물론 주입식 문법을 배울 때 무조건 이 부분을 외우기 때문에 별다른 거부감없이 사용되는 경우도 많다.

또한 우리는 a를 뺀 few와 little이 a few/ a little과 다르게 부정적인 뜻으로 사용된다고 배웠다. few/ little은 '~거의 없다' 라는 뜻으로 사용된다. 하지만 '~거의 없다' 라는 뜻이 항상 부정적인 의미를 전달하는 것은 아니다.

예를 들어,
I went to the dentist, and he found few cavities.

(나는 치과에 갔는데 충치가 거의 없었다.)

I went to the dentist, and he found a few cavities.
(나는 치과에 갔는데 충치가 꽤 있었다.)

위 문장에서 한국어와 다른 점은 한국어에서는 '충치들' 이라고 하지 않지만 영어에서는 하나 이상이면 cavities라고 한다는 것과 바로 'a' 하나가 빠졌을 뿐인데 뜻이 완전히 바뀌었다는 것이다. 또한 일반적으로 few는 부정적인 뜻으로 보지만 위의 문장에서는 "충치가 거의 없어 이가 좋은 상태이다"라는 뜻으로 쓰였다. 따라서 부정적인 뜻이 아닌 긍정적인 뜻으로 사용되었다. 따라서 few/ little은 사실상 부정적인 뜻으로 사용되는 것이 아닌 '~거의 없다' 라는 뜻으로 부정형(negative form)처럼 사용된다는 것을 알 수 있다. 따라서 부정형과 같이 사용 할 수 없다.

I don't have few friends. (×)
a few / a little이외에도 many/ much도 비슷한 쓰임의 형용사이다.

I've met famous people many times. (나는 유명한 사람들을 많이 만나봤다.)
You shouldn't eat so much chocolate. (초콜렛 그렇게 많이 먹으면 안돼.)

> **CHECK IT OUT** | 'a' 나 'the' 가 필요 없는 경우!
>
> 1) 가족 관계 앞에
> When will Aunt Annie come to visit us? (언제 애니 이모가 오시나요?)
>
> 2) 운동 이름 앞에
> My hobby is playing soccer. (내 취미는 축구하는 것이야.)
>
> 3) 관직, 신분, 칭호 앞에
> President Obama   General MacArthur   Professor Taylor
>
> 4) 식사와 관련된 단어 앞에
> What would you like to have for lunch? (점심으로 뭘 먹을래요?)

쉬엄쉬엄 영어, 미국 알아보깅 ④

맥도날드를 영어로 맥도날드라고
절대 말하지 말자!

우리나라에는 다양한 외래어들이 있다. 우리가 매일 쓰는 컴퓨터, 핸드폰, 텔레비전, 라디오, 노트북 등 모두 외래어이다. 하지만 외래어가 무작정 영어라고 생각하고 영어를 쓸 때 외래어랑 혼합해서 쓰는 경우가 종종 있다. 더 나아가 영어로 말할 때도 그대로 외래어를 쓰기도 한다. 하지만 이러한 외래어는 우리나라 사람들이면 알아듣겠지만 영어권 사람들은 도저히 알아듣지 못한다.

내가 미국에 처음 갔을 때 호스트가족하고 대화를 하던 중에 아무렇지도 않게 "맥도날드를 별로 좋아하지 않는다"고 말했던 적이 있다. 하지만 호스트 가족은 "맥도날드가 뭐냐"고 나한테 다시 물었다. 순간 나는 너무 당황하였다. 미국인들이 맥도날드를 모르다니…. 그러나 나중에 알고 보니 그것은 내 발음의 문제였다. 미국인들은 절대로 '맥도날드'를 '맥도날드'라고 하지 않는다. 이것은 우리나라 사람들이 '김치'를 '기무치'라 하지 않는 거랑 비슷하다. 이는 어떤 한 단어가 다른 나라에 유입될 때 그 나라 언어가 가지고 있는 발음과 비슷하게 발음되기 때문이다. 우리나라에서는 맥도날드지만 일본에서는 '맥그도나르드'하듯이 영어에서는 맥도날드를 비슷하게 한국어로 옮겨보자면 '메엑다날드'이다. 영어의 McDonald 발음을 그대로 한국어로 옮기기는 어렵다. 영어에는 강세도 매우 중요하기 때문이다. 또한 지역에 따라 우리나라 방언처럼 다르게 발음하기 때문에 어렵다. 그래서 한참 동안 맥도날드를 영어로 잘 발음하기 위해 애썼던 기억이 있다. 호스트 가족 또한 한국에서는 맥도날드, 일본에서는 맥그도나라도라고 발음한다고 하니까 '너무 웃기다'고 한바탕 웃었다.

그 외에도 나는 당연히 영어인줄 알고 썼던 단어들이 너무나 어이없게 달랐던 적이 많다. 흔히 우리가 먹는 바나나도 나는 제대로 발음하지 못해 미국인들이 못 알아 들었던 적이 있다. 언젠가 부엌에 바나나가 너무 맛있게 널려 있어서 "바나나 하나 먹어도 되느냐"고 물어봤는데 그만 못 알아 듣고 한참이나 설명을 했었다. 영어에서는 바나나도 그냥 바나나가 아니다. 대충 비슷하게 한글로 옮기자면 '버네나'이다. 따라서 우리는 영어를 많이 읽어보기도 해야 하지만 많이 들어봐야 한다. 그래야 작어 보이지만 큰 차이를 몸소 느낄 수 있으며 또한 나아가 미국이나 영어권 나라에 가서 이런 것들을 잘못 사용하는 바람에 얼굴이 빨개지는 일이 없을 것이다.

EPISODE 05
the는 또 왜 그렇게 좋아하는지

영어세계에만 있는 'the'의 개념을 찾아서~

우리가 영어를 처음 배울 때 'the'는 특정한 것을 가리키거나 앞서 이미 언급된 것을 지칭할 때 사용된다고 배웠을 것이다. 하지만 말할 때 수(number)에 중심을 두지 않는 우리가 가뜩이나 'a (an)'를 신경쓰기도 바쁜데 거기다가 'the'까지 상황에 맞게 신경을 쓰면서 사용해야 한다니 영어를 잘하고 싶은 한국인들에게는 곤욕이 아닐 수가 없다.

 영어는 'the' 없이는 못사남?

'the'의 개념도 한국에는 없고 영어에만 존재하는 개념이다.

도대체 이 'the'가 뭐길래 또 우리는 'the'에 신경을 써야 할까?

'a'와 마찬가지로 나는 처음에 'the'를 중요하게 생각하지 않았다. 'the'의 한국어 의미가 '그,' '그만큼' 이라는 뜻인데 한국어에서는 우리가 일반적으로 구체적으로 무엇을 가리킬 때 빼고는 특별히 사용하지 않는다. 하지만 내가 미국에서 온몸으로 부딪혀가며 영어를 배우면서 'the'가 생각 이상으로 많이 쓰인다는 점을 발견했다. 정말 'a (an)'가 쓰이지 않을 때에는 대부분 'the'를 붙이는 느낌이 들 정도로 'the'를 많이 사용한다.

구체적으로 특별한 무엇을 가리킬 때 'the' 를 사용하지만 한번 이상 언급되어 듣는 이가 이미 알고 있는 것을 얘기 할 때 사용한다. 한국어와 비교해서 차이를 알아보면,

한국에서 만약에 엄마가 부엌에서 냄비에 있는 달걀을 가져오라고 요구할 때
"가람아, 부엌에서 달걀 좀 가지고 와라" 라고 말할 것이다.

듣는 이(나)는 이미 부엌이 어딘지 어떤 냄비인지 알고 있다. 그래서 한국어는 일반적으로 말할 때 '그' 를 붙이지 않는다.

하지만 영어에서는 이럴 때에도 'the' 를 붙인다.
"Can you bring the pot in the kitchen?"

한국어로 생각하면 굳이 'the' 를 붙이지 않아도 되는 것에 'the' 를 붙일 때가 많다.

흔히 문화적으로 동양은 감성적이고 서양은 이성적이라는 말이 있다. 따라서 말을 할 때도 직설적이기보다 돌려 말하기 좋아하는 우리나라 사람들은 구체적이고 직설적으로 말하기보다는 빙 돌려서 말하거나 생략을 즐기며 말한다. 반면에 영어는 구체적으로 말하기를 좋아하고 분명한 것을 좋아한다. 이러한 이유로 영어에서는 필요 이상으로 'the' 를 많이 사용하는 것 같다.

 영어는 'the' 가 주로 이럴 때 쓰여

크게 'the' 가 사용되는 세 가지 경우를 보면,

1) 구체적인 무엇을 가리킬 때
2) 한번 이상 언급되었을 때(듣는 이가 이미 무엇을 말하는지 알고 있을 때)

3) 'the'가 항상 붙어야 하는 단어가 있을 때

위의 언급한 세 가지 경우에 the가 쓰인다. the는 구체적인 무엇을 가리킬 때 이 외에도 많이 사용되는 것에 유의해야 한다.

다음과 같은 예도 한 번 살펴보자.
미국 오바마 대통령이 연설했던 연설문 중 일부분이다.

I know you didn't do this just to win an election and I know you didn't do it for me. You did it because you understand the enormity of the task that lies ahead. For even as we celebrate tonight, we know the challenges that tomorrow will bring are the greatest of our lifetime - two wars, a planet in peril, the worst financial crisis in a century. Even as we stand here tonight, we know there are brave Americans waking up in the deserts of Iraq and the mountains of Afghanistan to risk their lives for us. There are mothers and fathers who will lie awake after their children fall asleep and wonder how they'll make the mortgage, or pay their doctor's bills, or save enough for college.

위의 지문을 보면 'the'가 많이 사용된 것을 볼 수 있다. 하지만 위의 연설문을 한국어로 번역을 할 때 과연 the를 해석할까? 그렇다면 'a(an)'은 또 어떨까?

<해석>
저는 국민 여러분이 단지 선거에 승리하기 위해서 이 일을 하지 않았음을 알고 있습니다. 그리고 또한 저를 위해 이 일을 하지 않았음을 알고 있습니다. 여러분들은 우리 앞에 놓여진 과제가 얼마나 엄청난지를 알고 있기 때문에 이 모든 일을 했습니다. 오늘밤 우리는 이 승리를 축하하지만, 우리

는 내일이 가져올 도전이 우리 일생에서 가장 크다는 것을 알고 있습니다. 현재 우리는 두 전쟁과, 위기에 처한 환경, 그리고 금세기 이래 가장 심각한 금융 위기를 직면하고 있습니다. 오늘 밤 우리는 이 자리에 서있지만, 우리는 지금 이 순간에도 우리를 위해 아프가니스탄의 산지와 이라크의 사막에서 일어나 목숨을 걸고 싸우고 있는 용감한 미국인들이 있다는 것을 알고 있습니다. 아이들이 잠든 후에

도 어떻게 담보대출을 갚고 의료비를 지불하고 교육비를 어떻게 모을지에 대한 걱정 때문에 뜬 눈으로 밤을 지새야 하는 엄마, 아빠들이 있다는 것을 알고 있습니다.

위의 해석에는 'the' 나 'a(an)' 은 번역되지 않고 생략되었다. 'the' 나 'a(an)' 을 굳이 넣지 않아도 한국어로는 다 뜻이 이해가 되기 때문이다. 하지만 영어에서는 'the' 와 'a(an)' 의 개념이 있기 때문에 우리가 쓰지 않을 때도 많이 사용되고 또한 무의식적으로 많이 사용한다.

> **CHECK IT OUT | 꼭 the가 붙어야 되는 경우**
>
> • 다음은 the를 항상 붙여야 하는 경우이다. 외워두자.
>
> 1) 아침(morning), 오후(afternoon), 저녁(night) 등과 같은 단어 앞에
>   in the morning, in the afternoon, in the night
>
> 2) 명암에 관련된 표현 앞에
>   in the shade, in the dark, in the shadow, in the sunlight
>
> 3) 유일하게 세상에 하나만 존재하는 단어 앞에
>   the moon, the universe, the sky, the sun, the earth
>
> 4) 강 + 바다의 이름
>   the Pacific Ocean, the Atlantic Ocean, the Amazon River
>
> 5) 악기를 연주한다고 할 때
>   play the viola, play the violin, play the piano, play the flute

하지만 또 영어를 공부하다 보면 'a(an)' 와 'the' 를 아예 사용하지 말아야 할 때가 있다. 예를 들어 식사와 관련된 단어 (breakfast, lunch, dinner 등)에는 일반적으로 'the' 를 사용하지 않는다. 아예 처음부터 그런 개념이 없어서 고민조차 안 해도 되는 한국어와는 달리 예외가 너무나 많은 영어를 외국어로 배우는 우리에게는 고통이 아닐 수 없다.

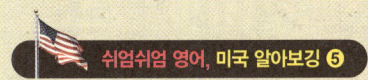

'Sorry', 'Thank you', 'Excuse me'를 입에 달고 다니는 미국인들

내가 미국에 살면서 아마도 가장 많이 내 입에서 나온 말이자 가장 많이 들은 말이 'Sorry,' 'Thank you' 아니면 'Excuse me'일 것이다. 그만큼 미국사람들은 이 세 문장을 입에 달고 다닌다. 길을 가다가 별로 부딪치지도 않았는데 'Sorry,' 길을 지나가는데 'Excuse me,' 뒤에 오는 사람을 위해 문을 잡아주면 'Thank you' 등 사사건건 모든 것에 미안함과 고마움을 직접 표현한다.

미국에 교환학생으로 가기 전 오리엔테이션에서, 미국에 가면 무조건 하루에 100번 이상 Thank You'라는 말을 하라고 강조했었다. 사소한 것에도 '고맙다'고 말하고 '미안하다'고 말하라고 배웠다. 그래서 나는 미국에 가자마자 영어는 잘 하지 못했지만 'Sorry'와 'Thank you'는 수만 번 셀 수 없이 많이 했다. 그러나 처음에는 말해야 하는 그 단어들이 '해야지 해야지' 하면서도 입에서 잘 나오지 않은 적도 많았다. 한참 지난 뒤에야 아, 내가 그때 '미안하다,' '고맙다'라는 말을 했어야 했는데 왜 못했을까라고 후회할 때도 있었다. 몸에 배지 않아서인지 쉽게 되지 않았다. 하지만 시간이 흐르고 미국 생활에 적응이 되면서 어느 순간 입에서 'Sorry,' 'Excuse me,' 'Thank you'가 저절로 나왔다. 마치 자동기계처럼 나도 그들과 같이 입에 달고 다니기 시작했다.

그렇게 살다가 여름방학에 한국에 왔을 때 자동적으로 'Sorry,' 'Excuse me,' 'Thank you'가 나오는 내 입 때문에 무안한 적이 한 두 번이 아니었다. 분명히 나는 미국이 아닌 한국에 있음에도 자동화된 내 입에서 그러한 상황마다 그 단어들이 저절로 입에서 튀어 나왔기 때문이다. 영화관에서 팝콘을 사려고 줄 서다가 'Excuse me,' 잘못해서 길가다가 누구랑 부딪쳐서 'Sorry,' 엘리베이터에서 누가 문을 열어줘서 'Thank you'를 나도 모르게 앵무새 처럼 내뱉곤 했다. 한동안은 누가 나한테 심하게 부딪쳐도 미안하다고 하지 않아 혼자 열 받던 기억도 있고, 문을 잡아주지 않아서 미국이었으면 당연히 배려해줬을 텐데 하면서 혼자 속을 끓인 기억도 많다. 하지만 그것도 잠시 한국에서 머무는 시간이 길어지다 보면 어느 순간 미국 가기 전의 나로 다시 돌아와 있었다. 뭐 굳이 사람들에게 강요하는 것은 아니지만 너무 무뚝뚝한 것 보다는 모르는 사람과도 유연하게 웃으면서 '고맙다,' '미안하다'라고 자주 말할 수 있다면 더 재미난 사회가 되지 않을까?

EPISODE 06

셀 수 있는 것과 셀 수 없는 것의 애매모호함?!

어떤 것은 셀 수 있고 또
어떤 것은 셀 수 없는 것일까???

한국어에서는 숫자에 그렇게 크게 예민하지 않다. 경제나 수학을 다루는 주제의 글이 아닌 이상 이전 장에서 언급하였듯이 사물부터 시작하여 추상적인 개념까지 다 전체적으로 하나의 덩어리처럼 보는 경향이 있기 때문이다. '우리' 라는 단어를 밥 먹듯이 사용하는 것이 한국인의 정서이다. 하지만 영어에서는 책 하나 사과 하나를 언급할 때에도 그것이 하나가 있는지 두 개 이상 있는지 분명하게 언급한다. 또한 이러한 개념은 때로는 눈으로 셀 수 없는 것들이나 추상적인 개념들의 단어에도 적용될 때가 있어 애를 먹일 때가 있다.

이러한 애매모호한 영어를 평생 써온 미국인한테 물어봐도 가끔 헷갈려 할 때가 있다. 미국인들도 영어 전공자가 아닌 이상 이러한 개념들에 대해 깊이 생각해 본적이 없기 때문이다. 따라서 최고의 방법은 이러한 문장들을 많이 사용해보고 접해보고 차이를 인지하고 또한 미국인들도 헷갈려 하는 것처럼 우리도 완벽하게 이해하려고 골머리까지 쓸 필요는 없을 것 같다. 그냥 자연스럽게 받아들이는 것이 가장 좋은 방법인 것 같다.

 셀 수 없을 것 같은데 복수형이 되는 단어들

종이를 셀 수 없다고 하여 종이는 그냥 paper라고 한다. 내가 참 어이없었던 것은 바로 이것이다. 눈에 보이는 종이를 셀 수 없는 명사로 취급해 a(an)를 붙이거나 복수형으로 만들지 않는데 가끔 눈에 보이지 않는 추상적인 명사에는 너무나도 당연한 듯이 a(an)를 붙이거나 복수형으로 취급한다.

예를 들어 생각이라는 단어를 살펴보자.

눈에 보이는 종이나 설탕에는 a(an)을 붙이거나 복수형을 거의 사용하지 않지만 눈에 보이지도 않는 추상적인 개념인 생각에는 a(an)이나 복수형을 자주 사용한다. 한국어에서는 '생각들' 이라고 하지 않는다.

> That is a depressing thought.
> (참 우울한 생각이다.)
>
> That lecture will introduce his thoughts on new drugs.
> (그 강연은 새로운 약품에 대한 그의 생각을 소개할 것이다.)
>
> People have different thoughts on abortion.
> (사람들은 낙태에 대한 다른 견해가 있다.)

추상적인 단어인 thought(생각)에 a(an)를 붙이거나 복수형으로 사용할 수 있다. 한국어에서는 굳이 이러한 구분을 해주지 않고 사용하는 경우가 많다. 다음도 비슷한 예이다.

> I am not sure if it is a good idea.
> (좋은 생각인지 확신이 서질 않는다.)
>
> He was afraid that they would steal his ideas.
> (그는 그들이 그의 아이디어를 훔쳐갈까 걱정했다.)
>
> The professor introduced many new concepts of modern art.
> (그 교수는 현대미술의 많은 새 개념들을 도입시켰다.)
>
> A little learning is a dangerous thing.
> (얕은 배움은 위험하다.)

She has a good knowledge of English.
(그녀는 영어를 꽤 잘한다.)

thought(생각)과 관련된 단어 이외에도 우리가 생각하기에 셀 수 없는 명사들이 영어에서 복수형으로 쓰이는 경우가 많다.

우리는 많은 가치를 나누고 서로를 신뢰한다.

이 문장에서 많은 가치들이라고 안하고 많은 가치라고 한다.

위의 문장을 영어로 옮기면

We share many values and trust each other.

우리는 '가치들'이라고 표현하는 경우가 거의 없지만 영어에서는 너무나 당연하듯이 values라고 한다. values는 '가치관'이라는 추상명사이기도 하다.

그 외에 다양한 단어들이 과연 셀 수 있는 명사일까라는 의문이 들지만 복수형으로 사용된다.

dreams(꿈), hopes(희망), expectations(기대), imaginations(상상), efforts(노력) 등이 그 예이다. 이 예 이외에도 정말 셀 수 없는 명사인 것 같은 명사들이 셀 수 있는 명사로 취급될 때가 많다. 영작문을 할 때 많이 혼동하기도 한다.

hope(희망)이라는 단어를 봐도 셀 수 없는 명사로 취급 받기도 하지만 셀 수 있는 명사로 취급하며 복수형으로 만들어도 상관없다.

All my hope is gone. (모든 희망이 사라졌다.)
All our hopes are gone. (우리의 모든 희망이 사라졌다.)

Beauty(아름다움)도 불가산 명사이기도 하지만 미인이라는 뜻으로 쓰였을 때는 a(an)가 붙을 수 있다.

> **Beauty is but skin-deep.** (미모도 따지고 보면 가죽 한 꺼풀)
>
> **Your girlfriend is quite a beauty.** (너의 여자친구는 미인이다.)

앞에서 말했듯이 시간이라는 명사를 봐도 애매모호함을 찾을 수 있다. 시간은 셀 수 없는 명사로 많이 알고 있는데 '좋은 시간 보내' 할 때 "have a good time"이라고 하듯이 영어는 셀 수 있는 명사와 셀 수 있는 명사가 애매모호할 때가 많다. 딱히 규칙이 있는 것이 아니라서 다양한 문장을 접해 보는 것만이 최선의 상책인 것 같다.

 셀 수 있을 때와 없을 때 뜻이 달라져

이러한 애매모호함이 때로는 뜻의 차이로 쓰이기도 한다.

예를 들어 셀 수 있는 명사를 셀 수 없는 명사로 취급할 때 뜻이 살짝 다르게 변할 때가 있다.

우리가 흔히 알고 있는 school이란 단어는 영어에서 셀 수 있는 명사로 취급한다. 하지만 가끔 단어 앞에 a나 the를 붙이지 않는다. 건물 본래의 목적으로 단어가 사용될 때 쓰이기 때문이다.

> **Jimmy went to school.**
> (지미는 학교에 갔다. 여기서는 학생으로 공부하러 학교에 갔다는 뜻.)
>
> **Jimmy went to the school**
> (지미는 그 학교에 갔다. 학교에 공부하러 간 것이 아니라 따로 볼일이 있어서 갔다는 뜻이다.)

Sarah did not go to church last Sunday.
(새라는 지난주 일요일에 교회에 가지 않았다. 교회의 본래의 목적인 예배를 드리러 가지 않았다는 뜻이다.)

Sarah did not go to the church last Sunday.
(새라는 지난주 일요일에 그 교회에 가지 않았다. 예배를 드리지 않았다는 것이 아니라 교회를 방문하지 않았다는 뜻이다.)

I am in school (나는 재학 중이다.)

I am in the school. (나는 그 학교 건물에 있다.)

She is going to bed. (그녀는 자러 간다.)

She is going to the bed. (그녀는 그 침대로 가고 있다.)

David is in prison. (데이빗은 감옥살이 하고 있다.)

David is in the prison. (데이빗은 그 감옥 안에 있다.)

CHECK IT OUT | cloth, clothes, cloths, clothing

- **cloth** : 천

- **cloths** : 천의 복수형이다. 천을 셀 수 있을까? 영어에서는 가능한 것 같다.

- **clothes** : 옷, es가 붙으면 옷이란 뜻이다. 복수형 취급을 받으며 사용된다.

    Her clothes make her look older than her age.
    (그녀의 옷은 그녀의 나이보다 더 나이가 들어 보이게 한다.)

> **She has many clothes.** (그녀는 옷이 많다.)
>
> • clothing : 옷, 단수형취급을 받는다.

단어가 복수형으로 바뀌면 뜻이 달라지는 경우도 있다.

예를 들어 water는 셀 수 없는 명사로 취급하지만 –s가 붙어 waters로 바꾸면 「바다」라는 뜻으로 쓰인다. 또 다른 셀 수 없는 명사인 sand도 –s가 붙으면 「사막」이라는 뜻이 된다.

그 외에 명사가 아닌 동사나 형용사 뒤에 –s가 붙어 뜻이 달라진 명사가 되는 경우도 있다.

새로운 이라는 뜻을 가진 new에 –s가 붙으면 news가 된다.
 또 다른 예로는 좋은 이라는 뜻을 가진 good에 –s가 붙으면 「상품」이라는 뜻이 된다.

인터넷의 확장 속에 뜨는 단어 중 하나인 contents는 「내용」, 「목차」라는 뜻이지만 content로 쓰이면 「만족(한)」이라는 뜻의 단어가 된다.

우리 몸의 일부인 arm 또한 -s가 붙어서 arms가 「무기」란 뜻이 되고 force(힘)란 단어 역시 forces가 되면 「군대」라는 뜻이 된다.

이처럼 영어는 셀 수 있는 것과 없는 것의 애매모호함이 있다. 누가 속 시원하게 규칙 같은 것을 만들어서 혼란스럽지 않도록 해줄 수는 없을까?

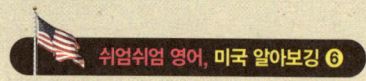

뜻과 철자는 다르지만 발음은 같은 단어들

한국어에서 뜻은 다르지만 발음은 같은 단어들이 있다. 예를 들어 '다리' 가 있다. 몸의 일부분인 다리와 사람이 건너는 다리가 있다. 영어에서도 이러한 단어들이 있는데 뜻도 다르고 철자도 약간 다르다. 철자가 다르기 때문에 책을 읽거나 글을 쓸 때에는 발음이 같은 것이 별다른 영향을 끼치지 않겠지만 대화를 주고 받을 때에는 어떤 뜻으로 사용했는지 문맥상 흐름에서 찾아야 한다.

* air(공기), heir (상속인)
* climb (오르다), clime (풍토)
* bury (묻다), berry (딸기류)
* base (기초), bass (베이스)
* dear (친애하는), deer (사슴)
* bear (곰), bare (벌거벗은)
* die (죽다), dye (염색하다)
* fair (공정한), fare (운임)
* guessed (추측한), guest (손님)
* hole (구멍), whole (전체의)
* our (우리의), hour (시간)
* pray (기도하다), prey (먹이)
* flour (밀가루), flower (꽃)
* hymn (찬송가), him (그를)
* raise (올리다), raze (지우다)
* rain (비), rein (고삐)
* right (옳은, 오른쪽), write (쓰다), rite (의식)
* sail (돛), sale (판매)
* new (새로운), knew (알다)
* weight (무게), wait (기다리다)
* weigh (무게를 재다), way (길)
* pair (짝), pear (배)
* made (만들다), maid (가정부)
* nun (수녀), none (없는)
* sword (칼), soared (날은)
* tale (이야기), tail (꼬리)
* sweet (달콤한), suite (붙은 방, 한 벌, 호텔 스위트)
* side (측면), sighed (한숨 쉬다)
* throne (왕좌), thrown (던진)
* hear (듣다), here (여기에)
* break (깨뜨리다), brake (브레이크)
* fourth (네번째의), forth (앞으로)

한국어와 거꾸로인 영어

영어와 한국어는 어순 때문에
서로 반대되는 것 넘 많아

영어는 한국어와 비교했을 때 거꾸로 쓰이는 경우가 많다. 영어에서 주어가 문장의 끝이 아닌 중간에 오는 것을 보면 알 수 있듯이 영어와 한국어의 어순(word order)이 많이 다르다. 많은 사람들이 실수하게 되는 부분이기도 하다. 이러한 차이는 사소한 것에서도 찾을 수 있다.

 거꾸로 가는 한국어와 영어의 모습들

가장 소소한 예를 들어 보자면,

한국에서는 Mr.를 '씨, 님, 귀하, 선생' 등으로 바꿀 수 있다. 영어에서는 Mr. Bastien같이 Mr.를 앞에 붙인다. 하지만 한국어에서는 '이가람씨, 이가람님, 이가람 귀하, 이가람 선생' 등과 같이 뒤에 온다.

이처럼 우리나라는 이름 뒤에 이러한 단어들이 오지만 영어에서는 보통 앞에 온다. 사람뿐만 아니라 산이름에서도 이러한 차이를 찾을 수 있다.

    Mt. Hanla (한라산)
    Mt. Everest (에베레스트산)

이번에는 of를 예로 한번 들어보자.

'미국의 발견' 을 영어로 바꾸면 'America of discovery' 가 아닌 'discovery of America' 라고 해야 한다. of는 일반적으로 '…의' 라는 뜻을 가졌지만 앞뒤 순서가 바뀌어야 한다.

위치에 따라 뜻이 달라지기도 한다.
Love of God (하나님의 사랑)
God of Love (사랑의 하나님)

of 이외에도 영어에서는 이러한 면이 많다.

일반적으로 대부분의 전치사(in, out, for, with, from, to 등)들이 그러하다.

'사랑을 위하여' 를 영어로 바꾸면 'for love' 가 된다. 앞뒤 순서가 이번에도 바뀌었다.
'월요일부터 금요일까지' 를 영어로 바꾸면 'from Monday to Friday' 가 된다.

전치사(preposition)은 위치를 나타내는 뜻 앞에 쓰인다고 해서 전치사라는 이름이 붙었다. 하지만 한국어에서는 전치사가 아니고 단어 뒤에 주로 쓰인다.

in the building (빌딩 안에서), out of the window (창 밖으로),
with friends (친구와 함께)

이 외에도 한국어와 반대인 것이 참 많다.
while(동안), when (때), since(이후에), after(후에), before(전에),

because(때문에) 등이 있다.

while I was in Korea (한국에 있는 동안)
when we lived in Korea (우리가 한국에 살았을 때)
since I was young (내가 어렸을 때부터)
after he was born (그가 태어난 이후에)
before I go to bed (내가 자기 전에)
because I love her so much (내가 그녀를 너무나 사랑하기 때문에)

전부 한국어와는 반대로 단어 뒤가 아니라 단어 앞에 쓰인다.

 해석도 거꾸로 해야 자연스러워

일반적으로 해석을 할 때도 거꾸로 해석해 주는 편이 훨씬 수월하다. 우리와 반대로 문장이 구성되기 때문이다.

It is so obvious that the boy with glasses broke my window.

동사가 항상 문장 끝에 오는 한국어에서는
위의 문장을 해석할 때 that절을 먼저 해석해준 후에 앞에 부분을 해석해야 한다.
(안경을 낀 그 소년이 내 창문을 깨뜨렸다는 것이 매우 뻔하다.)

It takes three hours to get to the hospital.
(병원에 가는데 3시간 걸린다.)

to 이후에 온 문장을 먼저 해석해준 후에 앞에 부분을 해석한다.

가장 좋은 방법은 영어식 구조에 익숙해지면서 있는 그대로 뜻을 이해하는 것이지만 처음 영어를 배울 때 특히 독해를 할 때는 영어와 한국어가 반대로 쓰여지기 때문에 항상 영어를 해석할 때 뒤에서 앞으로 해석해 주면 편하다는 것이다.

 좀 더 쉽게 영문독해를 하려면

1) 주어를 먼저 찾고 해석을 한다.
2) 문장의 뒷 부분부터 해석을 한다.
3) 앞부분을 해석한 후 동사로 문장을 마무리 한다

예를 들어 다음 문장을 보자

It is everyone's obligation for the next generation to restrict development for the protection of the environment.

위의 문장에서 주어를 먼저 찾으면 It이 쓰였다. 하지만 위의 문장에서 it은 별다른 뜻 없이 그냥 가짜 주어이다. 따라서 별다른 해석 없이 문장의 끝 부분으로 가서 천천히 앞으로 해석해주면 된다.

환경(environment)을 보호(protection)하기 위해(for) 개발(development)을 제한(restrict)하는 것은 다음 세대를 위한(for next generation) 모두의 (everyone's) 의무(obligation)이다.

때로는 한 문장 안에 「주어+동사」가 하나 이상인 경우가 있다. 여러 문장이 모여 하나의 문장을 이룰 때가 있기 때문이다. 이럴 때는 순서대로 한 문장을 뒤에서 앞으로 해석한 후 다음 문장 또한 뒤에서 앞으로 해석해 주는 형식으로 가면 편하다.

예를 들어

No matter how much we believe that global warming is occurring, we should study global warming and prepare appropriate measures.

콤마(,)를 사이에 두고 앞뒤로 문장이 있다. 먼저 앞에 부분의 주어인 우리를 해석한 후 that절을 해석하고 동사를 해석한 후에 뒤의 문장으로 똑같이 넘어가면 된다.

(우리가 온난화 현상이 일어나고 있다고 얼마나 믿든 간에 우리는 온난화 현상을 연구하고 적절한 대책을 준비해야 한다.)

MORE TIP | 주소를 쓸 때도 한국어와 거꾸로인 영어

편지나 소포를 보낼 때 쓰는 주소에서도 우리는 흔히 영어와 한국어의 차이를 알 수 있다. 영어에서는 작은 것부터 말하는 경향이 있고 우리는 큰 것부터 말한다. 따라서 주소를 말할 때도 미국은 집 번지와 street name부터 얘기하는 반면에 우리는 도시 이름이나 동 이름을 먼저 말한다. 이러한 사고방식의 차이는 주소를 얘기 할 때 이외에도 다양한 곳에서 찾을 수 있다.

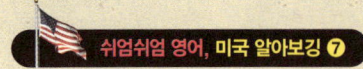

해도 해도 끝이 없는 영어!

내가 아는 지인은 어렸을 때부터 미국의 유명한 law school을 나와 미국 최고의 law firm에 다닌다. 말빨(?)이 중요한 변호사이기에 나는 당연히 "아, 영어 하나는 끝내주게 잘 하겠다"라는 생각을 했었다. 하지만 나중에 그 변호사가 출퇴근길에는 항상 영어책을 들고 다니며 영어 단어를 외운다는 사실에 나는 충격을 받았다. 나같이 중고등학교 때쯤에 미국에 온 것도 아니고 아주 어렸을 때 이민을 와서 한국에 있었던 시간보다 미국에 있었던 시간이 많았던 분이었다. 그리고 무엇보다 최고의 대학을 나와 최고의 회사에 다니는 변호사가 영어 공부를 계속 한다니 믿기지가 않았다. 이분 외에도 의대에 진학해 영어는 물론 머리도 끝내주게 좋은 내가 잘 아는 언니도 쉬는 날에는 CNN을 틀어놓고 영어를 공부한다고 한다. 어떤 사람들은 힘들게 유학을 가서 미국에서 정착하여 살고자 한다. 하지만 대학교를 졸업하고 직장생활을 하면서 언어의 장벽을 이기지 못하고 직장을 그만두고 한국에 들어오는 사람들도 많이 있다. 심지어 영어 실력이 그렇게 중요하지 않는 운동을 하는 사람들도 언어 때문에 많은 고생을 한다.

이렇게 우리가 보기에는 영어를 더 이상 공부하지 않아도 될 것 같은 사람들도 꾸준히 노력한다. 그만큼 언어라는 것이 쉬운 상대가 아니기 때문이다. 어느 공부든지 마찬가지겠지만 영어 공부는 정말 하면 할수록 어렵고 끝이 보이지 않는다. 우리가 아무리 토종 한국인이라고 해도 한국어를 100% 완벽하게 알지 못하듯이 영어라고 어디 다를까? 영어를 1년 2년에 끝내려는 생각은 버리자. 정말 평생 공부해도 완벽하게 끝내기 어렵다. 실력이 늘었다 싶으면 또 다른 장벽이 기다리고 있을 것이다. 그러니 초조해 하지 말고 포기하지 말고 꾸준히 한결같이 공부하자. 어차피 평생 공부해도 다 알기 힘들 판에 뭐하러 초반부터 진을 뺀다거나 중간에 포기를 하려고 할까? 최선을 다하고 지금 할 수 있는 자신의 몫을 해내는 것이 가장 중요한 것 같다.

EPISODE 08
반기문 유엔사무총장님처럼만 스피킹 해도 훌륭해!

영어로 말해도 못알아듣는 것도 문제지만
그렇다고 억지로 버터를 철철 넘치도록 혀에 바를 필요는 없어~

내가 미국에 처음 갔을 때 잠깐 동안 기가 죽어서 시무룩해져 있던 적이 있었다. 그 이유는 내 영어 발음을 호스트 가족과 친구들이 잘 알아듣지 못했기 때문이다. 천천히 또박또박 말을 해도…, 아무리 상대방이 인내심을 가지고 내 말에 귀를 기울인다고 해도…, 그들이 이 한국에서 온 동양 아이가 도대체 무슨 말을 하는 건지 모르겠다는 표정을 지으면 나도 모르게 주눅이 들고 얼굴이 빨개졌다.

나는 토종 한국식 발음을 고치기 위해 대대적인 노력을 하였다. 호스트 가족과 친구들의 도움을 받아 단어 하나라도 제대로 발음하기 위하여 수십 번 연습하고, 또 연습하고…. 나중에는 급기야 speech therapist의 도움을 받으면서까지 내 발음을 교정하기 위해 노력하였다. speech therapist와의 수업은 나름대로 성과가 좋았다. 한국어에 없는 미국 발음에 대해 알도록 해주었고 더 자신감 있게 말할 수 있도록 도움을 주었다.

혀가 굳은 후에 다른 외국어를 모국어처럼 발음하기는 힘들다고 볼 수 있다. 하지만 그들이 알아들을 수 있고 어느 정도 의사 소통하는데 문제가 없을 만큼은 충분히 만들 수 있다. 우리나라에 온 외국인이 발음은 좀 어눌해도 나름 자유자재로 한국말을 하는 것처럼 말이다.

 절대 네이티브처럼 되려고 하지 마라.

한국 사람들의 영어 콤플렉스는 매우 심각하다. 미국에서 몇 년 동안 살았다는 사람들도 "나 영어 못해"라는 말을 입에 달고 산다. 왜 그럴까? 진짜 그렇게 한국 사람들이 영어를 못할까? 절대 아니다. 한국사람들은 영어를 동남아나 다른 아시아 사람들과 비교했을 때 전혀 뒤쳐지지 않는다. 문제는 피해의식과 자신감의 차이다.

우리가 생각하기에 영어를 잘한다고 하면 토플 만점도 있겠지만 무엇보다 네이티브처럼 발음할 수 있는 것을 의미하는 경향이 있다. 하지만 어렸을 때 미국에 가지 않은 이상 영어 발음이 원어민과 같아지기는 절대 불가능하다. 내가 아는 지인 중에는 초등학교 5학년 때 미국으로 와서 학교를 다녔다. 내가 보기에는 영어를 아주 잘해서 거의 영어구사력이 원어민과 다를 바가 없었다. 하지만 그래도 가끔씩 드러나는 한국식 발음이나 강세가 완벽히 없어지지는 않았다. 아주 어렸을 때 미국으로 유학을 와서 공부했던 사람들도 완벽한 네이티브가 되기 어려운데 한국말을 다 깨고 혀가 굳어진 사람들이 어찌 그들과 같아지길 바랄까?

우리나라 사람들한테 영어 잘한다는 소리를 듣는 것 보다는 영어권 국가 사람들에게 영어 잘한다는 소리를 들어야 진짜 영어를 잘한다고 볼 수 있다. 그들에게 '잘한다'의 기준은 발음이나 시험점수가 아니다. 그들과 대화하는 중에 서로 얼마나 의사소통이 분명하게 되느냐가 관건이다. 그것이 언어의 본질이 아닐까? ==언어의 존재 이유는 바로 소통이다.== 그러니까 오늘부터 자신감을 가져라! 영어 발음이 허접하다고 절대 기죽지 말고 부단히 연습하고 노력하자. 그러다 보면 영어 발음도 나아질 것이지만 무엇보다도 소통이 잘되는 사람이 되었으면 한다.

📺 반기문 유엔사무총장님처럼 영어해도 perfect!!

우리나라의 자랑이자 세계적으로 존경을 받는 반기문 유엔사무총장이 영어로 연설하는 것을 들어 본 적 있나요? 발음만 두고 보자면 유창한 영어 발음이라고 하기는 힘들다. 하지만 그의 연설 내용의 질적인 면이나 전달 능력을 보자면 그가 어떻게 그 자리에 오를 수 있었는지 알 수 있다. 발음은 분명 원어민 수준에 도저히 미치지 못하지만 영어의 구사력과 단어의 활용 능력은 웬만한 미국인들보다 훨씬 훌륭하다. 미국인들도 자주 쓰지 않는 고급 영어를 하고 있는 그를 볼 수 있다. 또한 강약을 조절하면서 내용을 전달하려는 그의 구사력은 부족한 영어 발음이 그의 연설을 전달하는데 큰 걸림돌이 되지 않게 한다. 영어 발음보다 더 중요한 것은 전달하려 하는 내용의 질과 듣는 이를 사로잡는 전달 능력이다. 그 어떠한 이도 그가 영어를 못한다고 말할 수는 없을 것이다.

반기문 사무총장 이외에도 나는 다른 나라에서 온 많은 유학생들을 보면서 영어 발음보다 중요한 것이 자신감이라는 것을 느꼈다. 나도 미국에 좀 오래 살다 보니 이제는 영어 발음만 들어도 그 사람이 대충 어느 나라 사람인지 감이 온다. 대체로 부끄러워 소극적으로 영어를 구사하는 한국인과는 다르게 부족한 영어도 전혀 기죽지 않고 자신감 있게 구사하는 사람들이 부러운 때가 많다. 그들은 대부분 자신들의 부족한 발음을 외국인이기 때문에 당연한 거라고 여기고 별로 심각하게 생각하지 않는다. 미국인들도 자신감 있게 영어를 구사하는 사람들을 더 호의적으로 대하고 더 영어를 잘한다고 생각한다.

 중요한 단어만 크고 명확하게 발음하려고 노력하자.

우리나라 사람들도 대화를 할 때 한 글자 한 글자 또박또박 얘기하지 않으며 또한 들을 때도 단어 하나하나 신경을 쓰면서 듣지 않는다. 영어로 대화를 하거나 듣기를 할 때도 마찬가지다. 다 들으려고 귀를 곤두세운다거나, 모든 것을 다 정확하게 발음해서 전달하려고 하기 보다는 대화를 이어나가기 위해 필요한 핵심 단어 중심으로 발음해서 전달하려고 하는 것이 중요하다.

 예를 들어 다음과 같은 문장에서 가장 중요하게 발음해야 할 것들은 무엇일까?

I have to go to Chicago for shopping because I need some winter clothes.

여기서 다른 단어보다 더 주의 깊게 발음해야 할 것은 'go, Chicago, shopping, winter cloths' 이다. 가장 신경 쓰지 않아도 되는 단어는 'to, for, because, some' 과 같이 없어도 뜻을 이해하는데 문제가 되지 않는 것들이다.

단순한 짧은 문장을 발음 할 때에도 밋밋하게 발음하지 말고 중요한 단어를 더 길고 명확하게 발음하자.

"The cat is on the table" 이란 아주 간단하고 짧은 문장을 발음할 때에도 'the, is, on' 은 밋밋하게 발음 하더라도 'cat 이나 table' 은 똑바로 발음해야 한다.

"To restrict development for the protection of the environment is everyone's obligation for the next generation" 같은 다소 긴 문장을 발음할 때도 마찬가지로 'to, for, the, of, is, everyone' 은 없어도 뜻이 이해되는 단어들이기 때문에 짧고 밋밋하게 발음하고, 그 외의 단어들은 조금 신경을 써서 발음한다. 또한 이러한 긴 문장은 한번에 쭉 발음하려고 하기 보다 중간중간 쉬어가면서 발음해 주는 것이 더 좋다.

예를 들어
When I was a child, my father took me to the movie theater every Sunday.

위의 문장에서 쉼표가 있다. 이 때 잠깐 쉬었다가 발음해주면 다음에 오는 문장을 부드럽게 이해할 수 있다.

발음, 그래도 노력하면 극복할 수 있다.

앞에서 계속 영어 발음보다 내용이 중요하다는 점과 발음 때문에 너무 스트레스를 받지 말라는 말을 했다. 하지만 사람 욕심은 끝이 없어서 조금 영어를 잘한다 싶으면 영어발음도 잘하고 싶다는 생각이 들게 된다. 하시만 어렸을 때 영어권 나라에 산 사람들이 아니면 대부분 영어를 잘 할 수는 있어도 영어 발음이 좋기는 힘들다. 나도 미국에 가기 전에 한국에서만 산 토종 한국인이어서 미국에 처음 갔을 때 많이 힘들었었다. 솔직히 처음에는 뭐가 뭔지도 몰라 내 발음이 좋은지 나쁜지도 몰랐었다. 나중에 귀가 좀 트이고 나서야 영어 발음이 들리기 시작했다. 그 때부터 영어 발음을 고쳐야겠다는 마음에 많은 노력을 기울였다. 처음에는 호스트 가족 앞에서 영어로 책을 읽으면서 발음 교정을 받거나 방에서 혼자 큰 소리로 영어책을 읽었다. 모르는 발음이거나 잘 안되는 발음은 주변 사람들에게 수십 번 물어보면서 고치려고 노력을 했다. 특별한 숙제가 없는 날에는 Disney Channel을 보며 영어발음을 유심히 듣고 따라 해봤다. 심지어 내 친구들에게 내 발음이 이상할 때마다 나를 때려달라고 부탁한 적도 있다. (정신 차릴 수 있도록 나도 모르게 친구들에게 부탁했는데 나중에 생각해보니 내가 봐도 황당한 부탁이 아닐 수 없다.) 그래도 발음 교정이 쉽지 않아 나중에는 speech therapist에게 교습비를 주고 주 1회 발음 교정을 받아 큰 도움을 받았다.

내 발음은 아직도 너무나 부족하다. 하지만 내가 미국에 처음 갔을 때와 비교하면 내 발음은 아주 많이 개선되었다. 끝없이 노력하고 노력한 결과가 아닐까 싶다. 지금은 발음 때문에 특별히 내 영어를 못 알아 듣는 미국인은 별로 보지 못했다. 많은 사람들이 혀가 굳은 다음에 미국에 가면 영어발음을 고치기 힘들다고 말하지만 노력은 정직하다. 어렸을 때 가는 것보다 힘은 좀 들겠지만 노력하면 할수록 많이 좋아질 수 있다.

영어 발음을 좋아지게 하려면 정확한 발음을 귀에 익히고 그것이 제대로 발음될 때까지 소리내 연습하는 것이다. 발음이 잘 안되는 것이 있다면 수백 번 연습해라! 될 때까지…. 또한 책을 하나 처음부터 끝까지 소리내서 읽어보는 것도 좋은 방법이다.

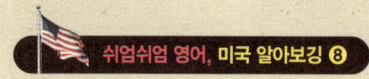

쉬엄쉬엄 영어, 미국 알아보깅 ❽

영어를 위한 tutor 또는 speech therapist의 도움을 받아보자

미국에는 세계 다양한 국가에서 온 외국인들로 가득 차 있다. 따라서 그만큼 그들을 위한 시스템도 잘 되어 있다. 내가 처음 입학한 공립학교에서는 내 영어 향상을 위해 나에게 공짜로 영어 tutor를 붙여 주었다. 조그마한 학교도 아니고 학생수가 2000여명이 넘는 큰 공립학교였음에도 불구하고 낯선 나라에서 온 나를 위해 많은 배려를 해 주었다. 공부도 잘하고 나보다 3살 많은 Emily가 내 'tutor'였는데 그녀는 내게 영어 표현도 가르쳐 주고 영어 숙제도 검토해 주었다. 만약 처음 미국에 가서 영어영작 같은 숙제에 도움을 받고 싶다면 주저하지 말고 담당 상담가나 선생님을 찾아가야 한다. 그들은 흔쾌히 영어 실력 향상에 도움을 줄 사람을 소개시켜 줄 것이다.

또한 미국은 다양한 인종과 문화들이 서로 공존하며 살아가기 때문에 다양한 직업이 존재한다. 우리 나라에도 언어치료사가 있지만 특별한 경우가 아니면 접하기 힘들다. 또한 언어치료사는 약간 몸이나 정신적으로 문제가 있는 사람들이 찾는다고 오해하기 쉽다. 하지만 미국에서는 이러한 speech therapist들을 쉽게 만나 볼 수 있다. 정신과 상담도 아무렇지 않게 받으러 가는 미국 문화에서 speech therapist는 어린아이의 발음 문제부터 나 같은 외국인의 발음 교정까지 손쉽게 도맡아 도와준다. 그들의 대부분은 대학에서 언어학(linguistics)을 전공한 사람들로 발음하는 구강구조의 설명부터 시작하여 차근차근 발음을 교정할 수 있게 도움을 준다. 지도비 가격은 speech therapist 마다 각각 다르나 보통 한 시간에 $20에서 $100 사이다. 대학교에서 외국인들을 대상으로 하는 program도 있다. 이러한 program은 외국인들을 대상으로 짜여졌기 때문에 더 우리에게 적절하고 또한 대학원생들이 가르치는 경우가 많아 전문가보다 가격이 저렴하다.

영어의 자신감을 키우기 위해 위 같은 노력을 해보는 것도 좋은 방법인 것 같다. 한국에서 IBT토플 100점 이상 받는 영어실력자들도 막상 미국에 가면 영어의 어려움을 상당히 겪게 된다. 이러한 도움은 영어를 못하는 사람들뿐만 아니라 영어를 잘하는 사람도 더 고급스러운 영어를 구사하기 위해 많은 도움을 받을 수 있다. 예를 들어 논문을 쓰는 대학원생들도 자신의 논문을 검토해줄 수 있는 도움을 학교에서 다양하게 받을 수 있다. 또한 미국인들도 글쓰기에 자신이 없어 이러한 도움을 많이 받는 걸 볼 수 있다. 혼자서 해내려고 노력하기 보다는 최대한 주변의 도움을 받아 이겨내는 것도 좋은 방법인 것 같다.
　요즘 한국에서도 말하기의 중요성이 커지면서 많은 회화학원이 늘어나고 여러 가지 책들이 발간되고 있다. 미국에서나 다른 영어권나라에서 직접 받는 도움보다야 못할지라도 이러한 다양한 기관이나 정보들을 이용하여 영어 실력을 향상시키기 위해 노력했으면 한다.

EPISODE 09
토종 한국인들이 버터 냄새나는 영어 발음 도전하기 1

우리말에는 없는 발음들,
우리보고 어찌하라고~

유달리 한국인들이 발음하기 힘든 단어들이 있다. 그 이유는 한국어에는 없는 발음이기 때문이다. 한국어 발음에 길들여진 한국인들에게 그런 발음이 쉬울 리가 없다. 따라서 그러한 발음들은 어떠한 것들이 있으며 어떠한 차이가 있고 어떻게 발음하는 것이 적절한지 알아두어야 한다. 하지만 나는 한국에서 말하기 중심의 영어를 공부하지 않아서 인지 미국에 가기 전까지 발음의 차이에 대해 그리 깊이 알지 못했다. 미국에 가서 직접 경험을 하다 보니 한국어와 영어 발음이 크게 다르고 또 무엇보다 한국어에 없는 영어 발음들이 있다는 것이었다. 그 차이만 알면 영어 발음을 할 때 좀 더 수월하게 할 수 있을 뿐만 아니라 듣기 실력에도 많이 도움이 될 것이다.

 너무나 잘 알고 있는 r과 l

한국어에 없는 발음이라고 하면 사람들이 가장 먼저 떠올리는 것이 바로 'r과 l'이다. 그 이유는 알파벳을 처음 배울 때 'r과 l'의 발음 차이를 배우면서 한글 'ㄹ'의 발음 차이를 가르쳐 주기 때문이다.

'ㄹ'은 'r과 l' 사이의 발음이다. 따라서 영어권 사람들한테 'ㄹ' 발음을 해보라고 하면 대부분의 사람들이 잘 발음하지 못한다. 그들도 우리와 마찬가지로 영어에 없는 'ㄹ' 발음이 생소해서 잘 되지 않는 것이다.

'r'은 혀를 뒤로 말아서 소리를 내면서 앞으로 빼준다. 'l'은 생각보다 쉬운데 혀를 위에 앞니 뒤에 가져다 대며 발음하면 된다.

미국에 처음 갔을 때 'r과 l'의 차이를 알고 있었음에도 불구하고 실생활에 별로 사용해 본적이 없어서 'r과 l' 발음까지 신경을 쓰면서 발음하기가 힘들었다.

− r과 l , 다음 단어들을 완벽하게 발음할 수 있다면 뭐든지 Okay!
(단어 옆에는 한국어로 영어 발음을 적어 놓았는데 참고만 하자. 듣는 이에 따라 다르게 느낄 수 있기 때문이다.)

■ girl (소녀) − 거어RL
많은 사람들이 그냥 '걸'이라고 쉽게 발음 하는데 사실 상당히 발음하기 어려운 단어이다. 'r' 발음 이후에 바로 'l' 발음까지 이어져야 한다.

■ world (세계) − 워어r l드
이 단어도 월드라고 많이 발음하는데 girl처럼 r과 l이 바로 이어져 나와 완벽하게 발음을 하기 위해 연습이 필요하다. 잘못 발음하면 'word (단어)'나 'wold (고원)'으로 발음할 수 있으니 주의해야 한다.

■ our world
위의 두 단어를 완벽하게 발음하려고 노력해보자. 생각보다 어렵다. 그 이유는 'r'로 끝나는 our 뒤에 'w'로 시작하는 단어가 오기 때문이다. 'w'는 우리가 생각하는 워~발음이 아니라 입 모양을 'o'형태로 모았다가 옆으로 피면서 발음해야 하기 때문에 어렵다. 거기에다 단어 'world'는 끝에 'r과 l'이 붙어 있기 때문에 어려운 발음군들이 모여있다. 'w' 발음에 대해서는 뒤에 가서 더 자세히 설명하겠다.

- **lyrics (가사) - L이어r익스**

한국사람들은 알파벳 그대로 '리릭스' 라고 읽는데 약간 '리얼릭스' 처럼 발음해야 한다. 원어민 발음을 들어보고 계속 따라 하면서 연습해보자.

- **rural (시골의) - r┬r아l**

나도 솔직히 이 발음을 할 때 매우 신경 쓰며 발음하려고 한다. 그만큼 어려운 단어이다. 이 발음은 계속 원어민의 발음을 들어보면서 비슷하게 따라 발음하려고 노력하는 수 밖에 없다.

- **error (잘못) vs. air (공기) - 에rr**

'error' 는 한국에서도 '에러' 라고 많이 사용하는 단어이다. 하지만 '에러' 라고 하면 알아듣는 미국인은 많지 않을 것이다. 약간 '에여얼' 이라는 소리로 들린다. 'air(공기)' 라는 단어와 헷갈릴 수 있다. 하지만 'air' 는 단순히 '에+얼' 같은 소리는 나는데 'error' 보다 'r' 발음이 약하다. 부드럽게 'air' 라고 발음하면 된다. 'error' 는 좀 더 'r' 에 신경 써서 발음해야 한다.

- **mirror (거울) - 미r ㅕ ㄹ**

자그마치 'r' 이 한 단어에 3개나 된다. 하지만 어렵게 생각할 필요가 없다. '미열' 이라고 발음하면서 'r' 발음만 잘 살려주면 된다. 또는 '미이러얼' 이라고 하면서 'r' 발음을 잊지 않으면서 해도 된다. 둘 다 쓰이는 발음이고 영국에서는 '메라' 라고 발음하기도 한다.

- **arrow (화살) - 에R ㅗ 우**

'에-로우' 처럼 들린다. 'r' 이 두 개나 붙어있다고 'r' 소리가 길어지는 것도 아니고 그냥 'r' 발음을 한 번만 하면 된다.

MORE TIP 'r과 l'은 많은 사람들이 그 차이점을 알고 발음도 꽤 잘 하는 편이다. 하지만 중요한 것은 'r과 l' 자체의 발음을 얼마나 잘하느냐가 아니고 'r과 l'이 들어간 단어를 얼마나 잘 발음할 수 있느냐 이다. 'r과 l'이 다른 알파벳과 모여 한 단어를 이루었을 때 그 단어를 정확하게 발음하는 것이 중요하다. 많은 단어를 소리 내서 발음하며 연습해 보자

[practice] r과 l 구분하기

We have to wrap the laptop computers in bubble wraps.
올록볼록한 방충(防衝) 비닐 포장지로 랩탑 컴퓨터를 싸서 보내야 해요.

Bill is walking home from his job after working very long hours.
빌은 아주 오랫동안 일하고 난 뒤 걸어서 집에 가는 중이다.

I used a rock to break the lock on my door.
돌멩이를 이용해서 우리집 자물쇠를 부쉈어.

A: I'm sorry I'm so late for our meeting.
B: I think it was wrong to make me wait for such a long time.
A: 회의에 너무 늦어서 죄송합니다.
B: 그렇게 오래 기다리게 하는 건 잘하는 행동 같지 않군요.

 v (브이)군 b군과 착각하지 말자!

한국어에는 없는 또 다른 발음은 바로 태권 V(브이)할 때 그 'v' 이다.

처음 미국에 갔을 때 'v와 b'의 차이점을 몰랐다. 별로 대수롭지 않다는 듯이 비슷한 발음인가 보다 했다. 하지만 의외로 둘의 발음상의 차이는 매우 크고 미국인들에게는 전혀 다른 발음이다. 지금 생각해 보면 처음에 'v'로 시작하는 단어를 계속

'b'로 발음했던 나를 용케 알아 들은 미국인들이 너무 신기하다. 'vegetable'을 'begetable'이라고 발음하고 'vet'을 'bet'으로 발음했던 내 자신이 지금도 민망하다.

'v'는 윗니로 아랫입술을 약간 깨물면서 입술을 앞으로 끌어내야 한다. 'b'는 그대로 우리나라 '비'와 같다고 생각하면 된다.

- v, 다음을 연습해보자!

vase (꽃병) 잘못 발음하면 base (기초)로 들릴 수 있다. 'v' 발음에 주의하자.

- victory (승리)
- vision (시야)
- shave (면도하다)
- vague (애매한) - '베(v)이그' 처럼 발음해야 한다.
- vacant (비어있는) - '베(v)이컨트' 처럼 발음해야 한다.
- love (사랑) - 한국어에서도 자주 러브라고 사용하지만 '러어브(v)'가 더 맞는 발음이다.
- vaccine (백신)
- Vancouver (벤쿠버)
- various (다양한)
- vegetarian (채식주의자)
- live (살다)

[practice] V와 B 구분하기

bury/ very(묻다/ 매우)   base/ vase(기본/ 화분)   bow/ vow(활/ 맹세하다)
ban/ van(금지하다/ 밴)   boat/ vote(배/ 투표하다)   best/ vest(최고의/ 조끼)

Tom's mother died today. I guess they'll bury her very soon.
탐의 엄마는 오늘 돌아가셨어. 곧 매장할 것 같아.

This is one of the best vests we have in my store.
우리 가게에 있는 가장 좋은 조끼 중 하나입니다.

They'll ban the access of any kinds of van during the conference.
회의기간 중 어떤 종류의 밴의 접근도 금지될 것이다.

 f = ph, 한국어에는 없는 소리

(신기하게도 v(브이)와 발음하는 방법이 똑같다.)

 미국에 가기 전 상당히 무식했던 나는 'f' 발음이 'ㅍ' 발음인 줄 알았고 'ph' 발음은 그냥 'p(피)' 발음인 줄 알았다. 하지만 'f' 발음은 'ㅍ' 발음도 'p' 발음도 아닌 한국어에는 없는 발음이다. 또한 'f' 발음과 'ph' 발음이 같고 'v' 하고는 소리 내는 입 모양이 같다. 이 f 발음과 p 발음 때문에 아주 재미난 에피소드가 있었다. 한번은 아는 친척분이 미국에 오셔서 내가 아는 호스트 집에 들르셨는데 이때 호스트 아빠가 "What's your hobby?"라고 하자 낚시를 좋아하시는 친척분이 거칠은 발음으로 "I like to go pissing"(fishing을 잘못발음)라고 하여 다들 웃은 적이 있었다.

 'f'와 'ph' 둘 다 소리를 내는 방법은 앞서 언급한 'v' 발음 하는 방법과 똑같다. 예를 들어 'philosophy' 에서 'ph'가 두 번 나오는데 두 번 다 'f' 발음과 동일하게 발음해야 한다.

Tip: 'v' 발음 내는 것처럼 똑같이 입 모양을 한 후 'ㅂ'가 아닌 'ㅍ' 소리를 내도록 한다. 소리 내서 큰소리로 연습해 보자.

– 다음 단어를 통해 'f, ph' 발음 연습해 보기

- **family** (가족)
- **famous** (유명한)
- **favorite** (가장 좋아하는) - f와 v 발음을 유의해서 연습하자.
- **face lifting** (주름 펴는 성형수술)
- **flower** (꽃)
- **pharmacy** (약학)
- **phenomenon** (현상)
- **atmosphere** (대기)
- **philadelphia** (필라델피아)

CHECK IT OUT | 'Ph, f'는 아니지만 'f'로 발음해야 할 단어들

cough (기침)   끝에 오는 gh를 f (ph)로 발음해야 한다. (커f)

laugh (웃다)   cough와 마찬가지로 끝에 오는 gh를 f로 발음한다. (레f)

enough (충분한)   마찬가지로 gh를 f로 발음한다. (이너f)

tough (강인한)   'f' 발음에 유의 하자

Tip: 항상 'gh'가 'f'로 발음되는 것은 아니다. 그 예로는 'ghost(귀신), bright(밝은)' 등이 있다. 'gh'는 위치에 따라 다양하게 발음된다. 따라서 유의할 필요가 있다.

[practice] f와 p 구분하기

past/ fast(지나간/ 빠른)   pile/ file(더미/ 파일)   pull/ full(잡아당기다/ 가득찬)
pace/ face(속도/ 얼굴)   peel/ feel(껍질/ 느끼다)   pond/ fond(못/ 좋아하는)
pool/ fool(수영장/ 어리석은)

I will part with you if you fart again in front of my friend.
내 친구 앞에서 다시 한번 독가스를 내뿜으면 너랑 헤어질테야.

A: In the past, he was able to run very fast.
B: It's sad he is so old and can't do it anymore.
A: 전에는 걔가 아주 빨리 달렸지.
B: 나이가 많이 들어서 더 이상 그럴 수 없다니 안타깝다.

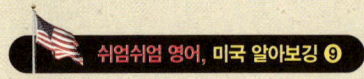
쉬엄쉬엄 영어, 미국 알아보기 ❾

알아두면 좋은 발음에 관한 이모저모

1) 밀가루와 꽃, 발음이 같다!

밀가루인 'flour'와 꽃을 뜻하는 'flower'는 철자만 틀릴 뿐 발음은 똑같다. 둘 다 'flauer'으로 발음하면 된다. 둘의 발음이 같기 때문에 문맥상으로 어떤 뜻인지 알아 맞혀야 한다. 밀가루는 셀 수 없는 명사이기 때문에 복수형이 될 수 없지만 꽃은 셀 수 있는 명사이기 때문에 끝에 -s가 붙어 'flowers'가 될 수 있다.

2) 태양과 아들도 발음이 같다!

태양을 뜻하는 'sun,' 아들을 뜻하는 'son.' 둘 다 발음이 같다. 하지만 'sun'은 하나 밖에 없기 때문에 보통 'the'와 함께 쓰이고 'son'은 셀 수 있는 명사로 복수형이 될 수 있다.

3) 헷갈리는 breath, breathe

'breath'는 호흡이라는 명사이다. 이 명사 끝에 -e만 부치면 '호흡하다'라는 뜻의 동사가 된다. 'breath와 breathe'는 거의 철자가 비슷하지만 발음에는 차이가 있다. 호흡을 뜻하는 명사 'breath'는 'breth'처럼 발음해야 한다. 동사 'breathe'는 'brith'로 발음하되 끝에 'th'가 약간 '드' 소리가 날 수 있도록 발음해야 한다.

4) debt (빚), tomb(무덤) subtle(미묘한)에서 b는 묵음

'debt'에서 'b'는 묵음이어서 발음할 필요가 없다. 따라서 그냥 'det'으로 발음하면 된다. 이렇게 영어에는 묵음이 자주 등장한다. 무덤이라는 뜻의 'tomb'에서도 끝에 오는 'b'가 묵음이다. '툼(tum)'이라고 발음해 줘야 한다. 'subtle'도 'b'가 묵음으로 '서tle (subtle)'이라 한다.

5) heir (상속인)는 air (공기)는 같은 발음

'heir'에서 'h'는 묵음이어서 'h' 없이 발음을 해주어야 한다. 만약 'h'를 발음한다면 'hair(머리카락)로 들릴 수 있다. 'heir'는 'air'와 발음이 같으므로 문맥상으로 무슨 뜻인지 알아 내야 한다.

6) island (섬), Iceland(아이슬란드)도 Ireland(아일랜드)도 아니다.

나라 이름인 아이슬란드 아일랜드는 자칫 잘못하면 'island(섬)'이란 일반명사와 혼동이 올 수 있다. 특히 'island(섬)'는 's'가 묵음이어서 'ailend'로 발음해야 한다. 이 'ailend'를 한글로 옮기면 아일랜드가 되는데 나라 'Ireland'도 한글로 옮기면 아일랜드가 된다. 따라서 들을 때나 쓸 때 유의해야 한다. 나라 'Ireland'는 영어로 'aierlend'로 'r' 발음을 잊지 말아야 한다. 반면에 'island'는 'r' 발음 없이 그냥 'aielend'이다.

7) receipt(영수증), p는 발음할 필요 없다.

'receipt'에서 'p'는 묵음이라 'resit'이라고 발음하면 된다. 영어는 알파벳 그대로 읽지 않는 경우가 허다하다. 따라서 단어만 외울 것이 아니라 발음도 외울 필요가 있다.

8) education(교육)은 에듀케이션이 아니다.

많은 사람들이 'education'을 에듀케이션이라고 읽는 경우를 종종 본다. 한국에서도 종종 에듀케이션이라고 쓰여져 있는 광고나 학원 등을 볼 수 있다. 하지만 에듀케이션이 아니라 에쥬케이션이라고 해야 더 맞는 발음이다. 'education'에서 d가 j 발음이기 때문에 ejukeition이 더 맞는 발음이다.

9) o 발음은 없고 u만 있는 route (도로)와 wound (상처)

'route'에서 'o' 발음 없이 'rut'이고 'wound'에서 'o' 발음 없이 'wund'이다.

10) 주의해야 할 동음이의어

발음은 똑같은데 철자와 의미가 다른 「동음이의어」는 영어 듣기를 더욱 어렵게 만드는 주범이다. 소리만으로는 어떤 단어인지 구분을 할 수 없고 전체적인 문장 흐름 속에서 알맞은 의미의 단어를 유추해내야 하기 때문이다. 따라서 다음 단어들을 알아두는 것이 좋다.

[miːt] meat (육고기) / meet (만나다)   [tou] tow (견인하다) / toe (발가락)
[loun] loan (대출) / lone (고독한)   [sait] cite (인용하다) / site (장소)
[roul] role (역할) / roll (구르다)   [breik] break (깨뜨리다) / brake (제동 장치)

Mark used the brakes to take a break on the road.
마크는 도로 주행 중에 잠깐 쉬려고 제동을 걸었다.
She's going to cook some meat when we meet for dinner.
그 여자는 저녁 식사 모임에 고기 요리를 좀 할 생각이다.

EPISODE 10

토종 한국인들이 버터 냄새나는 영어 발음 도전하기 2

발음이 안통해 종이에 적어줘야 했던
굴욕의 순간들

영어 발음 때문에 민망했던 일들을 이야기하자면 정말 끝이 없을 것이다. 식탁 위에 있던 바나나가 너무 먹고 싶어서 "바나나 하나 먹어도 돼냐"고 물어보려다가 내 바나나 발음을 못 알아들어 결국 나중에 종이에다가 직접 철자를 적어야 했던 기억부터 시작해서 분명히 나는 'host dad'라고 발음했는데 친구들은 'husband(남편)'이라고 오해해서 들었던 일까지 정말 곤욕을 많이 치른 것 같다. 지금 생각하면 다 추억이고 재미있는 이야기 거리지만 그때는 왜 그렇게 부끄러웠는지 모르겠다. 그러한 곤욕을 치르면서 배운 영어여서 뭔가 더 짠한 마음이 들기도 한다.

앞 episode에 이어서 영어에만 있는 발음들을 더 알아보자.

 'th' 가장 주의해서 발음하자.

내가 미국에서 작은 실수로 망신까지는 아니지만 약간 민망했던 적이 있다. 고등학교 때 나는 학교 합창단에 가입했는데 거기서 노래 연습을 하다가 "Look at my mouth!"(내 입을 좀 봐봐!)라고 말한 적이 있다. 하지만 아이들은 이상하게 "Look at my mouse"(내 쥐를 좀 봐봐!)라고 알아 들었다. 순간 아이들이 "뭐? 쥐?"라고 되물었다. 그 순간 무언가 잘못 말했구나 싶었지만 잘 이해가 되지 않았다. 나중에야 'th' 발음을 내는 법을 알게 되었고 그 이후부터는 'th' 발음은 아주 신경을 쓰면서 발음하는 습관이 생겼다.

'th' 발음 또한 한국어에는 없는 발음이다. 혀를 윗니 밑에 갖다 대고 뒤로 빼면서 발음해야 한다. 하지만 여기서 주의해야 할 점이 하나 더 있다. 바로 'th' 발음은 단어에 따라 발음하는 방법은 같지만 내는 소리가 약간씩 달라져야 하기 때문이다.

- '더' 와 비슷한 소리를 내는 'th' 단어들

'this나 that' 을 단순히 '디스, 댓' 이라고 발음하는 사람들이 있는데 'this와 that' 은 'd(디)' 와는 전혀 다른 발음이다. 'th' 발음이 없는 한국인들에게는 비슷하게 느껴지겠지만 'th' 발음이 있는 영어권 사람들에게는 엄연히 다른 발음이다. 'th' 발음을 낼 때 혀의 위치는 위의 그림처럼 두면서 'd' (드드드드드 소리)처럼 발음을 낸다. 혀를 윗니 밑에 두고 'd' 발음을 하는 것이다.

- this (이것)
- that (저것)
- than (~보다)
- these (이것들의)
- those (저것들의)
- their (그들의)
- they (그들)
- therefore (그러므로)
- thus (따라서)
- themselves (그들 자신)
- breathe (숨을 쉬다)

- 3? 쓰리? NO NO!!! 'th'를 잊지 말자

앞에서는 약간 'd' 소리가 나는 'th' 발음이었다면 이번에는 약간 's' (스스스스스스) 소리가 나는 'th' 발음이다. 앞에 나온 그림과 같은 혀의 위치에 약간 's' 느낌의 소리를 내면서 'th'를 발음해 보자. 단어 맨 앞에 오는 'th' 는 대부분 이 소리 유형의 발음이다.

- thing (것)
- thirty (30)
- third (3번째)
- thank (감사하다)
- therapy (치료)
- three (3)
- thermal (열의)
- thigh (넓적다리)
- thermometer (체온계)
- Thursday (목요일)
- Thanksgiving Day (추수감사절)
- Theodore (시어도어 – 남자이름)

– 단어 끝에 오는 'th'는 대부분 연약한 소리

만약에 'th'가 단어 끝부분에 온다면 대부분 약한 'th' 발음이다. 여기서 약하다라는 것은 거의 소리가 희미하게 난다는 뜻이다.

- mouth (입) – mouse와 발음이 같지 않도록 유의하자. 상대방이 오해할 수 있다.
- smooth (부드러운)
- tooth (이, 이빨)
- teeth (이의 복수형)
- bath (목욕)
- fourth (네번째의)
- tenth (열번째의)
- moth (나방)
- loath (싫어하고)
- youth (젊음)
- breath (호흡)
- math, mathematics (수학)

CHECK IT OUT | 'th'가 들어갔지만 'th' 발음을 할 필요가 없는 예외들

Thailand (태국)   'th' 발음이 아는 't' 발음이다. 타이랜드라고 하면 된다.
Thai (태국 사람)   Thailand와 마찬가지로 't' 발음이다. (타이)
Thames (템즈 강)   't' 발음으로 하면 된다. 하지만 여기서 끝에 'z' 발음으로 끝난다.

[practice] th와 th 구분하기

'쓰' 발음

How much do you pay a month for your Internet access?
년 인터넷 접속 비용으로 한 달에 얼마 내니?

It may be worth a try.
그래도 해봄직 할거야.

Do you need to talk to me about something?
나한테 얘기하고 싶은 게 있는 건가?

'드' 발음

When I see her, my heart races and I can't breathe.
그 여자를 보면 심장이 뛰고, 숨이 턱 막혀.

We'd better come up with a good plan soon!
빨리 좋은 계획을 생각해 내야 겠군요!

Is there anything else you need?
뭐 필요한 다른 거 있어?

 w, 미묘한 차이로 은근히 어려운 발음

'w' 발음을 잘 못한다고 해도 그렇게 외국인들이 알아듣는 데에 불편한 점은 별로 없다. 하지만 아주 가끔씩 'w' 단어가 말썽일 때가 있다. 'what, where' 은 쉬운데 witch나 'wood' 를 한 번 발음해 보자. 생각 외로 어렵다. 특히 이 'wood' 를 완벽하게 발음할 수 있다면 'w' 는 거의 완벽하게 발음할 수 있다고 보면 된다. 'wood' 를 단순히 '우드' 라고 발음하면 잘못 알아 듣기 때문이다. 학교 수업시간에 친구들과 과제를 같이 하다가 이 단어가 나와 내방식대로 발음했다가 미국친구들이 황당해 한 적이 있다. 결국 이번에도 나는 친절하게 'wood' 를 종이에 써주니까 그 때서야 친구들이 이해했다. 서로 웃고 넘어갔지만 이 쉬운 단어를 이해 못해서 난 꽤 당황했었다.

'w'는 우리나라 말 중 "왜 그러는데?"라고 할 때의 '왜'랑 비슷한 발음이다. 하지만 거기서 더 입을 양 옆으로 길게 벌려준다고 생각하면 된다. 입을 동그랗게 모았다가 양 옆으로 길게 찢는 듯한 느낌으로 발음한다.

- 다음과 같은 w- 단어 연습해보자

- **wood** (나무)
- **waffle** (와플)
- **wage** (임금)
- **wedge** (쐐기)
- **wine** (와인)
- **waiter** (웨이터)
- **waist** (허리)
- **watch** (시계)
- **awake** (깨어있는)
- **twenty** (20)
- **twelve** (12)
- **twin** (쌍둥이)
- **swing** (흔들리다)
- **award** (상)
- **white** (흰색) - 화이트가 아니고 와이트에 가깝게 발음해야 한다)

CHECK IT OUT | 매우 중요! 'w'라고 해서 다 'w' 발음이 나는 건 아니다.

- 주로 단어가 'w'로 시작한다면 'w' 발음이 나지만 단어 중간이나 끝에 오는 경우에는 대부분 '아(a), 에(e), 이(i), 오(o), 우(u)' 중 우(u) 소리가 날 때가 있다.

  two (2) 투 (tu)   **cow** (소) 카우 (kau)   **sow** (뿌리다) 쏘우 (sou)

  owl (부엉이) 아울 (aul)   **coward** (겁쟁이) 카우 (kau)ard   **own** (소유하다) 오운 (oun)

  owe (빚지고 있다) 오우 (ou)   **bowl** (사발) 바울 (boul)   **brow** (이마) 브라우 brau)

  fowl (닭고기) 파울 (faul)   **crow** (까마귀) 크로우 (krou)

[practice] 다양한 w 발음

Actually there is no need to bring wine. Just bring some fruit.
와인 가져올 필요는 없어. 그냥 과일만 가져와.

I can't watch a movie without popcorn.
난 팝콘 없는 영화를 못봐.

Do you like red or white wine with fish?
생선과 함께 먹을 때 적포도주와 백포도주 중 어느 것을 좋아하시나요?

You're not the owner, are you?
당신은 주인이 아니군요, 그렇죠?

 z 발음은 날아다니는 꿀벌이 소리 내는 것처럼

'z'은 그냥 제트가 아니고 꿀벌이 즈-즈-즈- 소리를 내면서 날아다니는 것처럼 발음해야 한다. 알파벳 'z'가 들어간 단어는 평소에 그렇게 자주 쓰지 않는다. 하지만 'z'가 들어가는 단어는 적어도 'z' 발음이 나는 단어들이 꽤 많다. 예를 들어 어렸을 때 가지고 놀던 'xylophone(실로폰)'의 'x'가 발음 할 때는 'z'로 발음한다.

혀를 윗니 뒤쪽 천장에 갖다 댄다. 그리고 즈-즈-즈- 소리를 내면서 약간 떠는 듯한 느낌으로 소리를 내보자. 여기서 중요한 것은 단순히 즈-즈-즈- 하는 것이 아니라 벌이 소리 내는 것처럼 약간 떠는 소리를 내야 된다. 생각보다 어렵다. 무엇보다 'j' 발음과 헷갈릴 수 있다. 하지만 엄연히 다른 발음이니 영어 발음을 자주 들으면서 소리를 내서 직접 따라 해보자.

− z 발음 연습해보기 (j 발음과 다르게 발음하려고 노력해보자)

- **zebra** (얼룩말)
- **zoo** (동물원)
- **zen** (불교에서의 선)
- **zealot** (열광자)
- **zombie** (좀비)
- **zone** (지역)
- **New Zealand** (뉴질랜드)
- **zero** (0)
- **zigzag** (지그재그의)
- **seize** (잡다)
- **jazz** (재즈) – j와 z 발음 유의하면서 발음하자.
- **zealous** (열광적인) – z가 아닌 j로 발음하면 질투하는 이라는 뜻의 jealous가 된다.

CHECK IT OUT | 그 외의 'z'로 시작하지는 않지만 'z' 발음인 단어들

- 주로 'x-'로 시작하는 단어들이 많다 : 'x'는 주로 'z' 발음 아니면 'eks' 발음이다.
  ex. X-ray 엑스레이 (eks-ray)

  xylophone (실로폰)

  xenophobe (외국인을 싫어하는)

  xylograph (목판)   xylo는 접두사로 '나무'라는 뜻을 가졌다.

- 복수형, '-s'가 'z' 발음이 날 때가 있다. : 몇몇 복수형 단어 끝에 'z' 발음이 온다.

  woods (숲)   나무라는 뜻인 wood에 s가 붙어 숲이라는 뜻이 된다.

  cloths (옷)   천이라는 뜻의 cloth에 s가 붙어 옷이라는 뜻이 된다.

  houses (집들)   **friends** (친구들)

- 그 외

  lose (지다)   **Thames** (템즈 강)   **cleanse** (뿌리다)

  cousin (사촌)   **disease** (질병)   **says** (말하다 – 3인칭)

  bosom (가슴)

[practice] 다양한 z 발음

This is a no parking zone.

이곳은 주차공간이 아닙니다.

Will casual clothes be okay for the party?

그 파티엔 편안한 복장이 괜찮을까요?

What time does the restaurant close?

식당은 몇 시에 문을 닫아요?

It seems like he has a lot of friends

걔 친구가 많은 것 같아.

쉬엄쉬엄 영어, 미국 알아보기 ⑩

미국에 해외 입양이 많은 이유

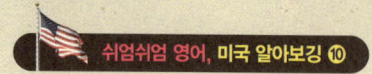

　미국에는 국내 입양보다 해외 입양이 많다. 내가 같이 3년 동안 지냈던 호스트 가족은 한국에서 한 명, 과테말라에서 한 명을 입양했다. 과테말라에서 입양된 자슬린은 내가 대학교에 들어 가서 미국에 왔기 때문에 나랑 같이 지낸 시간은 거의 없었다. 하지만 한국에서 입양된 빅터는 내가 미국에 간 지 6개월 만에 내 호스트가족의 품으로 왔기 때문에 내가 입양 절차부터 다 지켜봤다.

　빅터가 입양되었을 때는 한국이 해외로 입양을 보내는 수를 줄여가고 있는 중이었다. 따라서 입양 절차에 필요한 한국 비자가 생각보다 늦게 나와서 모든 절차가 늦어졌다. 옛날에 우리 나라가 어려웠을 때에는 해외로 입양을 많이 보냈지만 나라가 풍요로워지면서 사람들이 해외 입양을 많이 보내는 것 자체가 국가 이미지를 깎아 내린다고 생각되어서인지 요즘에는 그 수를 줄이고 있다.

　호스트 가족은 빅터가 오자마자 정말 진심으로 가족의 일원으로 대하고 사랑해 주었다. 처음 왔을 때 11개월 밖에 안 되어서 빅터가 할 수 있었던 말이라고는 '엄마,' '까까' 정도였지만 아이가 바뀐 환경과 새 가족이 낯설기 때문인지 많이 보채고 호스트 가족을 힘들게 했다. 하지만 호스트 가족은 처음부터 자기 아들이었던 것처럼 자기 동생이었던 것처럼 빅터가 하루빨리 새 환경에 적응할 수 있도록 헌신적으로 노력했다. 그 덕분에 빅터도 예쁜 짓을 자주하고 사랑 받을만한 재롱을 많이 피웠다. 이제는 빅터도 호스트의 당당한 가족이 되었다. 이러한 빅터의 입양 과정을 옆에서 지켜보면서 나도 입양에 대한 생각이 바뀌었다. 예전에는 입양하는 일이 나하고는 아무 상관없고 멀게만 느껴졌었다. 또한 대단한 사람만이 하는 어려운 일이라고 생각했다. 하지만 생각보다 멀게만 느껴지는 일이 아니라는 것과 대단한 일이지만 그렇게 어려운 일이 아니라는 것을 깨달았다.

　이러한 과정을 지켜보면서 알게 된 사실이 하나 더 있다. 바로 미국에서는 미혼모에 대한 시각이 한국에서처럼 그렇게 부정적이지 않다는 점이다. 미국에서는 아이를 버린다는 생각은 상상할 수가 없다. 대부분 미혼모나 아이를 키우기 어려워 포기하려는 사람에게 정부가 다양한 지원을 해준다. 따라서 그만큼 아기를 포기하는 일은 적다. 바로 이 때문에 미국에서는 나이 어린 엄마들을 많이 볼 수 있다. 대학생 엄마 심지어 고등학생 엄마도 볼 수 있다. 미국에서 대부분의 국내 입양은 갓난아기가 아니라 좀 더 나이를 먹은 아이들이 많다.

EPISODE 11
영어, 제발 영어답게 쓰자!

얼굴 빨개지는 고통을 줄이려면
적어도 흉내내는 노력정도는 해야

앞에서도 잠깐 언급했듯이 한국어는 한국어답게 영어는 영어답게 쓰는 것이 가장 중요하다. 하지만 한국어에 익숙해져 있는 우리가 하루 아침에 영어를 영어답게 쓰는 게 쉬울 리 없다. 방법은 집요하게 듣고 읽고 쓰고 말하면서 우리 몸에 배게 익히는 것이다. 콩글리쉬를 하루 아침에 잉글리쉬로 바꾸기는 어렵겠지만 노력한 만큼 우리의 혀는 정직하게 따라 줄 것이다.

이번 episode를 통해 조그만 상식을 앎으로서 나처럼 영어권 국가에 가서 얼굴이 빨개지는 일이 조금이나마 줄었으면 한다. 나는 미국에 처음 갔을 때 이러한 차이를 몰라 당황한 적이 한 두번이 아니었다. 분명 한국에 있었을 때는 멀쩡하게 사용했던 영어가 미국에 가니까 콩글리쉬가 되어 버렸다.

또한 도저히 한국말로는 차이점을 설명할 수 없는 단어들이 있다. 영어에는 있는 발음이지만 한국어에는 없기 때문이다. 이번 episode에서는 앞에서 알아 본 한국어에 없는 발음을 연습하고 또한 우리가 흔히 알고 있는 콩글리쉬에 대해 좀 알아보도록 한다.

 영어에서 유래되었지만 절대로 그대로 쓰면 안 되는 단어들

- 대부분이 외래어들이다. 특히 이 외래어들은 한국말 그대로 발음해서는 안 된다. 나는 당연히 영어에서 유래했으니 발음이 똑같을 거라고 생각하고 발음했다가 미국인들이 전혀 못 알아 들은 적이 한 두 번이 아니다.

단어 옆에 한국말로 비슷한 영어발음을 써 놓을 것이다. 하지만 그것은 한국어로 비슷하게 옮겨놓았을 뿐 진짜 영어 발음하고는 듣는 이에 따라 다를 수 있다. 따라서 옮겨 놓은 발음을 참고만 할 뿐 외우지 말고 나중에 직접 듣고 연습해 보는 것이 좋다.

한국어	영어 (한국발음)	설명
맥도날드	McDonald 맥다날(r)드	맥도날드가 먹고 싶어 죽어라고 맥도날드 외쳤지만…
버거	burger 벌(r)걸(r)	한국어에서는 r 발음이 없지만 영어에서는 r 발음이 없이 버거라고 하면 못 알아 듣는다.
바나나	banana 베네나	사람마다 베네나, 버네나 등 약간 차이가 있을 수는 있지만 한국어처럼 '빠나나우유 주세요' 라고는 하지 말자.
다이어트	diet 다이엇	다이어트라고 한 자 한 자 끊어서 읽지는 말자.
컴퓨터	computer 컴퓨털(r) or 컴퓨렐(r)	컴퓨터라고 해도 알아 듣기는 하지만 끝에 r 발음을 잊지 말고 부드럽게 발음하자.
비타민	vitamin ㅂ(v)ㅏ이타민	비(v)타민이라고 발음해도 되지만 일반적으로 바(v)이타민을 더 많이 사용한다.
가스	gas 게에스	가스는 한국에서만….
서비스	service 썰(r)비(v)이스	r과 v 발음에 주의
마사지	massage 마아싸아쥐	마사지가 영어인지 몰랐었다.
스티커	sticker 스티컬(r)	스티커에 r 발음 끝에 붙이기
인터넷	Internet 인털(r)넷 or 인널(r)넷	t 발음을 해주는 게 맞지만 많은 사람들이 t를 부드럽게 발음하다 보니 인널(r)넷같이 발음한다.
네트워크	network 넷윌(r)크	r 발음에 유의, 네트라고 하지 않도록 유의
스트레스	stress 스트뤠(r)스	r 발음에 유의
피아노	piano 피이에노	빠르게 소리 내서 읽어보자

코미디	comedy 커미디	가끔 '카메디'라고도 한다.
스프츠	sports (스폴(r)츠	r 발음 유의
퍼센트	percent 펄(r)센트	r 발음 유의
오페라	opera 오프라(r)	r 발음 유의
하프타임	halftime 헤프(f)타임	l은 묵음이어서 발음할 필요가 없다. 그냥 haf 이다.
알레르기	allergy 앨(l)럴(l)쥐	알레르기라고 하면 절대 안된다.
베트남	Vietnam 비(v)엣나암	발음에 다소 차이가 있다. v 발음 유의
카메라	camera 케메라(r)	r 발음 유의하고 카가 아니라 케로 시작한다.
라디오	radio 레(r)디오	r 발음 유의
커피	coffee 커어피(f)	p 발음이 아니라 f 발음을 내야 하므로 주의해야 한다.
버터	butter 버털(r) or 버럴(r)	t 발음을 부드럽게 내서 버럴)이라고 많이 발음 한다.
알람	alarm 얼(l)럼(r)	r과 l 둘 다 있기 때문에 매우 발음하기 어려운 단어이다. r과 l에 신경 쓰면서 발음하자.
패스트푸드	fast food 패(f)스트푸(f)드	한국어랑 비슷한 발음이지만 한국어에서는 p 발 음이지만 영어에서는 f 발음을 내주어야 한다.
로비	lobby 라(r)비	가끔 러(r)비라고도 한다.

Tip: 위의 예들 이외에 다양한 외래어들이 있을 것이다. 우리에게 익숙한 외래어를 그대로 사용하지 말고 그 외래어를 영어로 바꾸어 영어 단어로 사용하자. 또한 외래어 인증여부에 상관없이 단어 생김새만 보다 무심코 발음하다 망신당하기 딱 좋은 단어들도 있다. 먼저 archive(기록보관소)처럼 낯선 단어의 경우로 상식(?)을 적용해 [어차이브]로 발음하게 되지만 실제로는 [아아카이브]로 발음되는 경우, 또 하나는 이미 알고 있다고 자신하는 단어들을 엉뚱하게 발음해 아주 개망신 당하는 경우이다. colonel[커늘]을 [컬러넬] 로, tongue[텅]을 [텅그]처럼 발음해서 말이다.

■ 잘못 발음해 망신당하기 쉬운 단어들

archive[á:rkáiv] 기록보관소　　colonel[kə́:rnəl] 대령

corps[kɔːrps] 부대
queue[kju(ː)] 열, 줄
tongue[tʌŋ] 혀
valet[vǽlit] 시종, 호텔보이

itinerary[aitínərèri] 여행일정 계획서
realtor[ríːəltər] 부동산 중개업자
unanimous[juːnǽnəməs] 만장일치의
trivia[tríviə] 토막상식

예문을 통해 알아보기

I talked to the realtor about the proposed bid.
부동산 중개업자와 사겠다는 사람이 제시한 가격에 대해 얘기했다.

Has the travel agent faxed us the itinerary for our trip to London?
여행사에서 런던 여행 일정표를 팩스로 보냈나요?

대화에서 확인하기

A: I remember a lot of trivia I have heard over the years.
B: Maybe you should try to be a contestant on a game show.

A: 난 지난 여러 해 동안 들어서 토막 상식이 풍부해.
B: 게임 쇼에서 하는 콘테스트에 나가 보렴.

 아예 단어 자체가 바뀌는 영어들

 내가 생각해도 웃겼던 것은 바로 내가 '오토바이'가 영어인줄 알고 썼을 때였다. 호스트 가족과 영화를 보다가 오토바이가 나왔는데 나도 모르게 오토바이를 타보고 싶다고 말했더니 호스트 가족이 전혀 알아듣지 못했다. 나는 계속 오토바이를 최대한 영어발음같이 혀를 굴려보았지만 소용이 없었다. 결국 오토바이가 영어로 'motorcycle'이라고 한다는 것을 알게 되었다. 이러한 경험이 한 두 번이 아니어서 '그렇구나' 하고 넘어가긴 했지만 언제쯤 한국식 영어가 아닌 진짜 영어를 할 수 있을까 한탄했다.

노트북: laptop	콜라: Coke
에어컨: air conditioner	리모컨: remote control
아파트: apartment	오토바이: motorcycle, motorbike
아르바이트: part-time job	코스프레: costume play
클래식: classical music	팬티: panties
비닐봉지: vinyl bag → plastic bag	스탠드: desk lamp
샤프: mechanical pencil	믹서기: blender
사인: autograph	핸들: steering wheel
오픈 카: open car → convertible	자동차 정비소: garage
프림: cream	오바이트: puke/ vomit/ throw up
서클, 동아리: circle → club	스포츠 센터: fitness center
런닝머신: treadmill	츄리닝: sweat suit
운동복: training → gym suit	형광펜: highlighter
더치페이: dutch pay → go dutch	파마: perm/ permanent wave
컨닝 페이퍼: cheat sheet	호치키스: hotchikis → stapler
모닝콜: wake-up call	원샷: one shot → bottoms up
파이팅: fighting → go, cheer up	크레파스: crepas → crayon
핸드폰: cellular phone, cell phone, mobile phone	

우리나라 단어를 영어로는?!

삼성과 현대같이 글로벌 그룹들은 우리 나라 단어지만 외국인들 사이에서도 당연히 쓰여진다. 우리 나라가 한국어에 맞게 외래어를 고쳐 쓰듯이 영어권 사람들도 자기들이 편하게 생각하는 발음으로 우리 나라 단어를 바꾸어 쓴다. 한국식 발음으로 하니까 전혀 알아듣지 못해 처음엔 놀랬었다. 그 차이가 은근히 큰 것 같다.

한국어	영어 (한국발음)	설명
라면	ramen (라멘)	라면은 한국어가 아닌 일본에서 유래되었다. 하지만 한국어나 일본어나 큰 차이가 없다
삼성	Samsung (쌔엠성)	삼성이라고 하면 잘 못알아 듣는다. 'a' 때문에 '쌔엠성' 인듯
현대	Hyundai (현다이)	이것 또한 처음에 현대라고 발음했는데 사람들이 못알아 들었다.
서울	Seoul (써어울, 쏘오울 등)	사람에 따라 조금씩 다르게 발음한다. 보통 '써어울' 로 하는 듯
기아	KIA (키아)	'키아' 라고 하지만 기아라고 해도 상관은 없다.

MORE TIP

영어 듣기 실력 향상을 위한 몇 가지 tip

1) 자신이 발음할 수 있는 단어가 들린다.

영어 듣기를 잘하기 위해서는 끊임없이 들어야 한다. 하지만 끊임없이 듣는 것도 중요하지만 자신이 어떤 단어를 발음할 수 있는지 없는지도 중요하다. 우리의 귀는 우리가 완벽하게 발음할 수 있는 단어들이 더 잘 들린다. 따라서 단어를 외울 때 뜻만 외우지 말고 발음도 듣고 따라 연습해보자. 자기가 발음할 수 있는 단어들이 더 잘 들린다는 것을 느낄 것이다.

2) 듣지만 말고 눈으로도 보면서 듣자.

무조건 듣는 것에만 너무 열중하지 말고 할리우드 영화나, CNN 뉴스, 미국 드라마 등을 활용하여 듣기 연습을 하자. 시각적으로 함께 자극을 받았을 때 우리 뇌는 더 잘 기억을 한다. 또한 보면서 들으면 이해하기가 더 쉽다. 따라서 영화를 볼 때 한국어 자막이 아닌 영어 자막을 깔아놓고 듣는 연습을 하거나 CNN은, 한번 듣고 영어 대본을 보는 것도 좋은 듣기 연습이 될 수 있다.

3) 속도를 줄여서 듣지 마라.

영어 듣기를 할 때 안 들린다고 재생속도를 줄여 듣기 연습을 하는 경우를 종종 볼 수 있다. 하지만 좋은 방법이 아니다. 안 들린다고 해도 속도를 줄이지 말고 계속 들으면서 그 속도에 우리의 귀를 맞추는 것이 중요하다. 속도를 줄여서 듣다 보면 듣기 실력이 늘지 않을뿐더러 강세나 발음을 익히기가 어렵다.

4) 다양한 엑센트로 들어라.

처음에는 표준발음과 억양으로 된 듣기 교재를 사용하는 것이 좋지만 시간이 지나 실력이 좀 늘었다 싶으면 다양한 엑센트를 가진 다양한 사람들의 영어를 들어봐라. 미국이나 영어권 국가에 갔을 때 모든 사람들이 똑같은 엑센트를 가지고 있지는 않다. 그 뿐만 아니라 TOEFL같은 시험을 볼 때도 같은 사람이 말하는 것이 아니기 때문에 다양한 엑센트를 들어보는 것이 중요하다.

5) 받아쓰기보다는 요점을 정리하는 방식의 듣기를 해라.

단어 하나하나 다 받아 적는 dictation의 경우 단어 하나 하나를 다 듣는 것에 너무 열중해 전체적인 내용을 이해하지 못하고 받아쓰기만 하게 되는 경우가 있다. 영어를 들을 때는 모든 단어를 듣는 게 중요한 것이 아니라 핵심을 듣고 내용을 이해하는 것이 중요하다. 따라서 듣기를 할 때 내용을 간단하게 요점정리를 하면서 듣자. 이러한 요점정리는 처음에는 힘들지만 하다 보면 그 속도가 빨라진다. TOEFL에서도 듣기나 스피킹을 할 때 요점정리가 중요하다. 지문이 길기 때문에 요점정리를 잘 해야 수월하게 문제를 풀 수 있다.

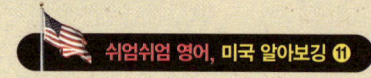 쉬엄쉬엄 영어, 미국 알아보깅 ⑪

다르다는 것에
활짝 열려 있는 미국

어딜 가든지 예외는 항상 존재하지만 내가 처음 미국에 갔을 때 새롭게 느낀 것은 진정으로 서로 다르다는 사실을 존중하고 항상 열린 마음으로 그것을 받아들인다는 점이었다. 또한 그 광경을 통해 나는 상대방을 위한 이해와 존중이 얼마나 큰 힘을 가지고 있고 얼마나 아름다운지 깨달을 수 있었던 계기가 되었다. 수도 없이 많은 이민자들이 붐비고 다양한 문화와 역사가 존재하는 곳이기 때문에 당연히 공존하기 위해서 그럴 수 밖에 없었을 것이다. 또한 이렇게 다르다는 것을 존중하고 받아들일 줄 아는 자세와 가치관의 성립은 아무리 거대하고 막강한 미국이라고 해도 하루 아침에 그것도 평화롭게 이루어지진 않았을 것이다. 어쩌면 끊이지 않는 종교문제, 인종차별문제, 권력문제 등보다 더 치열하고 잔인했던 약자와 강자들의 싸움의 연속과 비열하고 치사한 사건들을 통해 이루어낸 부조리한 사회의 산물이라고 볼 수 있다. 하지만 그 안에서도 진정한 가치를 갖고 싸운 사람들이 있었기에 오늘날 같은 결과를 낳았을 것이다.

내가 다니던 학교에서 같은 수학 수업을 듣던 남자아이가 있었다. 나보다 키도 크고 마른 전형적인 백인아이였다. 외관상 그 아이의 모습에서 나는 아무런 결함을 발견할 수 없었고 또한 공부도 아주 잘했던 아이였기 때문에 나는 보통 아이들과 다를 바 없는 정상인으로 생각했다. 하지만 어느 순간부터 그 아이의 걸음걸이가 눈에 거슬리기 시작했다. 처음에는 다리를 약간 다쳐서 똑바로 걷지 못하고 삐뚤게 걷는구나 싶었다. 몇 달이 지나도 그 아이의 걸음걸이는 바뀌지 않았다. 나는 참으로 이상하게 생각했다. 하지만 내 주변 친구들 중 그 누구도 그 아이의 걸음걸이를 뒤에서 쑥덕거리거나 비웃은 적은 없었다. 나중에 지나서야 옛날의 어떤 사고로 한 쪽 다리를 거의 못쓰게 되어 그렇게 힘들게 걷는 거라는 사실을 알게 되었다. 그 외에 우리 학교에는 정서적으로 문제가 있는 아이들도 많이 볼 수 있었다. 그들은 따로 수업을 받기는

했지만 같이 점심을 먹고 같이 어울리며 학교에 다녔다. 평범한 사람들보다 다르기 때문에, 좀 모자라기 때문에 학교에서 놀림을 받는다거나 괴롭힘을 당하는 일은 없다. 또한 너무 지나치게 잘 대해주거나 과잉친절을 베풀지도 않는다. 그냥 있는 그대로 받아들이고 별로 대수롭지 않게 생각한다.

　　미국 최악의 총기난사 사건이었던 조승희 사건이 일어났던 때였다. 한국의 부모님으로부터 전화가 왔다. 버지니아 공대 총기난사 사건의 범인이 한국인이니 나보고 조심하라는 연락이었다. 나도 솔직히 처음에는 많이 걱정이 되었다. 이 사건으로 내가 학교를 다니거나 미국에서 지내는데 큰 어려움을 겪으면 어떡하지 하는 생각이 들었다. 하지만 그 누구도 내게 내가 한국인이라는 이유로 눈치를 주거나 나를 힘들게 한 적이 없었다. 대부분 내가 알고 지냈던 미국인들은 조승희사건이 그 한 사람의 문제지 우리나라 사람들과는 아무런 관계가 없다고 생각했다. 오히려 한국인이라는 것은 전혀 신경 쓰지도 관심 있어 하지도 않았다. 모두들 이 비극에 안타까와하고 가슴 아파했다. 오히려 철없는 미국 남학생들이 학교에 폭탄이 설치되어 있다는 루머를 퍼뜨려 징계를 받았다.

　　그러나 미국에도 아직 인종차별은 존재한다. 내가 있었던 곳은 미시간의 작은 도시였지만 끔찍한 범죄들이 많이 일어나는 뉴욕이나 로스엔젤레스, 마이애미 같은 대도시에서는 조승희 사건으로 몇몇 한국인들이 밖에 잘 다니지도 못했다고 한다. 물론 미국이라고 해서 이러저러한 차별이 없는 것은 아니다. 하지만 여러 가지 제도나 사람들의 마음가짐을 겪어보면 미국이 얼마나 다양성을 존중하고 그 다양성을 받아들이는 자세가 열려 있는지 알 수 있다. 우리 나라도 이제 많은 외국인들이 다양한 목적을 가지고 자주 찾고 있다. 이러한 실정에 맞게 우리 또한 이러한 다양성을 인정해야 할 때가 왔다. 앞으로 글로벌 시대를 살아가기 위해서 이러한 자세는 외국인들과 공존할 수 있는 유일하고도 중요한 길이기 때문이다.

EPISODE 12

소유하는 걸 지나치게 좋아하는 미국인?! 1

have는 '갖다' 라는 의미이지만
'있다' 라고 해석해야 더 자연스러울 때가 많아

내가 초등학교때 '영어 일기' 라는 주제로 우리 오빠에 대한 이야기를 썼을 때 처음으로 시작한 문장은 된장냄새 풀풀나는 콩글리쉬였다. "There is an older brother to me"(나에게는 오빠가 한 명 있다.) 한국사람들은 이 문장을 읽었을 때 아무런 거부반응 없이 자연스럽게 '아 오빠가 있구나' 라고 들릴 지도 모른다. 하지만 영어권 국가 사람들은 이 문장을 다소 어색하게 느낄 것이다. 그들은 사람이든 동물이든 사물이든 다 '소유한다 = have' 중심의 언어를 쓴다. 따라서 '나에게 오빠가 한 명 있다' 가 아닌 "I have an older brother"(직역하면 나는 오빠 한 명을 소유하고 있다)가 정답이다. '존재' 중심의 언어를 쓰는 우리의 가치관으로는 어떻게 사람을 '소유' 할 수 있을까라고 의문을 품을 수는 있지만 로마를 가면 로마법을 따라야 하듯이 영어를 쓸 때에도 자연스럽게 구사하기 위해서는 그들의 가치관을 따라야 한다. 또한 'have' 는 우리가 생각하는 '소유하다, 가지다' 라는 뜻으로 단순하게 축약하기는 어렵다. 'have' 는 영어에서 아주 다양하게 쓰이는 동사이다. 따라서 앞으로는 'have' 의 뜻은 단순히 '소유하다' 라고 보기 보다는 넓게 볼 필요가 있다. 'have' 동사를 자연스럽게 쓸 수 있어야 영어를 '한국어답게' 가 아닌 '영어답게' 쓸 수 있을 것이다.

> 영어 (소유)
> 가지고 있다,
> 가지고 있지 않다

> 한국어 (존재)
> 있다,
> 없다

일반적으로 'have' 동사는 '소유하다' 라는 뜻으로 알려져 있다. 우리나라에서는 '소유하다' 혹은 '가지다' 라는 뜻을 사물에 쓴다. 하지만 영어에서는 동물, 사물 상관없이 'have' 동사를 쓴다.

    I have two pens and three pencils.
    (나는 두 개의 펜과 3개의 연필을 가지고 있다.)

 우리말은 '존재'를, 영어는 '소유'를 좋아해!

일반적으로 한국어와 영어 모두 사물에게 '소유하다' 라는 표현을 쓴다. 하지만 한국어는 '소유하다' 도 쓰지만 '나에게는 두 개의 펜과 3개의 연필이 있다' 라고도 쓴다. 이는 아마도 '소유' 보다 '존재' 를 더 중요시 여기는 우리의 정서 때문일 것이다. 하지만 영어는 특별한 소유를 하는 주어가 없을 때 이외에는 대부분 'have' 동사를 쓴다.

    He did not have any money with him. (그는 가진 돈이 없었다.)
    Billy has little property. (빌리는 재산이 거의 없다.)
    Eva has a book under her arm. (에바는 옆구리에 책을 끼고 있다.)
    Molly has no cell phone. (말리는 휴대폰이 없다.)

한국어는 사람에게 'have' 동사를 사용하지 않는다. 사람을 가진다고 표현하는 이는 없을 것이다. 하지만 영어는 'have' 동사를 소유하다 이상의 뜻으로 쓰면서 사람에게도 'have' 동사를 사용한다. 'have' 동사는 그 쓰임이 매우 많다.

    Sally has seven older brothers.

직역하면 "샐리는 일곱 명의 오빠들을 가지고 있다"가 된다. 한국어로 이렇게 직역하면 약간 이상한 느낌이 든다. 하지만 이것은 매우 자연스러운 영어이고 영어에서는 가족이든 애완동물이든 모두 'have' 동사를 쓴다.

Samantha has two dogs and one cat.
(사만다에게는 개 두 마리와 고양이 한 마리가 있다.)

Connor has many goldfish. (카너에게는 많은 금붕어가 있다.)

I have no friends. (난 친구가 없다.)

Nina has two daughters. (니나는 딸이 둘이다.)

Nikki has a cousin in the army. (니키는 군에 있는 사촌이 있다.)

Jeff has a terrible boss. (제프의 사장은 지독하다.)

MORE TIP

'소유하다' 라는 뜻으로 'have' 동사가 쓰였을 경우에는 현재진행형으로 절대 쓸 수 없다. 우리가 어떤 물건을 소유했으면 소유로 끝나는 것이지 '소유를 하는 중이다' 라고 표현하지 않기 때문이다. 예를 들어 "나는 예쁜 시계를 가지고 있어"(I have a pretty watch)를 "나는 예쁜 시계를 가지고 있는 중이다"(I am having a pretty watch)라고 표현하지는 않는다. 따라서 'have' 동사가 무언가를 소유하고 있다고 쓰일 때는 'having' 이란 형태를 쓰면 안된다. 이는 사람이든 동물이든 사물이든 다 똑같다.

 ## 사람의 생김새를 말할 때도 소유의 have

사람의 생김새를 말할 때도 'have' 동사를 사용한다. 한국어에서도 가끔 '가지다' 라는 동사를 사용하여 사람의 생김새를 표현하기도 하지만 그렇게 많이 사용되지는 않는다. 일반적으로 '가지다' 라는 동사보다 역시 이번에도 존재를 뜻하는 '~이다' 라는 동사를 많이 사용한다. 미국에 처음 갔을 때 상대방을 묘사할 때 무슨 동사를 써야 할지 몰라서 순간 고민한 적이 있었다. 웬만한 묘사에는 'have' 동사와 같이 사용하면 수월하다.

예를 들어

그의 눈은 매우 짙은 갈색이다.

그는 코가 크다.

그는 얼굴이 둥글다.

그는 다리가 짧다

이처럼 '가지다' 라는 동사보다 존재를 뜻하는 '…이다' 로 많이 끝난다. 하지만 영어는 대부분 'have' 동사를 이용하여 사람의 생김새를 나타낸다.

Laurie has a round face. (로리는 얼굴이 둥글다.)
Angela has a big nose. (안젤라는 큰 코를 가지고 있다.)
My child has no ear for music. (내 아이는 음악적인 감각이 없다.)
My grandfather has a gray hair. (우리 할아버지는 흰머리가 많다.)
He has short legs. (그는 다리가 짧다.)
The girl has a beautiful voice.
(그 여자아이는 아름다운 목소리를 가지고 있다.)

 지식, 성격, 감정 및 능력을 말할 때도 have

우리는 질문을 할 때 '질문이 있다' 라고 '있다' 라는 존재의 뜻이 담긴 동사를 사용하여 표현하지만 이를 영어로 옮기면 'have' 동사를 사용하여 "I have a question"이라고 한다. 이처럼 영어는 이러한 질문부터 시작하여 지식, 성격, 감정, 능력 등을 표현할 때에도 'have' 동사를 사용한다.

'지식과 정보가 있다' 라고 표현하기도 하고 '지식과 정보를 가지고 있다' 라고도 표현하는 우리지만 영어는 무조건 'have' 이다.

Brian has a little Spanish. (브라이언은 스페인어를 조금 할 줄 안다.)
Britney has no knowledge of Korean history.
(브리트니는 한국 역사에 대한 지식이 없다.)
Sarah has no reliable source. (새라는 믿을 만한 소식통이 없다.)
Can I have your name? (이름을 알려 주시겠습니까?)
I do not have his email address. (나는 그의 이메일 주소를 모른다.)
I have both good news and bad news.
(나는 좋은 소식, 나쁜 소식 둘 다 있다.)

성격과 감정에도 'have' 동사를 사용한다.

Bonnie has no taste for history. (바니는 역사 취향이 아니다.)
My father has a bad temper. (내 아버지는 성격이 불 같으시다.)
You have a prejudice against black people.
(너는 흑인에 대한 편견이 있다.)
She has a grudge against her professor.
(그녀는 그녀의 교수에 대한 원한을 품고 있다.)
Jessica has an easygoing personality.
(제시카는 원만한 성격을 가지고 있다.)

 소유는 사람만이 할 수 있는 게 아녀!

또한 'have' 동사는 사람이 아니어도 주어로 사용할 수 있다. 따라서 살아있지 않은 물건도 주어로 쓰일 때 'have' 동사가 올 수 있다. 이것이 영어와 한국어의 큰 차이가 아닌가 한다.

The school has a big swimming pool for students.
(그 학교는 학생들을 위한 큰 수영장이 있다.)

This house has the biggest garden in this town.
(이 집은 이 동네에서 가장 큰 정원이 있다.)

This blue box has old pictures of my childhood.
(이 파란색 상자에는 내 어렸을 때 오래된 사진들이 있다.)

The state university has many different kinds of clubs.
(그 주립대에는 많은 다양한 종류의 클럽이 있다.)

My house has many vacant rooms. (내 집에는 빈방이 많다.)

한국어에서는 '가지다' 라는 동사를 쓰는 경우가 드물지만 영어에서는 'have' 동사를 정말 다양하게 사용한다.

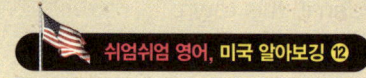

알레르기가 많은 미국

한국에서도 요즘 알레르기 가진 사람을 종종 볼 수 있지만 예전에는 거의 찾아 볼 수가 없었다. 사람들이 건강에 신경을 쓴다고는 하지만 환경이 오염되고 예전에 자연에서 모든 것을 찾던 우리가 자연의 일부분 밖에 안 되는 과학에서만 해결법을 찾으려고 해서 그런지 점점 알레르기를 갖고 있는 사람들이 많아지고 있다. 알레르기는 우리의 면역체계가 인체에 전혀 해가 되지 않은 요소에 민감하게 반응하여 적으로 생각하고 이상하게 반응하는 것이다. 나는 개인적으로 금속알레르기가 있어 귀걸이를 금만 착용한다. 하지만 내가 미국에 갔을 때는 내가 한국에서 본 것보다 더 많은 사람들이 알레르기가 있었으며 그 경우가 심각한 사람들도 많이 볼 수 있었다.

왜 미국에 그 숫자가 많은 지는 나도 잘 모른다. 내가 있었던 곳은 미시간의 한 작은 마을이었는데 서울에서 자란 내가 보기에는 공기도 좋고 길을 가다가 사슴이나 다람쥐를 쉽게 찾아 볼 수 있을 정도로 환경이 오염되어 보이지도 않았다. 하지만 내가 제 2의 가족처럼 지낸 호스트 가족의 여동생 사만다는 유제품에 알레르기 있어서 우유나 치즈를 많이 마실 수가 없었다. 주로 두유를 마시거나 우유나 치즈를 먹어도 소량만 먹었다. 또한 내 호스트 동생들과 친구이기 때문에 자주 놀아주었던 앞집 아이들은 땅콩이 들어간 음식에 알레르기가 있었다. 두 남자 형제였는데 그 중 한 명은 알레르기가 심해서 땅콩 냄새만 맡아도 몸에 이상 반응이 올 정도로 심했다. 이상하게 미국에는 땅콩 알레르기를 가진 사람들이 많았다. 학교에서도 내 친구들 중 몇 명이나 땅콩 알레르기를 갖고 있었다.

무엇보다 나를 놀라게 한 것은 내 친한 친구 중 한 명이 식당에서 파는 모든 음식에 알레르기가 있었다. 따라서 그 친구는 항상 어디를 가든지 집에서 만들어온 도시락을 가지고 다녀야 했다. 먹을 수 있는 음식도 그리 많지 않았다. 순간 그 친구를 보면서 안타깝기도 하고 한편으로는 뭐든지 잘 먹을 수 있는 내 건강에 감사했다. 남의 불행을 통해 내 자신을 치켜세우는 것은 좋은 행동이 아닌 걸 알면서도 그 순간에는 부모님께 감사했고 속으로 얼마나 다행인가 싶었다.

음식 알레르기 이외에도 다양한 알레르기를 가진 사람들을 볼 수 있었다. 어떤 종류의 식물이나 꽃에 알레르기가 있는 사람도 있었고 고양이나 개와 같은 애완동물에 알레르기가 있는 사람들도 있었으며 심지어 벽에 바르는 페인트에도 알레르기가 있는 사람도 있었다. 심지어는 햇빛에도 알레르기가 있었던 사람이 있었는데 항상 긴 옷을 입고 다니거나 주로 실내에서 활동을 해야 했었다.

물론 미국에 알레르기가 있는 사람들이 많다고 해서 그들이 건강하지 않다는 것이 아니다. 대부분 일찍 자고 일찍 일어나는 생활습관을 가지고 있고 한국보다 학교에서 운동에 신경을 많이 쓴다. 학생들은 공부를 좀 덜 하더라도 학교에서 운동 하나쯤은 열심히 배운다. 이제는 한국뿐만 아니라 세계 어디를 가나 건강을 매우 중요하게 챙기는 풍토가 지배적일 수밖에 없다는 것을 알레르기에 대해 살펴보면서 새삼 느끼게 되었다.

[알레르기 종류]

milk[dairy] allergy 유제품 알레르기
cat[dog] allergy 고양이/개 알레르기
sun allergy 햇빛 알레르기
animal hair allergy 털 알레르기
pollen allergy 꽃가루 알레르기

peanut allergy 땅콩 알레르기
paint allergy 페인트 알레르기
dust allergy 먼지 알레르기
cockcroch allergy 바퀴벌레 알레르기

EPISODE 13
소유하는 걸 지나치게 좋아하는 미국인?! 2

have 동사만 잘 써도
영어의 반은 먹고 갈 수 있어

앞의 episode에서 영어에는 우리가 생각하는 이상으로 'have' 동사를 많이 사용한다고 말했다. 주로 한국인들이 생각하기에는 '소유하다'고 말할 수 없는 것에 'have' 동사를 많이 사용하는 것을 보았다. 좀 더 쉽게 말하자면 아예 'have' 동사를 '소유하다' 라는 뜻으로 보지 말고 더 넓게 봐야 한다는 것이다. 'have' 동사로 다양한 문장을 만들 수 있기 때문에 'have'만 잘 활용해도 다양하고 수준 높은 영어를 구사할 수 있다.

 아플 때도 have 동사로

'I have a cold.'

위의 문장을 일상생활에서 많이 접했을 것이다. "감기에 걸렸다"를 영어로 옮길 때 'have' 동사를 사용한다. 우리는 '걸렸다' 라는 동사를 현재형이 아닌 과거형으로 써주는데 왜 영어는 'have' 동사를 사용할까? 한 번이라도 그런 의구심을 가져 본 적이 있나?

나는 단 한 번도 미국에 가기 전까지 왜 감기에 'have' 동사를 쓰는 지에 대해 아무런 의문도 이상함도 느끼지 못했다. 하지만 미국에 가서 감기 이외에 다양한 병에 'have' 동사를 사용하는 것을 배우면서 좀 이상하다고 생각했다.

언어가 다르기 때문에 어떤 표현을 해도 나중에 전달받는 뜻은 같을지는 몰라도 전달하는 방법은 충분히 다를 수 있다. 이번에도 마찬가지이다. 우리 정서에는 '병을 가지다' 라고 표현하는 방법이 좀 어색하겠지만 영어에서는 'have' 동사를 많이 사용한다.

My grandmother was having a heart attack.
(내 할머니는 심장 발작을 일으키는 중이었다.)
My younger sister has a bad heart. (내 여동생은 심장이 안 좋다.)
My father has diabetes. (우리 아빠는 당뇨가 있다.)
Peter has hypertension. (피터는 고혈압이다.)
I have bad eyesight. (나는 시력이 나쁘다.)

 받거나 음식 등을 먹을 때도 have

'have'의 사용범위는 광대하다. 심지어 「받다」(receive)의 뜻으로도 사용될 때가 있다. 미국에 가기 전에 'have'는 「가지다」라는 뜻만 있는 줄 알았지만 다양하게 쓰이는 'have'를 알게 되면서 많이 놀랐었다. 잘못 해석해서 '가지다'로 해석해버리면 뜻이 바뀔 수도 있다.

I had a letter from my son in the army.
(나는 군대에 있는 아들로부터 편지를 받았다.)
Tracey had a small part in a play.
(트레이시는 연극에서 자그마한 배역을 받았다.)
Victor has 3,000 dollars a month. (빅터는 한 달에 3,000달러 번다.)
Julia had the bag from Paris. (줄리아는 파리에서 그 가방을 구했다.)

have는 음식을 먹을 때 뿐만 아니라 약이나 음료를 마실 때도 사용할 수 있다.

I had a piece of chocolate cake that Aunt Monica made.
(나는 모니카 이모가 만든 초콜릿 케이크 한 조각을 먹었다.)
I want to have a cup of green tea. (나는 녹차 한 잔을 마시고 싶다.)
Alison needs to have a pack of herb medicine every 6 hours.
(엘리슨은 매 6시간마다 한약 한 첩을 먹어야 한다.)

 소유와 전혀 상관없이 쓰이는 have

마지막으로 'have'는 특별한 뜻없이 다른 동사나 명사와 함께 사용되면서 다양한 뜻으로 사용될 수 있는 카멜레온 같은 힘을 가졌다는 것이다. 'have'는 'have'가 가진 고유의 '소유하다'라는 뜻은 가지지 않은채 문장을 만드는데 큰 역할을 한다.

첫 번째로 'have'의 사역동사로서의 역할을 볼 수 있다.

사역동사라고 하면 가장 많이 떠올리는 동사가 바로 'make'이다. 'make'도 많이 사용하지만 'have, get, help'도 많이 사용한다.

I have them wait in the building.

"나는 그들을 빌딩 안에서 기다리게 했다"라는 뜻이다. 이 때 'have'는 '소유하다'와는 전혀 관련도 없이 '…하게 만들다'라는 뜻을 가진 사역동사로 쓰인다.

또한 많은 사람들이 알고 있는 'have to'는 '…해야 한다'라는 뜻으로 전혀 다르게 사용되었다.

You have to go to school on time. (너는 정시에 학교에 가야 한다.)

조동사인 'must' 와 같은 뜻으로 사용된다.

완료시제도 'have' 동사의 다양한 쓰임의 한 예로 볼 수 있다. 완료시제가 따로 없는 한국어에서는 이럴 때 사용되는 'have' 의 필요성을 느끼지 못할 수도 있지만 경험이나 지속되고 있는 일에 'have' 동사를 같이 사용하여 표현한다.

Barron has just finished his project. (배론은 막 그의 프로젝트를 끝냈다.)
I have been to Australia before. (나는 전에 호주에 가본 적이 있다.)

'have' 동사는 다른 동사와 함께 다양한 뜻을 만들기도 하지만 명사와 함께 할 때도 다양한 뜻을 만들어 낸다. 여기서도 'have' 는 별다른 뜻이 없고 '…하다' 라는 뜻을 가진다. 내가 미국에 처음 갔을 때 '샤워를 하다' 를 'have a shower' 가 아닌 'do shower' 라고 표현한 기억이 있다. 'do' 동사도 '…하다' 라는 뜻으로 'have' 만큼이나 다양하게 쓰이는 동사이다. 하지만 'have' 동사를 사용하는 표현이 있고 'do' 동사를 사용하는 표현이 있다. 따라서 언제 'have' 가 쓰이고 언제 'do' 를 사용하는지 구별해 두면 좋을 것이다.

have a bath 목욕하다
have a swim 수영하다
have a dream 꿈을 꾸다
have a rest 휴식을 취하다
have a smoke 담배를 피다
have an accident 사고를 당하다
have a try 시도해보다
have a party 파티를 열다
have a good time 좋은 시간을 보내다

have a dance 춤을 추다
have a walk 산책하다
have a haircut 머리를 자르다
have a drink 한잔하다
have an adventure 모험을 하다
have a drive 운전하다
have a chat 대화를 하다

위의 패턴을 보면 알 수 있듯이 'have + a(an) + 명사(동작)' 의 순서로 문장을 만든다. 'swim, walk, bath, rest' 등 셀 수 없는 명사들이지만 'a(an)' 이 붙는다. 'have' 와 함께 모여 동작을 묘사하는 표현을 만들어 낸다.

> **CHECK IT OUT** | 동작명사를 목적어로 받아 동사구 만드는 take & make
>
> - take+동작명사
>
>   take a walk 산보하다   take a nap 낮잠자다
>   take a break 잠시 쉬다   take a look 쳐다보다
>
>   Let's take a ten-minute break. (10분간 쉬자.)
>   Would you take a look at this paper? (이 신문 좀 볼테야?)
>
> - make+동작명사
>
>   make an effort 노력하다   make an agreement 동의하다
>   make an attempt 시도하다   make a choice 선택하다
>   make an excuse 이유를 대다   make an offer 제안하다
>   make a reservation 예약하다   make a mistake 실수하다
>   make a speech 연설하다   make a decision 결정하다
>
>   I made a mistake. It's my fault. (내가 실수했어. 내 잘못이야.)
>   I have to make a speech next week. (다음 주에 연설을 해야 돼.)
>   Finally, I have made a choice. I'm going. (최종적으로 결정했어. 나 갈거야.)
>   I haven't made a decision yet. (아직 결정을 못했어.)

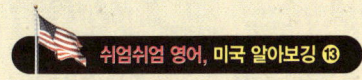

식당예절이 다른 미국

한국 사람들은 빨리 빨리를 좋아한다. 이러한 한국인들의 특성을 우리는 식당에서 많이 찾아 볼 수 있다. 예를 들어 식탁 위에 있는 종업원을 부르는 벨이 있다. 주문을 하거나 무언가 부족하다고 느낄 때 우리는 주저 없이 벨을 눌러 댄다. 또한 종업원이 바로 오지 않으면 벨을 계속 눌러 대고 크게 소리쳐 부르기도 한다. 하지만 미국에서는 이러한 광경을 거의 볼 수가 없다. 벨이 없을뿐더러 종업원을 소리 내서 부르는 경우도 거의 없다. 대부분 종업원이 올 때까지 가만히 기다리거나 정 급하면 손을 든다. 큰 소리로 종업원을 부르면 실례다. 내가 미국에 처음 갔을 때는 이러한 문화가 적응이 되지 않아서 한국 식당처럼 벨이 있었으면 더 편리할텐데라고 답답해 하기도 했다. 하지만 점차 적응을 하자 큰 불편함은 없었다. 무엇보다 tip 문화가 있는 미국에는 종업원들이 손님들이 더 필요한 것이 있는지 중간 중간에 물으러 자주 온다.

물론 요즘에는 아메리칸 스타일의 식당들이 많이 들어섰지만 막상 미국에 가보면 이러한 식당들에서도 다른 점들을 소소하게 발견한다. 예를 들어 우리 나라에서도 흔히 볼 수 있는 T.G.I Friday, Outback 같은 family restaurant도 파는 음식은 미국과 같지만 분위기가 약간 다르다. 미국에서도 가족들과 자주 가는 식당이지만 대부분 식당 한 켠에는 술을 파는 bar가 있다. 사람들은 그 곳에서 술을 시켜놓고 텔레비전에서 방영하는 미식축구나 농구 같은 스포츠를 보면서 즐긴다.

또한 계산도 우리나라에서도 그런데가 있지만 미국에서는 종업원이 식사를 마쳤을 때쯤 찾아와 카드나 현금을 받아, 먹은 테이블에서 바로 계산을 한다. 나가기 전에는 tip을 남겨야 하는데 종업원의 서비스나 태도에 따라 달라지긴 하지만 보통 15% 내외로 준다. 카드로 계산을 했다면 나중에 영수증을 받았을 때 서명을 하면서 카드 계산에 tip을 붙여도 된다. 그 외에는 현금을 테이블에 남기고 나오기도 한다.

미국에서는 남은 음식은 대부분 싸서 집에 가져 간다. 우리는 주로 family restaurant에서 먹은 피자나 빵 정도를 집에 가져 간다면 미국에서는 자기가 먹다 남은 음식은 아무거나 가져간다. 식당마다 남은 음식(leftover)을 위한 상자를 달라고 하면 종업원들이 가져다 준다. 서비스가 좋은 고급 레스토랑에서는 종업원이 직접 포장까지 해서 준다. 이때 포장해주는 봉투를 doggie bag이라고 한다. 음식의 양이 많은 미국에서는 버리기 보다는 이렇게 집에 가져가서 먹는 것이 환경도 지키고 보기 좋은 모습인 것 같다.

EPISODE 14
관계대명사는 부가적인 설명을 연결하는 고리

관계대명사는 한 문장으로 많은 정보를
전달할 때 요긴하게 써먹을 수 있어

많은 사람들이 관계대명사를 어려워한다. 나도 영어에 좀 더 익숙해지기 전까지지만 해도 관계대명사를 이용한 문장을 잘 활용하지 못했다. 하지만 관계대명사는 생각보다 복잡하지도 어렵지도 않다. 가장 간단하게 생각하면 관계대명사는 문장과 문장을 연결해 주는 연결고리 역할을 한다.

 관계대명사는 연결고리 역할

그런 연결고리 역할을 하는 단어들이 'who, which, whose, whom, that, what' 이다. 영어는 항상 본론을 먼저 말하는 것을 좋아한다. 그래서 주어 뒤에 동사가 오는 이유도 본론부터 말하기 좋아하는 영어의 성격 때문이다. 하지만 상대방을 설득하거나 무엇을 표현할 때 앞뒤 다 잘라먹고 본론만 얘기하면 누가 이해하고 상대방의 의견을 받아줄까? 영어도 한국어처럼 언어이기 때문에 우리가 오감으로 느끼는 것을 말로 표현할 수 있어야 한다. 그러기 위해서는 주어와 동사로만 이루어진 문장은 부족하다. 좀 더 포장이 필요하다. 문장의 중심인 주어와 동사의 의미를 더 깊게 전달할 수 있도록 부가적인 설명이 필요하다. 하지만 무작정 부가적인 설명을 한 문장에 집어넣는다고 해서 문장이 완성되는 것이 아니다. 아무렇게나 막 집어 넣는다면 오히려 상대방이 이해하는데 더 어려울 것이다. 이 때 필요한 것이 바로 관계대명사이다. 위의 연결고리가 이러한 부가적인 설명을 문장과 잘 어울리도록 돕는 역할을 한다.

예를 들어

'Kristen이 그 남자를 좋아한다' 를 영어로 바꾸면

'Kristen likes the man' 이다. 하지만 이 세상에 반은 남자이고 'Kristen' 이 정확히 누구를 좋아하는지 위의 문장만으로는 추측해 내기 힘들다. 이럴 때 연결고리를 이용해 부가적인 설명을 넣으면 좀 막연했던 사실을 좀 더 구체적으로 표현할 수 있다.

'Kristen likes the man who works at the coffee shop on the main street.'
(Kristen은 중심가에 있는 커피숍에서 일하는 그 남자를 좋아한다.)

연결고리 who를 이용해 그 남자가 어디서 일하는지에 대한 부가적인 설명을 더했더니 Kristen이 누구를 좋아하는지 좀 더 명확해졌다.

The man wants to sell his house. (그 남자는 집을 팔고 싶어한다.)
The man who called yesterday wants to sell his house.
(어제 전화한 그 남자는 집을 팔고 싶어한다.)

위의 문장에는 주어 뒤, 동사 앞에 부가물이 who라는 연결고리와 함께 쓰였다. 부가물은 항상 연결고리(관계대명사)의 앞에 있는 명사를 부가적으로 설명해주는 역할을 한다. 따라서 위의 문장은 연결고리인 who앞에 있는 'the man' 을 부가적으로 설명해준다. 따라서 단순히 '그 남자' 였던 주어가 부가적인 설명이 더해져 '어제 전화한 그 남자' 가 된다.

 **관계대명사 뒤의 문장은 불완전해**

관계대명사 뒤에 오는 부가물은 항상 완전한 문장이 아닌 불안정한 문장이다.

예를 들어,

This is the guy who bought the computer yesterday.
(이 분이 어제 그 컴퓨터를 산 남자예요.)

위 문장에서 'who' 앞에 있는 문장을 빼고 'bought the computer yesterday' 부분만 보면 완전한 문장이 아니다. 주어가 불분명하다. 하지만 who가 앞에 있는 the guy를 연결해 주기 때문에 굳이 다시 주어를 쓸 필요가 없다.

다음과 같은 문장도 마찬가지이다.

Sarah whose phone you borrowed needs it back right now.
(네가 전화기를 빌린 새라가 지금 당장 다시 전화기를 돌려달래.)

위 문장에서도 관계대명사 'whose' 뒤에 오는 부가물 'phone you borrowed' 만 보면 완전한 문장이 아니다. 소유격을 나타내는 'whose' 가 문장을 연결해 준다.

이처럼 관계대명사 뒤에 오는 부가물은 항상 불완전하다. 하지만 부가물을 제외한 문장은 항상 완벽한 문장이어야 한다.

I gave her new shoes which I got from Paris.
(나는 파리에서 구한 새 신발을 그녀에게 주었다.)

위 문장에서 관계대명사절을 빼도 앞의 문장에는 전혀 영향을 주지 않는다.

I gave her new shoes.
(나는 그녀에게 새 신발을 주었다.)

관계대명사절을 빼도 문장은 완전한 문장이다.

이처럼 관계대명사는 완전한 문장과 그 문장을 부가적으로 설명해 주는 불완전한 문장을 연결해주는 고리 역할을 한다. 따라서 단어와 단어, 구와 구 그리고 문장과 문장을 붙여주는 단순한 접착제 역할을 하는 접속사와는 구분해야 한다. 즉, 「완전한 두 문장을 연결하는 것」은 접속사의 몫이고, 「완벽한 문장과 불완전한 문장을 연결하는 것」은 관계대명사의 책임이다. 관계대명사는 연결고리이기 때문이다.

Here are the tickets to the concert **that** I promised.
(여기 내가 약속했던 콘서트 표야.)

I am glad **that** we finally had a chance to talk.
(우리가 마침내 얘기할 수 있게 돼 기뻐.)

그밖의 접속사로는 두 단어나 두 문장을 을 연결해주는 and, but 등이 있다.

I love you, and I know you love me too.
(난 널 사랑해, 그리고 너도 역시 날 사랑하는 걸 알고 있어.)

I personally don't like him, but I cannot do that to him.
(개인적으로 걜 싫어하지만 걔한테 그렇게 할 수 없어.)

This is going to make us look more miserable, and we will never get over this.
(이건 우리를 더욱 비참하게 보이게 할 거고 우린 이걸 결코 이겨내지 못할거야.)

관계대명사는 연결만 해줄 뿐 의미에는 아무런 영향도 못줘!

이번에는 관계대명사의 또 다른 특징을 하나 알아보자. "관계대명사는 문장을 연결해 주는 역할만 하지 뜻에는 영향을 주지 않는다"는 것이다

예를 들어

I love Johnny Depp who was in my favorite movie, '*Pirates of the Caribbean*.'

'Who'는 '누구' 라는 뜻을 가지고 있다. 하지만 관계대명사로 문장을 연결할 때 쓰였을 때는 'who'는 문장의 전체적인 뜻에 아무런 영향을 끼치지 않는다.

'나는 내가 가장 좋아하는 영화인 '캐리비안의 해적'에 나온 Johnny Depp을 좋아한다.'

위의 해석에서 'who'를 뜻하는 단어는 없다. 이처럼 관계대명사는 단순히 문장과 문장을 연결해 주는 고리역할만 할 뿐 그 이상도 이하도 아니다.

There was some reason which we could not understand at all.
(우리가 전혀 이해할 수 없었던 이유가 있었다.)

위의 문장에서도 'which'는 아무런 뜻을 가지고 있지 않고 'reason'의 부가설명을 연결해 주는 고리 역할만 한다. 이처럼 'who, whom, which, that' 등은 관계대명사로 쓰였을 때 연결고리 역할만 한다.

관계대명사 what은 자체 의미를 갖고 있어 스페셜해

관계대명사에도 독특한 예외가 하나 있다. 바로 'what' 이다. 일반적으로 'what' 은 '무엇' 이란 뜻으로 알고 있지만 관계대명사로 쓰이면 '…것' 이라는 의미이다.

예를 들어

What I like about you is that you are honest.
(내가 너에 대해 좋아하는 것은 네가 정직하는 것이다.)

Are you doing what is best for him?
(그에게 가장 좋은 것을 너는 하고 있니?)

이처럼 'what' 은 '…것' 이라는 뜻으로 쓰인다. 'what' 이 다른 대명사와 다른 이유는 대명사는 앞에 명사가 오는데 비해 'what' 은 '…것' 이라는 뜻으로 명사가 'what' 안에 포함되어 있어 앞에 명사가 따로 오지 않는다.

MORE TIP

관계대명사와 비슷한 관계부사

관계대명사와 비슷한 역할을 하는 관계부사가 있다. 바로 where, when, why, how 등의 관계부사는 관계대명사처럼 문장과 문장을 연결해 주는 역할을 한다. 관계대명사처럼 앞에 있는 문장의 부가적인 내용을 연결해주는 고리역할을 한다. 관계부사 또한 연결고리의 역할을 할 뿐 문장의 뜻에 아무런 영향을 주지 않는다.

예를 들어, "Where are you?"에서 'where' 은 문장의 뜻에 영향을 미쳐 "너는 어디에 있니?"라는 뜻이 된다. 하지만 'where' 이 관계부사로 문장을 연결해 주는 고리의 역할로 쓰였을 때는 where의 뜻이 문장에 영향을 미치지 않는다.

This is the house where my family lived. (이것은 우리 가족이 살았던 집이다.)

위의 문장에서 'where' 은 전체 문장의 뜻에 영향을 미치지 않았다. 'where' 이 의문문에 쓰였을 때는 뜻에 영향을 미치지만 위의 예처럼 관계부사로 쓰였을 때는 전혀 영향을 미치지 않는다. 관계부사와 관계대명사의 차이를 찾아 보자면 관계부사는 '시간, 장소, 이유, 방법' 을 나타내는 명사가 올 때만 사용한다.

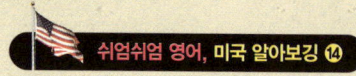

What is MLA style & APA style?
– 미국 논문 형식

미국에서 학교를 다니면 논문을 써야 하는 일이 종종 찾아 올 것이다. 논문은 2~3장 정도 분량의 에세이 같은 페이퍼일 수도 있고, 수십 장의 졸업논문이 될 수도 있다. 글 쓰기의 중요성을 강조하는 미국 교육에서는 어렸을 때부터 다양한 글쓰기를 연습시키는데 고등학교 때부터는 특정한 형식을 갖춘 페이퍼를 완성해서 제출해야 하는 경우가 많다. 여기서 특별한 형식이란 미국논문 형식을 일컫는다. 이러한 논문 형식에는 크게 2가지가 있다. 하나는 'MLA style'이고 다른 하나는 'APA style'이다. 'MLA'는 'Modern Language Association'의 약자이고 'APA'는 'American Psychological Association'의 약자이다.

'MLA style'은 주로 'literature(문학), humanities(인문과학), language(언어)' 쪽에 관련된 글에 주로 쓰이고 'APA style'은 주로 science(과학)에 관련된 분야의 글을 쓸 때 사용된다. 둘 다 배우고 난 뒤 몇 번 써보면 익숙해지지만 처음 이러한 형식으로 글을 쓰는 사람에게는 다소 복잡하게 느껴질 수 있다. 페이퍼의 레이아웃, 폰트, 규격, 인용, 참고문헌 등이 형식에 맞춰 사용되어야 한다. 특히 citation(인용)이나 reference(참조)는 논문의 맨 뒤에 일정한 형식(work cited page)으로 나열되어야 하며 페이퍼 중간 중간에 따라야 할 형식과 규칙 또한 많다. 따라서 manual(안내서)을 하나 사서 읽어보거나 선생님이나 교수에게 도움을 청해서 배우는 것이 좋다.

[재! 알아두면 좋을 단어들]

double-spaced 한 행씩 띄어 입력한
final draft 최종 원고
citation 인용
outline 요점, 요강
proofread 교정보다
notation 주석

rough draft 초안
margin 여백
bibliography 참고문헌
thesis statement 논제를 담고 있는 절
quotation 인용문
source 자료

In-text citation (글 안에 넣는 인용표시)

⟨MLA style의 예⟩

Ga Ram Lee
English 106
Ms. Crissy McMartin-Miller
1 May 2009

Who Should Take the Leading Role in the UN

      Every organization has a leader who organizes and maintains order. As a general rule of thumb, the most influential people or the most powerful countries become the leaders. Most people know this universal fact because they live in societies where the powerful control the weak. This actuality can be seen in one of the biggest organizations in the world, the United Nations. The United Nations has been fighting against injustice, crime, war, starvation, and immoral acts since its foundation. As the organization covers an extensive number of duties, responsibilities, and obligations, there should be a leading role in the UN to guide the

---

Lee G 5

Work Cited

"About the United Nations/ History." The United Nations. 8 March 2009
      <http://www.un.org/aboutun/history.htm>.

Clark, Ann Marie. Personal interview. 3 April 2009.

Fasulo, Linda. An Insider's Guide to the UN. New Haven and London: Yale University Press,
      2004.

"The United States and the Founding of the United Nations." U.S Department of State. 23 April
      2009 < http://www.state.gov/r/pa/ho/pubs/fs/55407.htm>.

UN News Centre. United Nations. 7 March 2009 < http://www.un.org>.

MLA style 배우기 적합한 사이트
http://www.mla.org/
http://owl.english.purdue.edu/owl/resource/747/01/

APA style 배우기 적합한 사이트
http://www.apastyle.org/index.aspx
http://owl.english.purdue.edu/owl/resource/560/01/

주는 쪽과 받는 쪽의 차이

A tiring boy vs. A tired boy

위의 두 개의 뜻의 차이는 무엇일까? 앞에 있는 것은 피곤하게 만드는 소년, 뒤의 것은 피곤한 소년이라는 뜻이다. 영어는 이처럼 주는 쪽과 받는 쪽을 확실하게 구분한다. 하지만 한국어는 외관상 크게 구분을 두지 않는 것 같다.

예를 들어 위 문장에서,

'tiring' 은 영어에서는 '피곤하게 하는' 이라는 뜻이지만 한국어에서는 특별한 구분이 없다. "그는 참 나를 피곤하게 한다"라고도 표현하지만 "그는 참 곁에 있으면 피곤한 사람이야"라고 표현한다. 여기서 '피곤한' 이 다른 사람들을 지치게 하는 건지 아님 '몸이 피곤하다' 는 건지는 문맥상으로 유추해야 한다.

주어를 포함해서 생략이 많은 한국어는 이처럼 확실하게 구분이 되어 있지 않고 문맥상으로 뜻을 구별해야 하는 경우가 많다. 하지만 영어는 어떤 사물이 하나 있는지 여러 개 있는지를 구별하듯이 사소한 것 하나도 애매모호하지 않고 확실하게 표현하는 것을 좋아한다.

 주는 쪽과 받는 쪽의 차이!

일반적으로 영어는 「내가 스스로 한 것」과 「누가 시킨 것」에 대해 철저하게 구분 짓는다. 또한 영어는 '주는 것' 과 '받는 것' 에 큰 차이를 둔다. 예를 들어 어떤 감정을 표현할 때 내가 어떤 감정을 일으킨 대상으로부터 그 감정을 받았다고 생각하면 편하다. 아이들의 웃음 소리가 날 기쁘게 했다면 아이들의 웃음 소리가 당신한테 감정을 주는 것이고 당신은 그 감정을 받는 입장에 속하게 되는 것이다. 따라서 주는 쪽은 동사를 「be 동사 + ~ing」 형태로 표현 할 수 있고 받는 쪽은 동사의 「be동사 + 과거분사」 형태로 표현할 수 있다.

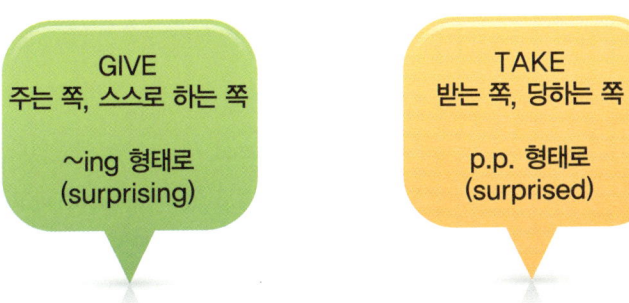

결국에는 수동과 능동의 차이에 따라 달라진다. 예를 들어 자고 있는 아이를 생각해 보자. 아이는 스스로 자는 것이지 누가 억지로 재운다고 해서 자는 것이 아니다. 따라서 주체가 스스로 무엇을 할 때에는 '~ing'를 사용한다. 자고 있는 아이를 영어로 옮기면 'a sleeping baby' 가 된다. 이처럼 스스로 '능동적으로 하는 것' 에는 '~ing' 가 붙는다.

a crying child (울고 있는 아이)
a singing girl (노래하고 있는 소녀)
a flying bird (날아가는 새)
an interesting place (흥미 있는 공간)
a dancing boy (춤추고 있는 소년)
a dying old man (죽어가는 노인)
an exciting game (흥분되는 게임)

반면에 '스스로 하는 것이 아닌 무언가에게 당하거나 받을 때' 는 과거분사를 사용한다. 예로는 '망가진 차' 를 들 수 있다. 차가 스스로 망가뜨릴 수 없다. 사고를 당했거나 무엇이 망가졌거나 해야 차가 망가진다. 따라서 스스로 한 것이 아닌 무엇에 의해 당했기 때문에 과거분사를 사용한다. 이를 영어로 바꾸면 'a broken car' 가 된다.

a fallen snow (떨어진 눈)
a surprised lady (놀란 여성)
a broken relationship (깨진 관계)
a trained dog (길들여진 개)
a tired student (피곤한 학생)
a broken window (깨진 유리창)
a excited person (흥분된 사람)

미국에 처음 갔을 때 나는 'amazing'과 'amazed'의 차이를 몰랐었다. 따라서 'amazing' 이라고 써야 할 때 'amazed' 라고 쓴 적도 있고 'amazed' 라고 써야 하는데 'amazing' 이라고 쓴 적이 있다. 'amazing'은 '놀랄만한, 놀라게 하는' 이라는 뜻이고, 'amazed'는 '놀란' 이라는 뜻이다. 전혀 다른 뜻이다.

가끔 친구의 콘서트에 간다거나 연극을 보러 갔을 때 "You looked amazing today" (오늘 너는 굉장해 보였어)라는 뜻으로 말해야 하는데 나도 모르게 "You looked amazed today" 라고 한 적이 있다. 어떤 것을 사용하느냐에 따라 뜻이 달라지기 때문에 주의해야 한다.

그 뿐만 아니라 언제 친구한테 "You look surprised"(너는 놀라 보인다)라고 말해야 되는데 "You look surprising"이라고 한적도 있고 "You look confused"(너는 혼란스러워 보인다)라고 해야 하는데 "You look confusing"이라고 한적도 있다. 반대로 "It is confusing me"(나를 혼란스럽게 한다)를 "It is confused me"라고 말한 적도 있다.

때로는 '-ing' 형태로만 사용되는 경우가 있다. 'laughing'이 그 예로 볼 수 있다. 'laughing' 이라는 표현은 많이 쓰이지만 'laughed'는 거의 쓰이지 않는다. '웃긴'이라는 뜻으로 쓰였든 '웃는'이라는 뜻으로 사용되었든 둘 다 'laughing'을 쓴다.

a laughing matter *vs.* a laughing child

'a laughing matter' 하면 '웃을 일'이라는 뜻이다. 하지만 'a laughing child'는 '웃고 있는 아이'를 가리킨다. 'laugh' 동사는 웃게 만드는 것도 웃는 것도 모두 '-ing'를 사용한다.

이번에는 다음과 같은 예를 보자.

fallen snow *vs.* falling snow

'fallen snow'는 이미 땅에 떨어진 눈을 말하고 'falling snow'는 아직 땅에 떨어 지지 않은 눈을 의미한다.

Tip: '~ing'는 능동적인 행동에 사용되지만 때로는 그 순간 일어나고 있는 일에도 사용 된다. 예를 들어 'a falling market(하락하는 시장),' 'crying baby(울고 있는 아이)'처럼 말이다. 자발적으로 일어나지 않는 것에도 다양하게 사용될 수 있다. 따라서 다양한 예를 보면서 익히는 것이 좋다.

~ing 형태 형용사	~ed 형태 형용사
boring 지겹게 하는 Janet's job is so boring.	bored 지루한 I'm bored with my job.
tiring 지치게 하는 It has been a long and tiring day.	tired 피곤한 I'm always tired when I get home from work.
interesting 흥미롭게 하는 Did you meet anyone interesting at the party?	interested 흥미있는 Are you interested in fishing?
exciting 신나게 하는 I began to read the book, which was very exciting.	excited 신나는 I was really excited to see James.

satisfying 만족스럽게 하는 All of our dishes were satisfying. shocking 충격을 주는 The news was shocking. surprising 놀라게 하는 It was quite surprising that he passed the exam. amazing 놀라게 하는, 굉장한 It was one of the most amazing films I've ever seen.	satisfied 만족스러운 You should be satisfied with what you have. shocked 충격받은 I was shocked when I heard the news. surprised 놀란 We were surprised that he passed the exam. amazed 몹시 놀란 He was amazed at the sight.

 스스로 하는 일과 누가 시키는 일을 구분 짓는 영어!

앞에서는 주는 쪽과 받는 쪽, 즉 능동과 수동의 차이에 따라 영어가 다르게 쓰인다고 했다. 이번에도 비슷하다. '자기가 스스로 한 일'과 '누가 시키는 일'에 영어는 일일히 구분을 짓는다. 영어는 구분 짓는 것을 참 좋아하는 언어이다.

우리가 만약에 차를 수리할 때

'나 차를 좀 수리했어' 라는 식으로 얘기한다. 자기가 스스로 고쳤는지 아니면 수리점에서 고쳤는지를 구분해가면서 말하지는 않는다.

하지만 영어에서는, 내가 고쳤으면 "I repaired my car," 다른 사람이 대신 고쳤으면 "I had my car repaired"라고 한다. 영어에서는 자기가 고쳤는지 남이 고쳤는지 분명히 한다.

> have + 목적어 + 과거분사
> '…시켰다, …하게 했다' 라는 뜻으로 쓰이는 구문이다.

- I washed my clothes. (나는 내 옷을 빨래했다.)
  I had my clothes washed. (나는 내 옷을 빨래하라고 시켰다.)

- She painted her room. (그녀는 그녀의 방을 페인트칠했다.)
  She had her room painted. (그녀는 그녀의 방을 페인트칠하라고 시켰다.)

  I had my computer upgraded. (컴퓨터를 업그레이드 했어.)
  I had my notebook stolen. (노트북을 도둑맞았어.)
  Have you had your wisdom teeth pulled out? (사랑니 뽑았어?)
  I want you to have your homework done in an hour.
  (한 시간 내로 숙제 마쳐라.)
  I had the room cleaned. (그 방을 청소시켰어.)

쉬엄쉬엄 영어, 미국 알아보킹 ⑮

Bless you!(신의 축복이 있기를!)를 왜 재채기를 할 때 말해줄까?

미국에 처음 갔을 때 참 이상하다고 생각했던 것이 하나 있었다. 바로 재채기를 한 사람에게 사람들이 'Bless you'라고 하는 것이었다. 처음에는 'Bless you'라고 하는지도 모르고 '저게 뭐지?'라고 속으로 생각했었다. 그때는 'Bless you'라고 할 거라고는 상상도 못했을 뿐만 아니라 잘 들리지도 않았다. 나중에 'Bless you'라는 것을 알게 되었을 때 참 의아하게 생각했다. 다른 것도 아니고 재채기를 했는데 '신의 축복이 있기를'이라고 말할까 싶었다. 'Bless you'라고 하면 재채기한 사람은 'thank you'라고 답한다. 평소 미국인들이 'Excuse me'나 'thank you'를 입에 달고 살듯이 'Bless you'도 약간 그런 느낌이 들었다. 하지만 내가 사람들에게 왜 'Bless you'라고 하는지 물어보았을 때 아무도 그 이유를 아는 이는 없었다. 습관처럼 그냥 그런 상황에 사용한다는 말뿐이었다.

나중에 학교에서 미국문학 시간에 선생님께서 우연히 그 이유를 말씀해 주셨다. 수업시간에 'Gothic Literature(고딕 문학)'에 대해 배울 때 중세시대 악마에 대해 말씀해 주시다가 그 시대에는 입을 통해 악마가 영혼을 빼내간다고 믿었다고 했다. 따라서 재채기를 할 때 '영혼이 나간다'고 믿어 'Bless you'라는 말을 해오기 시작했다고 했다. 재채기를 하면 영혼이 나가기 때문에 '신의 축복이 있기를'이라는 말을 상대방에게 해준다는 설명은 그럴듯했다. 또한 그 이유 때문에 재채기를 할 때 입을 막고 한다는 것이었다. 요즘에는 병균이 옮기 때문에 입을 막으라고 하지만 원래 빠져나가는 영혼을 막기 위해 입을 막았다는 이유 또한 재미있었다. 내가 이 설명을 나처럼 그 이유를 모른 채 습관적으로 사용했던 미국인들에게 말해주니까 그들도 흥미로와 했다.

우리나라에서 빨간색으로 사람 이름을 쓰지 않는다든가 동짓날 귀신을 내쫓기 위해 팥죽을 먹는 것처럼 미국에도 살다 보면 이러한 것들이 많다. 예를 들어 'horseshoe(말굽)'의 끝이 위로 달리면 행운, 반대로 달리면 불운이라고 생각한다. 몇가지 예를 더 들어보자면

chain letters는 며칠 안에 몇 명(때로는 몇 십명)에게 똑같은 편지를 써서 돌려야만 (pass on) 행운이 찾아온다는 서양發 미신인 「행운의 편지」(chain letter). 편지를 돌리지 않으면 재앙이 생길 거란 협박성 문구가 사람들의 여린(?) 심성을 파고들어, 순식간에 전세계로 퍼져나간 글로벌 미신이다. 'Carrying the Bride Across the Threshold'는 신랑이 신부를 번쩍 들어 안고 신방으로 들어가는 것으로, 신랑의 힘을 한번 시험해보자는 게 아니라, 신부가 신랑 집의 문지방을 넘지 못하도록 방해공작을 펼친다는 '악령의 심술'로부터 신부를 보호하려던 것이었다. 끝으로 'Tie A String Around A Finger'하면 옛날 서양에서는 통증을 느끼는 부위에 실이나 천을 묶어두면 아픈 것이 가라앉는다고 믿었던 데서 유래한 미신. 자식들이 속을 썩일라치면 '머리 싸매고' 자리에 눕는 우리네 집안 어른들의 모습이 떠오르는 미신인데, 서양에서는 이 미신을 「기억력」의 부문으로 확장시켜, 손가락 주위에 (around a finger) 실을 묶어두면(tie a string) 중요한 일을 잊어버리지 않는다고 믿었던 것이다.

우리도 가끔 왜 그렇게 사용되는지 모르듯이 미국인들도 왜 그런지 모르고 사용한다. 다르지만 이러한 비슷한 점을 찾아보면서 영어를 배우다 보면 영어뿐만 아니라 미국문화도 자연스레 많이 배울 수 있다.

EPISODE 16

영어에만 특별한 완료시제

영어는 명확한 것을 좋아하다보니
시제도 훨 다양하게 쪼개 쓴다!

한국어와 영어의 시제 차이점을 간단하게 살펴보자면

한국어	과거 – 현재 – 미래
영어	과거완료 – 과거 – 현재완료 – 현재 – 미래완료 – 미래

앞의 여러 장에서 자주 언급하였듯이 영어는 분명하고 구체적인 것을 좋아한다. 따라서 물건의 수량 하나를 표현할 때도, 누가 무엇을 했다는 것을 표현할 때도 구분을 짓고 명확히 표현하는 경우가 많다. 하지만 간접적으로 에둘러 표현하면서 부드럽게 자신의 뜻을 전하기를 좋아하는 우리나라 사람들은 약간 우회적이고 함축적으로 표현하는 경우가 많다.

이런 차이가 바로 시제에서도 드러난다. 한국어는 간단하게 과거 - 현재 - 미래로 되어 있다. 하지만 영어에서는 과거완료부터 시작하여 '과거 - 현재완료 - 현재 - 미래완료 - 미래' 순으로 되어 있다. 이중 미래완료는 거의 사용되지 않는다. 하지만 현재완료는 아주 많이 사용되고 있고 과거완료는 가끔씩 사용된다.

> 완료를 쓰는 이유:
> 이전의 일이 계속해서 영향을
> 미칠 때, 계속 유지될 때

 **현재완료시제는 영어에만 있는 거**

'Have you ever been to America?'

위의 문장은 아마도 '완료시제' 하면 가장 먼저 떠오르는 문장이 아닌가 한다. "미국에 가본 적이 있니?"라는 뜻의 이 문장은 경험을 나타내는 것이다. 나는 이처럼 완료시제는 경험을 나타낼 때만 사용하는 줄 알았다. 사실 미국에 가기 전에 나는 완료시제를 왜 써야 하는지도 몰랐고 완료시제 개념이 한국어와 달라 이해하기 어려웠다.

예를 들어,

우리는 어떤 프로젝트를 끝냈을 때
"배론은 막 그의 프로젝트를 끝냈다"라는 식으로 과거형을 써준다.

하지만 영어에서는 다음과 같은 두 가지의 방법을 사용할 수 있다.
Barron just finished his project.
Barron has just finished his project.

둘 다 한국어로 해석하면 프로젝트를 끝냈다라는 뜻이다. 하지만 하나는 영어로 '과거형'이고, 다른 하나는 '현재완료형'으로 쓰였다. 둘의 차이가 무엇일까?

바로 '현재완료형'은 과거에 시작해 지금까지 영향을 미친 프로젝트가 현재에 이르러서야 끝났다는 뜻을 내포하고 있다. 약간 혼란스러울 수도 있다. 다시 설명하자면 첫 번째 '과거형'은 단순히 끝냈다는 것에 의미를 둔다면 '현재완료형'은 과거에 시작한 일이 지금 끝나서 지금 나의 상태에 영향을 미친다는 것이다.

뜻이 숨어 있어 문맥상 유추해가면서 이해해야 하는 한국어와는 달리 영어는 이렇게 친절하게 지금의 나의 상태까지 설명해 준다.

더 좋은 예를 들어 보자면

I lost my wallet. (과거형)
I have lost my wallet. (현재완료)

위의 두 문장을 해석하면 둘 다 "나는 지갑을 잃어버렸다"가 된다. 하지만 '과거형'은 과거에 지갑을 잃어버렸는데 그 사실이 더 이상 나에게 영향을 끼치지 않는다는 뜻을 내포하고 있다. 예를 들어 지갑을 찾았을 수도 있고 새로운 지갑을 사서 더 이상 잃어버린 지갑이 나에게 영향을 끼치지 않을 때 사용한다. 반면에 현재완료형은 과거에 지갑을 잃어버렸는데 그 사실이 현재까지 영향을 미친다는 뜻을 내포하고 있다. 과거에 지갑을 잃어버렸는데 아직도 못 찾았다는 뜻이다. 이처럼 완료형은 전에 있던 일이 지금까지 영향을 미칠 때 사용한다.

따라서 우리가 '~해본 적 있니?' 같은 것을 영어로 옮길 때 'Have you ever~?'를 사용하는 이유도 바로 여기에 있다. 우리는 과거에 여행을 갔을 때 그 여행이 남긴 추억과 경험이 지금까지 영향을 끼칠 때가 있다. 따라서 과거의 경험이 지금까지 영향을 끼치기 때문에 단순한 시제를 사용하는 것이 아닌 완료시제를 사용하는 것이다.

Have you ever climbed Mt. Everest? (에베레스트 산에 오른 적 있니?)
He has tasted French cuisine before.
(그는 전에 프랑스요리를 맛본 적이 있다.)

여행뿐만 아니라 인생의 다양한 경험에 완료시제를 사용한다.

This house is the biggest house I have ever seen.
(이 집은 내가 본 집중에 가장 큰 집이다.)

Have you read this book yet? (너는 이 책을 읽어 본 적이 있니?)

Have you ever watched Harry Potter?
(너는 해리포터 영화를 본 적 있니?)

She has smoked once. (그녀는 한 번 담배 피워본 적이 있다.)

I have never had a cold (나는 감기에 걸려본 적이 없다.)

I have never met your boyfriend yet.
(나는 너의 남자 친구를 본 적이 아직 없다.)

 과거의 경험 뿐만 아니라 과거부터 지금까지 계속될 때

또한 이전의 일이 현재에도 계속되고 있을 때도 완료형을 쓴다. 이전의 일이 현재에도 계속됨으로써 영향을 미치기 때문이다.

I have not seen him for three years.
(나는 그를 3년 동안 보지 못했다.)

3년 동안 그를 보지 못했으며 지금도 보지 못했다는 과거의 상태가 지금까지 계속되고 있음을 나타낸다. 이처럼 현재완료는 '과거의 상태가 지금까지 계속되고 있을 때' 사용한다.

She has been gone for eight months. (그녀는 8개월 동안 사라졌다.)
He has been dead for two years. (그가 죽은 지 2년이나 지났다.)
Connor has not eaten anything for two days.
(카너는 이틀 동안 아무것도 먹지 않았다.)

It has been raining for two hours. (2시간 동안 계속 비가 내린다.)

I haven't seen my family for 3 years.

(나는 가족들을 3년 동안 보지 못했다.)

MORE TIP

잠깐! 자주 헷갈리는 for 표현의 차이

for는 '…동안'이라는 뜻으로 문법을 배울 때 완료형에 쓰이는 단어로 생각하는 경우가 많다. 하지만 for는 과거형에도 다음과 같이 쓰일 수 있다.

과거: I was sick for 2 weeks.
 (지금은 어떤지 모르지만 지난 2주간 아팠었다.)
완료: I have been sick for 2 weeks.
 (지난 2주간 그리고 지금까지 아프고 있다.)

⇨ 과거와 현재완료의 차이점을 비교할 수 있는 문장으로 보통 「have+pp+ for+ 기간명사[since+시점명사]」로 암기한 경우 for~ 때문에 was sick을 고쳐야 된다고 생각하는 경우가 많지만 실제로는 의미의 차이가 있을 뿐 틀린 문장은 아니다.

CHECK IT OUT | 명백한 과거에는 현재완료를 사용할 수 없다!

- yesterday, ago, when, last year 등과 같이 과거의 한 부분을 나타내는 단어들에는 현재완료를 사용할 수 없고 과거형을 쓴다.

I have lost my phone yesterday. (X)

I lost my phone yesterday. (O)

'yesterday(어제)'는 명백한 과거를 뜻하는 단어이다. 따라서 이러한 단어에는 꼭 과거형을 써야 한다.

When have you seen Billy? (X)

When did you see Billy? (O)

'언제 보았냐'는 과거의 명백한 한 시점을 물을 때 사용한다. 따라서 'when'에는 현재완료를 사용할 수 없다.

> He has left home last year. (X)
>
> He left home last year. (O)
>
> 'last year'는 명백한 과거이다. 따라서 과거형을 사용한다.
>
> I have been born in 1997. (X)
>
> I was born in 1997. (O)
>
> 'in 1997'는 과거의 한 시점이다. 따라서 명백한 과거이기 때문에 과거형을 사용한다.

 과거[미래]완료는 현재완료만큼 활약이 두드러지지 않아

현재완료는 흔히 일상생활에서 자주 사용한다. 하지만 과거완료와 미래완료는 현재완료에 비해 많이 사용되지는 않는다. 과거완료와 미래완료도 현재완료처럼 이전의 일이 계속 영향을 미칠 때 사용된다. 과거완료는 과거 이전의 일이 과거에, 미래완료는 미래 이전의 일이 미래에 영향을 미칠 때 사용된다. 하지만 과거완료나 미래완료 둘 다 사용빈도가 많지 않아 그냥 과거형이나 미래형을 써도 상관없다.

과거완료의 예

> Mrs. Brown had gone shopping when her children came back from school. (아이들이 학교에서 돌아왔을 때 브라운 부인은 쇼핑하러 나갔었다.)

아이들이 집에 온 것은 명백한 과거의 한 부분이다. 따라서 Mrs. Brown이 쇼핑에 간 것은 아이들이 집에 오기 전이고 아이들이 집에 왔을 때까지 쇼핑하느라 집에 없었기 때문에 과거완료를 사용한다. 쇼핑하는 것이 과거에 계속해서 영향을 끼치기 때문에 과거가 아닌 과거완료를 사용한다.

미래완료의 예

My friend will have stayed in my house for two weeks by tomorrow. (내 친구는 내일이면 우리 집에 머무른 지 2주가 된다.)

미래의 한 시점 이전에 일어난 일이 미래에 영향을 끼치면 미래완료를 사용한다. 위의 문장에서 내일은 미래이고 집에 머물기 시작한 것은 그 전의 일이고 계속 머물고 있기 때문에 미래완료를 사용한다.

 Gone과 been의 차이!?

He has gone to France.
He has been to France.

두 문장의 차이가 무엇일까? 완료가 없는 한국어로는 두 문장 모두 "프랑스에 갔다"라는 뜻으로 해석된다. '갔다' 라는 뜻의 'go' 와 '…이다' 라는 뜻의 'be' 가 쓰였기 때문이다.

첫 번째 'gone' 이 들어간 문장에서 'gone' 은 '갔다' 라는 뜻의 동사이다. 여기서 중요한 것은 이 'gone' 을 사용하였을 때는 아직 돌아오지 않았다는 뜻이 내포되어 있다는 점이다. 계속 가 있는 상태가 유지되는 것이다. 즉 프랑스에 간 상태를 얘기할 때 사용된다.

반면에 'been' 은 갔다가 다시 돌아왔다는 뜻이 담겨 있다. 따라서 'been' 을 사용한 두 번째 문장은 "프랑스에 갔다 온 적이 있다"는 뜻이다. 즉 프랑스에 간 경험을 얘기할 때 사용한다.

이처럼 영어는 뜻을 분명하게 밝히는 것을 좋아한다. 한국어로는 '어디에 갔다' 라고 말하면 '다시 돌아 왔냐' 고 물어봐야 하지만 영어에서는 동사를 무엇을 사용 하느냐에 따라 그 뜻이 내포되어 있어 물어보지 않아도 되는 경우가 많다.

영어권 사람들은 왜? 라고 이유를 물어보는 것을 좋아하기 때문에 한국어와는 달리 문장이 논리적인 경우가 많다.

하지만 때로는 gone과 been의 차이를 두지 않고 병행해서 쓰는 경우도 있다. 예를 들어 'He's been to London many times' 라고 표현하기도 하지만 'He's gone to London many times' 라고 표현하는 경우도 볼 수 있을 것이다. 영어도 예외가 종종 있다.

'yet(아직)' 은 의문문, 부정문에 'already(벌써)' 는 긍정문에 사용한다!

Have you ever read this book yet? (의문문)
No, I have not read this book yet. (부정문)
Yes, I have read this book already. (긍정문)

'already' 가 의문문에 쓰일 때가 종종 있는데, 보통 놀람을 표현할 때 'already' 를 사용한다.
Have you read this book already? (벌써 이 책을 읽어보았니?)

쉬엄쉬엄 영어, 미국 알아보기 ⑯

알아두면 좋은 색과 관련된 영어

한국어에서도 색으로 감정을 나타내듯이 영어에서도 색으로 감정을 표현할 때가 있다.

* 얼굴이 하얗다, 창백하다는 'white'이 아니라 'pale.' 'white'는 백인을 나타내는 단어이고 '얼굴이 하얗다, 창백하다'라고 표현할 때는 'pale'을 쓴다.
You look pale today. (오늘 창백해 보인다.)

* blue는 우울하다는 뜻
blue하면 뭔가 하늘을 떠올려 밝고 경쾌한 색이라고 생각할 수도 있지만
영어에서 'blue'는 '우울한'이라는 뜻을 가지고 있다.
"You look blue today"라고 하면 "너는 오늘 우울해 보인다"라는 표현이다.

* black은 전망이 어둡다, 비관적이다라는 뜻
'black'은 색에서도 유추해 낼 수 있듯이 전망이 어둡거나 비관적인 표현에 사용된다.
I know things look black right now, but I am sure that they will get better.
(나는 지금 전망이 어둡다는 것을 알지만 좋아질 거라고 생각한다.)

* red는 화가 났을 때 사용
He turned red with anger.
그는 화가 나서 빨개졌다라는 표현이다.

* green은 질투를 상징한다.
'green eyed monster'는 질투, 시기를 의미한다.

그 외의 다양한 색을 나타내는 단어들은 무엇이 있을까? 우리는 일반적으로 파란색, 초록색, 빨간색 등 기본적인 색은 영어로 알고 있지만 그 외의 특이한 색은 잘 모른다. 다음 단어를 살펴 보고 한 번 알아두자.

* ~ish를 색 뒤에 부치면 대략적인 색을 나타낸다

yellowish (노르스름한)   greenish (초록빛을 띤)
pinkish (연분홍색의)   grayish (회색빛이 도는)

* navy Blue 어두운 청색
* rose pink 표준 핑크보다 보라색을 살짝 띤 색
* baby pink 아주 밝은 핑크색
* shell pink 조개 안쪽과 같은 옅은 분홍색
* maroon 어두운 갈색
* beige 회색기미의 연한 황색
* smoke blue 회색기미의 청색
* sky gray 밝은 회색
* cinnamon 적색기미의 연한 갈색
* cyan 녹색기미의 파란색
* amber 황색기미의 주황색
* oriental blue 흐린 청색
* chocolate 초콜릿 같은 색
* cobalt blue 강한 청색
* peach 복숭아의 색
* turquoise 터키석처럼 밝은 청록색
* tan 황색기미의 갈색

EPISODE 17
혼자서는 맥을 못 추는 동사들

독립심이 약해 전치사나 부사 없이는
제 구실 못하는 동사들

한국어와는 다르게 영어는 혼자서는 살아남을 수 없는 동사들이 있다. 꼭 부가적으로 전치사나 부사가 붙어야만 살아남을 수 있다. 반면에 이러한 동사들을 사용하지 않는 한국인은 이러한 동사들이 생소할 뿐만 아니라 그 중요성을 잘 인식하지 못해서 실전에서 이러한 동사 뒤에 따라오는 부가적인 것들(부사 or 전치사)을 잊어버릴 때가 많다. 따라서 우리는 이러한 동사들을 많이 접해보고 익혀서 실생활에 적용할 수 있어야 한다.

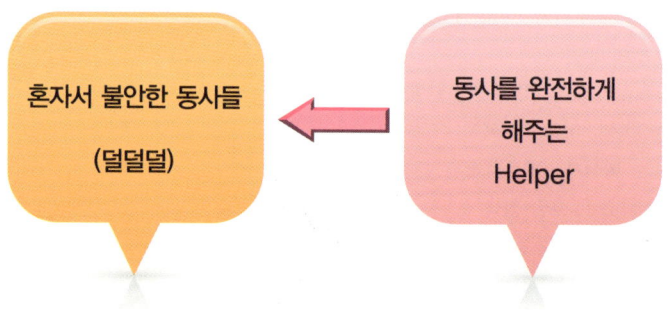

부가물을 꼭 달고 다니는 동사들은 아래와 같다. 혼자서는 불안해서 꼭 부가물이 와야 완전하게 사용될 수 있다고 생각하면 쉽다.

graduate from (졸업하다)
laugh at (웃다, 비웃다)
experiment with (실험하다)
reply to (대답하다)

sympathize with (동정하다)
listen to (듣다)
complain about (불평하다)
operate on (수술하다)

refer to (언급하다)
belong to (속하다, 소유이다)
allude to (언급하다)

add to (증가시키다)
apologize to[for] (사과하다)
agree with[to] (동의하다)

 제대로 졸업하려면(graduate) from이 필요해

예를 들어보자.
"Gregory는 미국 육군사관 학교를 졸업했다"를 영어로는 어떻게 표현할까?

많은 한국사람들이 단순하게 "Gregory graduated West Point"라고 표현할 것이다. 하지만 위의 예문은 문법상 맞지 않는다. 중요한 부가물이 빠졌기 때문이다. 바로 from이다.

맞는 표현은 "Gregory graduated from West Point"가 된다.

어떤 사람들은 "어라! from은 「…부터」라는 뜻 아닌가?"라고 얘기할지도 모른다. from의 뜻은 「…부터」라는 뜻이 맞다. 따라서 'from'을 넣어 해석하면 뭔가 이상하다. 한국어로 보면 어색하다고 느낄 수 있지만 영어로만 보면 자연스러운 표현이다. 영어는 '졸업하다'를 'graduate from'으로 표현하기 때문이다. '졸업하다'를 표현할 때 한국어는 'from'과 같은 부가물이 없지만 영어는 'from'이 없거나 다른 부가물을 써주면 문법적으로 틀린 영어표현이다.

I graduated from Seoul National University in 2007.
(나는 2007년도에 서울대학교를 졸업했다.)

Mary will go to England to continue her studies on cancer after graduating from Purdue University.

(메리는 퍼듀대학교를 졸업한 후에 암에 대한 연구를 계속하기 위해 영국으로 갈 것이다.)

이러한 동사들이 바로 혼자서는 맥을 못 추는 동사들이다.

MORE TIP

한국어에는 없는 부가물이지만 영어에서는 없으면 안 되는 존재이다. 한국어로 해석할 때는 부가물을 빼고 해석해야 하고 영어로 번역할 때는 부가물을 빼먹지 말고 번역해야 하기 때문에 실수를 하기 쉽다. 이런 부가물이 쓰이는 이유는 동사가 혼자서는 불안정하기 때문에 동사를 완벽하게 해주기 위해 쓰인다. 또한 한국어에는 이러한 동사들에 부가물이 없기 때문에 어떤 부가물(전치사 or 부사)이 와야 하는지 모를 때가 있다. 따라서 이런 경우에는 다양한 문장을 접하고 그저 외워 버리는 것이 상책이다.

 공감하려면(sympathize) with가 있어야 돼

이번에는 Do not expect me to sympathize with Jeremy를 해석하면 어떻게 될까?

'with'는 '…와 같이'라는 뜻이다. 따라서 순수하게 단어 그대로 해석한다면 "내가 제레미와 같이 동정할 거라고 기대하지 마라"고 해석할 수 있을 것이다.

하지만 여기서 'with'는 '…와 같이'라는 뜻이 아니라 불안전한 sympathize를 완전하게 해주는 역할을 한다. 따라서 동사 그대로의 뜻 '…을 동정하다, 공감하다'라는 뜻으로 해석해야 한다.

'내가 제레미를 동정할 거라고 기대하지마' 라는 뜻이 된다. 'with'의 뜻만 생각한다면 전혀 다른 뜻으로 오해하기 쉽다. 하지만 여기서 'with'는 본래의 뜻으로 쓰인 것이 아닌 동사를 완전하게 해주기 위해 쓰였다. 이처럼 평소에 불완전한 동사를 잘 알고 이러한 동사들을 완전하게 만들어 주는 부가물들을 알고 있어야 한다.

Why did Eric not sympathize with my plan?
(왜 에릭은 내 계획에 찬성하지 않았지?)

Conner sympathized with his little sister, Samantha.
(카널은 그의 여동생 사만다를 동정했다.)

 'to' 없이는 들을(listen) 수가 없어

또 다른 쉬운 예로는 'listen to'를 들을 수 있다.

일반적으로 한국어에서는 '음악을 듣다.'라고 표현한다. 당연히 부가물 없이 그냥 사용된다. 하지만 영어에서는 'to'를 사용한다. 어떤 음악을 듣든지 간에 꼭 'to'가 와야 한다. 'to' 없이 사용되면 어색한 영어가 되어 버린다.

I do not listen to country music. (나는 컨츄리 음악을 듣지 않는다.)
I would love to listen to Korean classical music.
(나는 국악을 듣기를 좋아한다.)

'listen'과 같은 뜻이 'hear'라는 동사가 있다. 하지만 같은 뜻임에도 불구하고 'hear'에는 부가물이 붙지 않는다. 불완전한 'listen'은 'to'가 붙지만 'hear'은 불완전한 동사가 아니어서 단독으로 쓰인다.

I listened to his prayer. (나는 그의 기도를 들었다.)
I heard his prayer.

하지만 'hear'와 'listen to'의 차이는 'listen to'는 'hear'보다 좀 더 자신의 의지가 들어간 표현이라는 뜻이다. 'hear'는 포괄적인 뜻이라면 'listen to'는 자신의 목적이나 의지, 인식이 들어갔을 때 주로 사용한다.

>Monica tends to listen to only one side of a story and believes it to be true.
>(모니카는 한쪽 얘기만 들으려는 경향이 있고 그게 사실이라고 믿는다.)
>= Monica tends to hear only one side of a story and believes it to be true.

위의 두 문장을 보면 문법적으로 틀리지는 않았지만 첫 번째 'listen to'를 'hear' 보다 더 많이 사용한다. 자신의 의지가 들어간 문장에는 'hear' 보다 'listen to'를 더 많이 사용한다.

'listen to'와 비슷한 예문으로 'belong to'가 있다. 'belong to'는 '속하다, 소유물이다, 출신이다'와 같은 뜻을 가지고 있다. 'listen to' 처럼 항상 'to'가 뒤에 붙는다.

>She belongs to Michigan. (그녀는 미시간 출신이다.)
>This cell phone belongs to David. (이 휴대폰은 데이빗 것이다.)

그 외에 예문들

Stop complaining about your job.
(너의 직업에 대해 불평 좀 그만해라.)

People are complaining about high prices.
(사람들은 높은 물가에 대해 불평을 하고 있다.)

Are you laughing at me? (너 나를 비웃고 있니?)

He did not even laugh at the joke. (그는 그 농담에도 웃지 않았다.)

Erica got mad because her boyfriend did not apologize to her yet. (에리카는 남자친구가 아직도 그녀에게 사과를 하지 않아서 화가 났다.)

You should apologize to her for what you did in the restaurant. (너는 식당에서 있었던 일에 대해 그녀에게 사과해야 한다.)

The company will agree to the proposal. (그 회사는 그 제안에 동의할 것이다.)

She cannot agree with you on the matter. (그녀는 그 문제에 동의할 수가 없다.)

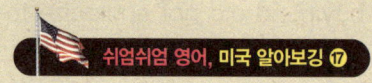 쉬엄쉬엄 영어, 미국 알아보기 ⑰

미국에서는 브이(V)를 하지 않는다?!

한국에서 우리는 사진을 찍을 때 손가락으로 '브이'를 가리키며 찍을 때가 많다. '브이'가 'victory'의 약자이기 때문에 나는 당연히 미국에서 유래된 줄 알았다. 하지만 내가 미국에 가서 미국사람들하고 사진을 찍을 때 '브이'를 하자 미국사람들이 왜 '브이'를 하냐고 물었다. 심지어 어떤 친구들은 왜 동양사람들은 사진을 찍을 때 '브이'를 하냐고 물었다. '브이'가 영어라서 당연히 미국사람들도 '브이'를 하는 줄 알았는데 알고 보니 미국 사람들은 거의 하지 않고 한국이나 일본사람들이 주로 한다. 또한 지금은 미국사람들도 셀카를 많이 찍지만 내가 처음 갔을 때 혼자 카메라를 들고 사진을 찍는 모습을 보고 미국사람들이 신기해 한 적이 있다. 어떤 친구들은 혼자서 어떻게 그렇게 사진을 잘 찍냐며 궁금하다고 했다. 한국은 워낙 얼짱 각도, 직찍, 포토샵 등을 통해 혼자서 사진을 찍어 잘 올리지만 미국인들은 주로 여럿이서 사진을 찍는 것 같다. 사진을 찍을 때 최대한 예쁘고 멋지게 나오려고 노력하는 우리와는 달리 자연스럽게 웃으면서 환하게 찍는 그들이 가끔은 부러웠다. 물론 그들도 사진찍을 때 웃으라는 말로 "Say cheese!"라는 말을 많이 쓴다. 우리가 '김치'라고 하는 것과 같은 맥락으로 cheese라고 발음할 때 마치 웃을 때처럼 입술이 옆으로 퍼지기 때문이다.

갑자기 사진하니까 떠오른 것이 바로 웃음이다. 사진을 찍을 때 찡그린 모습보다 웃는 모습이 더 멋지다. 영어로 '웃다' 하면 먼저 떠오르는 단어가 'smile'이 아닐까 한다. 'smile'은 소리를 내지 않고 얼굴의 표정만으로 웃는다는 뜻이다. 'smile' 보다 입을 크게 벌리고 소리는 내지 않고 웃는 것을 'grin'이라고 하는데 평소에 자주 쓰는 단어는 아니다. 'smile' 만큼이나 평소에 자주 쓰이는 단어는 'laugh'이다. 소리 내어 크게 웃을 때 사용한다. 'giggle'은 아이나 여자들이 킥킥 웃을 때 사용한다. 'chuckle'은 종종 혼자 웃을 때 사용한다. 웃음을 영어로 나타낼 때 한 단어만 사용하지 말고 다양하게 사용해 보자.

A: Okay everybody, say cheese!
    좋아요, 여러분, 치-즈 하세요!
B: Oh no, I closed my eyes.
    오, 이런. 눈을 감아 버렸어.

EPISODE 18
혼자서도 잘 노는 동사들

독립심이 무척 강해서 전치사나 부사의 도움없이 홀로 목적어를 받는 동사들

많은 사람들이 영어를 사용할 때 실수하는 것을 보면, 앞에서 말했듯이 동사와 같이 붙어 따라다니는 부사나 전치사를 적절하게 사용하지 못했을 때와 반대로 우리나라 말로 해석했을 때는 필요할 것 같은 부가물들(부사 or 전치사)이 영어에서는 동사에 따라 필요가 없을 때이다. 이 두 가지 실수는 영어와 한국어의 구조적 차이에서 비롯되는 실수이기 때문에 외워두는 것이 좋다. 하지만 그냥 외우는 것 보다 다양한 예문을 만들어보고 계속 반복해서 사용하면서 습관처럼 익히는 것이 좋다.

> 약해보이지만 혼자서도 살아남는 동사들
> (부가물 포함)

필요한 것처럼 보이지만 필요하지 않는 동사들은 아래와 같다.

- **approach** (접근하다)
- **marry** (결혼하다)
- **address** (연설하다)
- **mention** (언급하다)
- **enter** (들어가다)
- **discuss** (토론하다)
- **attend** (출석하다)
- **inhabit** (거주하다)
- **reach** (도착하다)

결혼할(marry) 때 다른 사람없이 둘만 있으면 돼

한국사람들이 가장 많이 실수하는 예가 또 있다. 나도 미국에 처음 갔을 때 실수했던 동사가 바로 'marry'이다. '결혼하다'라는 뜻의 'marry'가 혼자서도 잘 노는 동사들 중에 대표격이 아닌가 싶다.

한국어로 "나와 결혼해 줄래?"라는 문장에서 '나와'는 영어로 해석하면 'with me'가 될 수 있다. 따라서 대부분의 한국인들이 "나와 결혼해 줄래?"를 영어로 바꿀 때 "Will you marry with me?"라고 말하는 경우가 있다. 하지만 영어에서는 'with'를 쓰지 않고 바로 "Will you marry me?"라고 한다.

'marry'라는 단어는 단순히 '결혼하다'라는 뜻보다 좀 더 나아가 '누구누구와 결혼을 하다'라고 해석할 수 있다. 'marry'라는 단어 안에 부가물 'with'가 들어가 있다고 보면 좋다. 따라서 따로 전치사를 붙여줄 필요가 없다.

Eva married with James. (X)
Eva married James. (O)
Her father married Eva off to James.
(그녀의 아빠는 에바를 제임스에게 시집보냈다.)
Eva married young. (에바는 젊은 나이에 결혼했다.)
Eva was married to James. (에바는 제임스와 결혼했다.)

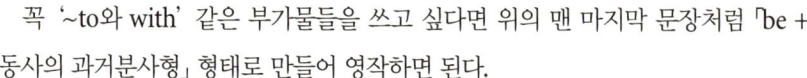

꼭 '~to와 with' 같은 부가물들을 쓰고 싶다면 위의 맨 마지막 문장처럼 「be + 동사의 과거분사형」 형태로 만들어 영작하면 된다.

Tommy will marry Juliet. (타미는 줄리엣과 결혼할 것이다.)
Juliet will be married to Tommy. (줄리엣은 타미랑 결혼할 것이다.)

Are you married? (너 결혼했니?)
Yes, I am married to Joseph. (응, 나는 조세프랑 결혼했어.)

동사 marry는 '결합하다' 라는 뜻으로 쓰이기도 한다. 이때도 부가물이 필요 없다.

Common interests married the neighboring nations.
(공동 이해 관계는 주변국가들을 결합시켰다.)

MORE TIP
따라서 이러한 동사들은 혼자서도 잘 논다! 한국어로 무조건 '…와, …에게, …를' 등과 같은 부가물이 필요한 동사들이지만 영어에서 이런 건강한 동사들에게는 필요가 없다. 이러한 동사들을 외우고 다양한 문장을 영작하고 접해보면서 한국어랑 혼동하지 말고 자연스럽게 쓸 수 있도록 하면 좋을 것이다. 하지만 그렇다고 무조건 위에 있는 동사들이라고 해서 항상 부가물들이 붙지 않는 것은 아니다. 영어가 그렇게 단순할 리가 없지 않은가! 숙어나 다양한 표현 등에서는 부가물들이 붙을 수 있다.

 접근할(approach) 때도 조용히 스스로 해결해야

이번에는 approach라는 동사를 한 번 보자.
'접근하다' 의 뜻의 'approach' 도 'marry' 처럼 혼자서도 잘 노는 동사이다.

"그는 나에게 일부러 접근했다"를
영어로 옮길 때 많은 사람들이 다음과 같이 표현하는 경우가 흔하다.

He approached to me on purpose. (X)

하지만 위의 표현보다 다음과 같은 표현이 더 적절하다.
He approached me on purpose. (O)

한국어로만 봤을 때는 전치사 'to'가 필요할 것 같지만 필요하지 않다. 한국어 그대로 영어로 바꾸는 것이 좋은 영어가 아니듯이 영어는 영어답게 한국어는 한국어답게 써주는 것이 중요하다. 한국어에서 필요하다고 해서 영어에서도 필요한 것이 아니기 때문에 이러한 차이를 알아두는 것이 매우 중요하다.

The spaceship approached the moon.
(그 우주선은 달에 접근하였다.)

James approached me for money yesterday.
(제임스는 어제 돈 때문에 나에게 접근했다.)

There was only one way to approach her parents.
(그녀의 부모님께 접근하는 방법은 오직 하나였다.)

 방에 들어갈(enter) 때도 도움없이 바로 들어가

이번에는 enter 동사를 한 번 살펴보자.

"사람들이 그 방에 들어갔다"를 영어로 옮길 때 많은 사람들이,
"People entered to (into) the room"이라고 말하는 경우가 있다.

나도 미국에 처음 갔을 때 'enter' 동사를 사용할 때 항상 뒤에 부가물을 썼던 기억이 난다. 그때는 한국어로만 생각을 해서 당연히 'to나 into가 enter' 뒤에 와야 할 것만 같았다. 부가물 없이 사용하려고 하니까 뭔가 문법적으로 틀린 것 같은 느낌이 들었다.

하지만 'enter'도 다른 위의 예들처럼 부가물들을 잘 받아들이지 않고 순순히 동사만 사용한다. 따라서 옳은 표현은 다음과 같다.

'People entered the room.'

'enter'에 'into'가 포함되어 있다고 생각하면 된다. 따라서 부가적으로 'into'를 붙이지 않고도 혼자서 잘 노는 동사가 바로 'enter'이다. 반대로 위의 문장과 뜻은 같지만 부가물이 필요한 동사가 있다.

'People came into the room.'

두 문장 다 "방에 들어왔다"는 뜻이지만 'come'은 'enter'와 달리 부가물이 필요한 동사라 'into'를 붙여줘야 한다. 이처럼 어떤 동사를 사용하느냐에 따라서 부가물이 오고 안오고가 결정된다.

Joselyn entered the conference room. (조셀린이 회의실에 들어왔다.)

Jason entered Yale University. (제이슨은 예일대학교를 들어갔다.)

My younger brother entered the army last year.
(내 남동생은 작년에 군대에 들어갔다.)

His son entered the church. (그의 아들은 목사가 되었다.)

 토의할(discuss) 할 때도 남의 도움없이 자기 생각을 말해야

이번에는 'discuss'라는 동사를 한 번 보자.

'discuss'는 '논의하다, 토론하다'의 뜻을 가진 동사이다. 한국어로는 보통 '…에 대하여 논의하다, 토론하다'로 표현하기 때문에 '…대하여'가 붙는다. 그래서 많은 사람들이 뒤에 'about'을 붙이려는 경향이 있다.

They discussed about the world situation. (X)

하지만 영어에서는 '…대하여'를 뜻하는 'about'이 붙지 않는다, 'discuss' 안에 'about'이란 뜻이 들어있다고 보면 된다. 따라서 'about' 없이 그대로 사용해야 한다.

They discussed the world situation.
(그들은 세계정세에 대해 논했다.)

He did not want to discuss this anymore.
(그는 더 이상 이것에 대해 논의하기를 원하지 않았다.)

The economists discussed ways to end this economic crisis.
(경제학자들은 이 경제 위기를 어떻게 끝낼지 그 방안에 대해 토의했다.)

'discuss'와 비슷한 동사로는 'mention'이 있다. 이 동사도 'about'이 필요할 것 같이 보이지만 'about' 없이 사용된다.

'…에 대해 언급하다'라는 뜻인 'mention'은 'about' 없이 사용한다.

The reporter did not mention about the videotape. (X)
The reporter did not mention the videotape. (O)
(그 리포터는 비디오테이프에 대해 언급하지 않았다.)

약해 보이지만 혼자서도 살아남는 동사들을 알아두고 바르게 사용해보자.

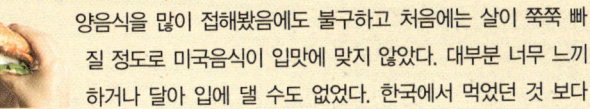

음식문화의 차이, 생각보다 크다?!

미국에 처음 갔을 때 "어떻게 저런 음식을 먹을 수가 있지?"라는 생각이 들 정도로 그 차이가 크게 느껴졌다. 한국에서도 피자나 파스타, 햄버거 같은 서양음식을 많이 접해봤음에도 불구하고 처음에는 살이 쭉쭉 빠질 정도로 미국음식이 입맛에 맞지 않았다. 대부분 너무 느끼하거나 달아 입에 댈 수도 없었다. 한국에서 먹었던 것 보다 더 느끼하고 기름지고 달다. 설탕을 입에 털어 넣는 것 같은 맛의 케이크, 너무 달아서 계속 음료를 마시게 되는 쿠키, 기름이 둥둥 떠다니는 듯한 피자와 튀김이 아직도 떠오른다. 미국 사람들은 아무렇지도 않게 먹지만 나에게는 다소 적응기간이 필요했다. 또한 무엇보다 가끔 이해하지 못할 그들의 식습관이 나를 경악하게 했다. 예를 들어 감자나 옥수수에 버터를 발라먹는 모습은 이해할 수 있었지만 밥을 우유에 말아 먹거나 치즈에 비벼먹는 모습은 도저히 이해할 수 없었다. 그냥 먹어도 맛있을 음식에 꼭 치즈나 버터를 첨가해 먹는다. 물을 아예 평생 안마시고 탄산음료만 마시는 친구도 있었고 물을 싫어해 항상 무엇을 타 마시는 친구도 있었다. 맛있는 야채와 과일을 그냥 먹는 것이 아닌 항상 피넛버터나 샐러드소스에 찍어먹거나 뿌려먹는 사람들도 있었다. 그 사람들은 나한테 어떻게 야채에 아무 것도 안 뿌리고 생으로 먹을 수 있냐고 물어본 적이 있었다. 처음에는 너무 당황하고 놀라 그들을 이상하게 쳐다 본 적이 있다. 하지만 적응하면서 나도 모르게 그들과 같은 음식을 아무렇지도 않게 먹는 내 모습을 보면서 "역시 사람은 적응하는 동물이다" 라는 생각이 들었다.

내가 그들의 음식이나 식습관을 보면서 의아해한 것처럼 그들도 한국음식이나 식습관을 보면서 의아해 한 적이 많다. 예를 들어 우리는 항상 밥이 들어간다는 것과 반찬 수가 많다는 것이다. 또한 자기 그릇에 음식을 덜어 먹는 미국인들과 달리 반찬이나 찌개는 같이 나눠 먹는 우리나라 음식문화가 생소하고 비위생적이라고 생각하는 사람들도 있었다. 또한 김이나 미역, 오뎅, 나물 같은 것을 먹는 모습에 내가 그들의 음식을 보고 놀랐을 때와 똑같은 표정을 지었다. 나중에는 우리나라에서 문어나 오징어도 먹는다는 말에 기겁한 친구들도 있었다. 말린 오징어는 더더욱 싫어한다. 자기들은 베이컨도 먹으면서 내가 삼겹살을 먹자 그 기름덩어리를 어떻게 먹냐고 한 사람도 있었다. 이처럼 내가 미국에 처음 갔을 때 놀란 것처럼 미국사람들도 마찬가지였다. 문화는 상대적이고 어떤 것이 다른 것보다 우월하다고 말할 수는 없다. 따라서 우리가 이상하게 생각하는 것처럼 그들이 이상하게 생각하는 것은 당연한 것이다. 그러한 문화 차이를 이해하고 받아들이는 자세가 필요한 것 같다.

EPISODE 19

Give & Take 확실히 하는 미국인들?!

주는게(give) 있으면
받는게(take)가 있어야지요~

앞서 배운 'have' 동사가 우리가 흔히 떠올리는 '소유하다' 라는 뜻 이상의 다양한 뜻으로 사용되었듯이 영어에서는 '주다' 라는 'give' 와 '받다' 라는 'take' 도 다양한 문장에서 다양한 방법으로 사용된다. 우리나라 말에서 쓰이는 뜻 그대로 영어로 옮기려고 하면 고급스럽고 세련된 영어를 사용하기 어렵다. 따라서 한국어에서 통하는 표현이 영어에서 통하지 않는 부분을 알고 반대로 한국어에서 낯선 표현이 영어로는 자연스럽게 표현되는 부분을 이해 할 필요가 있다. 우리나라 사람들과 비교했을 때 영어권 사람들은 'give & take' 를 참 좋아한다. 소소한 것부터 입이 벌어질 정도로 대단한 것까지 'give & take' 동사를 쓰는 것을 통해 영어권 사람들이 주고 받는 것이 확실하다는 것을 알 수 있다.

'have' 동사가 그런 것처럼 'give와 take' 동사도 사전을 찾아보면 다양한 뜻이 있어 하나의 명확한 뜻으로 규정하기가 애매하다.

 give 동사의 모든 것을 풀어헤쳐 보기

'give' 는 '주다' 라는 뜻으로 많이 사용된다. 하지만 '주다' 라는 뜻보다 좀 더 포괄적으로 쓰일 때가 많다.

예를 들어

"They gave a Halloween Party"라는 문장을 보자.

위의 'give' 동사를 '주다' 라는 뜻으로만 해석하면 "그들은 할로윈 파티를 주었다" 라는 뜻이 된다. 하지만 위에 문장에 'give' 동사는 '주었다' 라는 뜻보다 '열었다' 라는 뜻으로 쓰였다. 따라서 "그들이 할로윈 파티를 열었다"라는 뜻이 맞는 표현이다. 'give' 동사를 단순히 '주다' 라는 뜻으로 국한하지 말고 좀 더 포괄적인 뜻으로 봐야 한다. 자신이 준비한 파티를 다른 사람을 위해 여는 것처럼 'give' 동사는 '주다' 라는 뜻보다 더 넓게 무언가가 자신으로부터 시작해서 남에게 전해질 때 사용한다.

She enjoys giving a ball. (그녀는 무도회 여는 것을 즐긴다.)
I want to give him a farewell party. (나는 그의 송별회를 열어주고 싶다.)
Please give us a song! (노래 한 곡 하시죠!)
He gave us a memorable lecture. (그는 기억에 남을 만한 강의를 했다.)

'give' 의 포괄적인 사용: 자신으로부터 시작해서 남에게 무언가가 전해질 때 사용한다.

다음과 같은 예로도 알아볼 수 있다.

The tree gives us the sweetest grapes.
(그 나무에는 가장 달콤한 포도가 열린다.)

위에 문장에도 'give' 동사가 사용되었다. 나무가 사람들에게 자신이 열매를 맺게 한 가장 달콤한 포도를 사람들에게 전해주는 것이기 때문에 'give' 동사를 사용했다고 보면 된다.

'give' 동사는 때에 따라서 '충고를 하다' 의 뜻으로 쓰이기도 한다.

I am going to give him some advice.
(나는 그에게 충고 한마디 할 생각이다.)

한국어에서는 '충고를 하다' 라고 표현하기 때문에 'do advice' 라고 잘못 표현할 수 있다. 영어에서는 'do' 동사 대신에 'give advice' 라고 표현한다. 자신의 조언을 남에게 전해주는 것이기 때문에 'give' 동사를 사용한다.

'give + a + 동작' 으로 다양한 표현을 만들 수 있다.

'have' 동사에서도 'have + a + 동작' 을 하면 '…하다' 라는 뜻의 문장이 되었다. 'give' 동사도 비슷하다. 'give + a + 동사원형 or 동작' 이 오면 '…하다' 라는 뜻의 문장이 생성된다. 하지만 'have' 동사와 'give' 동사는 다르게 쓰인다. 'have' 는 주어가 주어에게 하는 동작을 나타낼 때 사용한다면 'give' 는 주어가 자신이 아닌 남에게 하는 동작을 나타낼 때 사용한다. 여기서도 'give' 동사의 성향을 알 수 있다. 자신으로부터 시작해서 남에게 무언가를 전할 때 사용한다.

give a try (한 번 시도하다)　　　give a guess (추측해보다)
give a pull (한 번 당겨보다)　　　give a shower (샤워시키다)
give a bath (목욕시키다)　　　　give a cry (외치다)
give a boil (끓이다)　　　　　　give a fight (한바탕 싸우다)
give a grade (성적을 매기다)　　give a hand (도움을 주다)
give a guarantee (품질을 보증하다)
I have to give my son a bath. (나는 아들을 목욕시켜야 한다.)

주어인 내가 목욕을 할 때는 'have a bath (take a bath)' 라고 표현하지만 이처럼 자신이 누구에게 해줄 때는 'give' 동사를 사용하여 'give a bath' 라고 표현한다.

'give + a + 동작' 의 다양한 예

Has your mother given you a shower? (엄마가 너 샤워시켜 주었니?)
She gave me a poor grade. (그녀가 점수 짜게 주었다.)
Let's give it a try! (한 번 시도해보자!)
He gave me a hand with the dishes. (그는 설거지하는 걸 도와줬어.)

이처럼 'give' 동사는 주어가 누구에게 자신의 것을 전해줄 때 사용된다는 것은 숙어를 살펴봐도 쉽게 알 수 있다. 숙어는 동사와 전치사(부사)가 붙어 만들어낸 새로운 표현을 일컫는다. 'give' 동사도 다른 전치사나 부사가 뒤에 붙어 새로운 표현을 만든다. 하지만 새로운 뜻을 가진 숙어라고 해도 결국 뿌리는 'give' 에 놓여있다. 다 자신의 것이 남에게 옮겨질 때 사용된다.

예를 들어 'give over' 라는 숙어를 들 수 있다.

I want to give over the building to the owner.
(나는 이것을 그 주인에게 양도하고 싶다.)

'give over' 은 '양도하다, 그만 두다' 의 뜻을 가지고 있다. 자신의 땅이나 집, 물건을 남에게 줄 때 양도한다고 한다. 결국 'give' 의 뜻인 자신의 것이 남에게 옮겨질 때 사용되는 것이 변함이 없다.

This house was given over to the young lady.
(이 집은 그 젊은 여자에게 양도되었다.)

Can you please give over complaining?
(제발 불평 좀 그만할래?)

He is given over to gambling.
(그는 노름에 빠졌다.)

그 외에 다양한 숙어도 결국에는 자신의 것으로 'keep(유지)하지 않고 남에게 주는' 뜻으로 주로 사용되었다.

- **give up:** 포기하다

    Do not give up on them. (그들을 포기하지마.)

    I will never give up. (나는 절대 포기하지 않을 것이다.)

    He is trying to give up smoking. (그는 담배 끊으려고 노력 중이다.)

    She will never give up your secret.
    (그녀는 절대 비밀을 누설하지 않을 거야.)

- **give off:** 방출하다, 내뿜다, 내다

    The rose gives off a beautiful fragrance. (장미는 아름다운 향을 낸다.)

    The garbage gives off a terrible smell. (쓰레기에서 악취가 난다.)

    The cigarette is giving off unpleasant smoke.
    (담배는 불쾌한 연기를 내뿜고 있다.)

    The house gave off smoke. (그 집에서 연기가 났다.)

- **give in:** 제출하다, 신고하다, 따르다, 항복하다

    Please give in your project by tomorrow.
    (내일까지 프로젝트 제출해 주세요.)

    I forgot to give in my answer sheet.
    (나는 답안지 내는 것을 깜박했다.)

    We cannot give in to your demands.
    (우리는 당신의 요구를 따를 수 없다.)

    She will never give in to someone like him.
    (그녀는 절대 그와 같은 사람은 따르지 않을 것이다.)

■ give away: 거저 주다, 폭로하다, 저버리다, 놓치다

I cannot give away my book to someone who does not know how to appreciate it.
(나는 어떻게 감사해야 하는지 모르는 사람에게 내 책을 줄 수 없다.)

He gave away all his money. (그는 그의 모든 돈을 다 주어버렸다.)

She will never give away her true feelings.
(그녀는 절대 그녀의 진실된 감정을 나타내지 않을 것이다.)

They did not give away where it was hidden.
(그들은 어디에 숨겨져 있는지 말하지 않았다.)

 take 동사의 모든 것을 풀어 헤쳐 보기

이번에는 'take'를 한 번 살펴보자. 'take는 give'와 반대의 뜻으로 생각하면 편하다. 'give'가 남에게 무언가를 전하는 거라면, 'take'는 반대로 자신에게 들어오는 것을 표현할 때 사용한다.

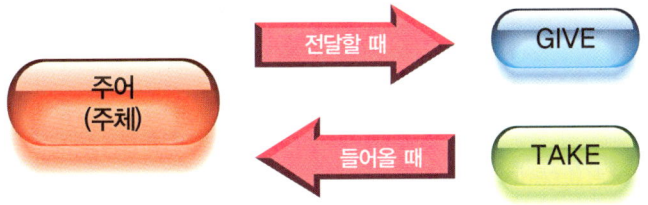

"Terrorists took the town by assault"를 해석하면 어떻게 될까?

위의 문장에서 'take'를 단순히 '잡다, 받다'의 뜻으로 해석하면 문장이 어색해질 것이다.

'테러리스트들이 그 마을을 갑자기 습격하여 잡았다(받았다).'

일반적으로 'take' 하면 '잡다, 받다' 의 뜻으로만 생각하지만 'take' 도 'give' 동사처럼 좀 더 포괄적인 뜻으로 봐야 한다. 'give' 가 자신의 것을 남에게 주는 거라면 'take' 는 남의 것을 자신의 것으로 만드는 것이다. 따라서 위의 문장에서 'take' 는 문맥상 '점령하다' 의 뜻으로 쓰인다. 남의 마을을 자신의 것으로 만드는 것이다. 이처럼 'take' 는 '포획하다, 획득하다, 점령하다' 라는 뜻이 있다. 즉, 제대로 해석하면, "테러리스트들이 그 마을을 기습 점령했다"가 된다.

My father took a rabbit in a trap.
(우리 아빠는 토끼를 덫으로 잡았다.)

A thief took my purse from my hand.
(도둑이 내 지갑을 손에서 탈취해 갔다.)

I was not trying to take his space.
(나는 그의 자리를 차지하려고 한 것이 아니었다.)

They will take your license if you do not follow the rules.
(그들은 규칙을 지키지 않으면 너의 자격증을 빼앗아 갈 것이다.)

또 다른 예로는 다음을 들 수 있다.

He took it seriously. (그는 진지하게 받아들였다.)

위의 문장처럼 'take' 동사는 어떤 생각이나 의견을 이해하거나 받아들일 때에도 많이 쓰인다. 남의 생각이나 의견을 이해함으로써 자신의 것으로 만들기 때문에 'take' 동사를 사용할 수 있다. 이처럼 'take' 는 다양한 뜻으로 사용된다.

You have to take things slowly.
(너는 조금 천천히 받아들여야 한다.)

I think she took my advice as an insult.
(나는 그녀가 내 충고를 모욕으로 받아들였다고 생각한다.)

My student is good at taking the main point.
(내 학생은 요점을 잘 이해한다.)

My boss did not take my opinion.
(사장은 내 의견을 받아들이지 않았다.)

He took my advice. (그는 내 충고를 받아들였다.)

He took the blame. (그는 비난을 받아들였다.)

Many people took the side of the young speaker.
(많은 사람들은 그 젊은 연설자 쪽을 지지했다.)

처음 미국에 갔을 때 나는 다음 문장을 보고 의아해 한 적이 있다.

'The sniper took him out.'

'take out' 하면 주로 '데리고 나가다' 라는 뜻이 있다. 따라서 나는 저 문장을 "그 저격수가 그를 데리고 나갔다"로 해석했었다. 하지만 막상 해석을 해놓고도 이상하다고 생각했다. 나중에 알게 되었는데 'take out'에 '죽이다' 라는 뜻이 있다는 것이었다. 옳은 해석은 "그 저격수가 그를 죽였다"이다. 그제서야 앞뒤가 맞았다.

'take' 는 부정적으로 쓰일 때는 '제거하다, 없애다, 빼다' 라는 뜻을 가지고 있다. 남의 것을 빼앗아 자기 것으로 만든다고 생각하면 된다.

Can you take this chair away? (이 의자 좀 치워주시겠어요?)
They took the children from their mother.
(그들은 그 아이들을 엄마로부터 떼어 냈다.)

He took the life of poor baby. (그는 불쌍한 아기의 생명을 빼앗아 갔다.)

President Kennedy was taken in his prime.
(케네디 대통령은 한창 나이에 죽었다.)

What is it if you take 2 from 8? (8에서 2를 빼면 뭐지?)

'give + a + 동작' 처럼 take도 'take + a + 동작' 으로 다양한 표현을 만들 수 있다. 'give + a + 동작' 이 자신이 아닌 누구에게 해주는 동작을 나타낼 때 사용한다면 'take + a + 동작' 은 자신에게 하는 일에 사용한다.

I took a shower after dinner yesterday.
(나는 어제 저녁 식사 후에 샤워를 했다.)

'give a shower' 하면 주어가 누구에게 샤워를 해주는 것이지만 'take a shower' 는 'have a shower' 처럼 주어가 스스로 하는 행동이다.

그 외에 다양한 'take + a + 동작' 으로 구성된 표현들

take a bath (목욕을 하다)   take a copy (복사를 하다)
take care of ~ (~를 돌보다)   take medicine (약을 복용하다)
take off (벗다)   take on (입다)
take over (인계 받다)   take a picture (사진을 찍다)
take a video (비디오를 찍다)   take a deep breath (심호흡을 하다)
take a person's eye (이목을 끌다)   take advantage of ~ (~를 이용하다)

give & take는 have 동사처럼 다양하게 사용된다. give & take를 다양하게 사용하는 연습을 해보자!

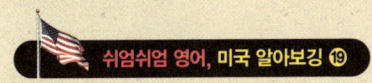

교환학생! 유학생이라 생각하지 마라

내가 처음 미국에 갔을 때 유학생 신분으로 간 것이 아닌 나는 문화교류비자인 J-1비자를 받고 교환학생의 신분으로 가게 되었다. 미국에서 시작되어 매년 수 천명의 세계 각지의 학생들에게 교환학생 프로그램을 펼치며 세계에서 가장 역사가 깊고 유명한 Youth For Understanding (YFU)이란 비영리단체 기관를 통해 가게 되었다. 미국에 가기 전에 나는 이 단체에서 받았던 오리엔테이션에서 단순히 미국이란 나라에 대해서 배운 것뿐만 아니라 내가 한국인으로서 미국에서 해야 할 중대한 임무를 가르쳐 주었다. 나는 단순히 학교를 다니고 영어를 배우는 유학생이 아닌 우리나라를 대표하고 알리는데 적극적으로 힘을 쏟는 「풀뿌리 외교관(grass-root diplomat)」으로서 최선을 다해야 한다는 것이었다. 그것이 교환학생의 존재의 이유고 진정한 가치였다. 당시 나는 미국에 너무 가고 싶었지만 여러 가지 형편상 유학이라는 꿈을 접어야만 했다. 그런 나에게 교환학생으로 미국에 갈 수 있는 기회가 주어진 것은 정말 내 생애 최고의 선물이었다. 그래서 더 열심히 교환학생으로서의 일 년을 살았던 것 같다. 한국에서는 부모님 밑에서 게으름을 피웠던 내가 그 일 년 동안은 누구보다 부지런하고 매사에 최선을 다하며 살았다. 한국인이 별로 없는 미시간의 시골 마을에서 나는 영어뿐만 아니라 한국에서 온 작은 외교관으로서의 역할을 내 나름대로의 방식으로 열심히 채워나갔다. 스피치 시간에 한국 문화를 알리고 호스트 가족에게 한국어를 가르치고 한국음식을 최소한 1주일에 한 번은 만들어 대접했다. 또한 친구들한테 한국 영화 DVD나 파일을 구해 같이 보기도 하고 생일 때마다 한국 문화에 관련된 뜻있는 선물을 주려고 노력했다. 실제 외교관하고 비교를 하면 나의 행동은 작아 보이지만 내가 최선을 다해 노력하는 모습을 본 그들에게는 무엇보다 따뜻하고 순박한 한국인의 정(情)을 느낄 수 있었던 시간이었을 것이다.

최근에는 다양한 교환학생 프로그램이 생겨 많은 사람들이 교환학생으로 미국에 간다. 하지만 대부분의 사람들이 교환학생이라는 것을 너무 단순하게 생각하는 것 같다. 한 나라를 대표하며 문화 교류에 앞장서는 학생이 아니라 단순히 좋은 성적을 받고 영어를 배우려는 학생으로 자리잡고 있기 때문이다. 오죽하면 미국인들이 더 이상 한국인 교환학생을 받고 싶지 않다고 말할 정도일까? 과거에는 동양 문화에 관심은 있지만 동양인을 많이 접해보지 못했던 사람들에게 정이 넘치고 부지런하고 똑똑한 한국 교환학생은 우호적인 관심의 대상이었다. 그들은 유럽 학생들보다 영어는 좀 못하지만 따뜻한 정(情)의 문화에 호감을 가졌으며, 또 한국을 악착같이 알리려는 우리들의 모습이 매우 인상 깊었다고 말하곤 했다. 하지만 요즘에는 서로 문화를 나누기 보다는 성적을 잘 받으려고 하루 종일 방에 틀어박혀 공부를 하거나 한국인들하고만 어울리는 이기적인 교환학생들이 늘어나 미국인 호스트 가족이 점점 한국인 교환학생을 받고 싶어하지 않는다. 돈을 받고 호스트를 해주는 유학생 호스트 가족과 달리 교환학생을 맡는 호스트 가족은 대부분 소정의 세금 혜택만 받고 아무런 사례를 받지 않는다. 대부분 봉사 정신으로 또는 문화교류를 위해 교환학생을 받아들인다. 하지만 우리나라 교환학생들이 요즈음 그 몫을 제대로 못하는 것 같아 아쉽다. 그들이 기억하는 한국에 대한 인상이 영어와 학교성적에만 집착하는 한국인들로만 기억되지 않았으면 좋겠다. 우리의 문화를 소중히 여기며 다른 나라의 문화도 이해하려고 노력하는 한국인으로 기억될 수 있기를 바란다. 한국을 알리는 교환학생으로서 풀뿌리 외교관이 되었으면 좋겠다.

〈교환학생 정보〉

교환학생은 학생 비자가 아닌 문화 교류비자인 J-1비자를 받아 10개월 정도 미국에 미국인 가정과 함께 거주하면서 학교를 다니며 공부하는 기회를 얻을 수 있다. 정부에서 후원하는 기관에서부터 미국에서 주관하는 기관, 한국 신문사 등 교환학생을 보내주는 기관도 다양하며, 기관에 따라 비용이나 기간이 다를 수도 있다. 보통 유학보다는 비용이 많이 저렴하고 공립학교에 배정되기 때문에 한국인 학생수가 유학생들이 많은 사립학교보다 적어 장점이 많다. 고등학생 위주로 프로그램이 되어 있지만 요즘에는 각 대학별로 교환학생 프로그램도 많이 있다. 교환학생으로 발탁되기 위해서는 서류심사, 영어시험, 인터뷰 등을 거쳐야 하며 무엇보다 자기와 맞는 기관과 프로그램을 찾는 것이 중요하다.

Youth For Understanding (YFU) ➡ www.yfukorea.org
International Exchange Student Center (ISC) ➡ www.isckorea.net
Exchange Student World ➡ www.exchangestudentworld.com

EPISODE 20

무엇보다 다양하게 쓰여지는 On

'…의 위에' 라는 전치사 on의 의미는 그저 일차적 의미의 시작일 뿐~

영어는 다양한 전치사를 이용하여 다양한 문장을 만들어 낼 수 있다. 전치사는 영어로 'preposition' 이라 한다. '이전에' 라는 뜻의 'pre' 와 위치라는 뜻의 'position' 이 결합하여 위치 이전에 오는 것을 뜻한다. 그 예로는 우리가 흔히 알고 있는 'on, off, at, in, out' 등이 있다. 이러한 전치사는 단순히 위치를 가리키는데 사용될 뿐만 아니라 그 외에 다양한 문장을 만드는데 도움을 주는 역할을 한다.

일반적으로 'on' 은 '…위에' 라는 뜻으로 'on the table, on the desk' 같은 예로 많이 사용된다. 하지만 'on' 을 단순히 '…위에' 라는 뜻으로 보기보다 거시적으로 더 큰 의미로 보면서 사용해야 다양한 문장을 이해하기 편하다. 'on' 은 단순히 '…위에' 라는 뜻만 가진 것이 아니기 때문이다.

미국에 처음 갔을 때 '옷을 입다' 를 표현할 때 'wear' 라는 단어는 많이 사용하였지만 'put on' 은 자주 사용하지 않았다. 'put on' 하면 '입다' 라는 뜻보다 '…위에' 라는 뜻의 on이 자꾸 신경이 쓰였기 때문이다. 쇼핑하러 갔을 때 옷을 입어볼 때에도 'try on' 이라고 해야 하는데 자꾸 'wear' 만 썼다. 'on' 이라는 뜻을 단지 '…위에' 라는 뜻으로 제한해서 정말 다양하게 쓰이는 'on' 은 제대로 활용하지 못했었다.

그림으로 다양한 'on' 의 뜻을 이해해보자!

 'on'은 표면과 접촉하여 위에 있을 때

'on'은 어떤 상태나 동작이 끊임 없이 계속 되고 있을 때 사용된다. 또한 물건이나 사람이 무엇에 접촉하고 있을 때 사용된다.

아래 그림을 통해 자세히 알아보자.

위의 그림에는 귀여운 강아지가 침대 위에 앉아 있다. 강아지가 침대에서 계속해서 접촉하고 있다. 따라서 이럴 때에 'on'을 사용한다.

The cute puppy is on the bed.

위의 그림은 엄마가 아이한테 깨끗한 셔츠를 입힌 후 아이가 좋아하는 모습이다. 옷이 아이의 몸을 접촉하면서 동작이 이루어 진다. 따라서 'on'을 사용한다.

Put on a clean shirt.

이번에는 소년이 손가락으로 스위치를 접촉하여 불을 켜고 있다. 불을 켠 상태가 계속 되기 때문에 'on'을 쓴다.

The boy turned the light on.
The boy turned on the light.

위의 그림에 남자가 아무런 주저 없이 주저리주저리 계속 이야기 하는 것처럼 보인다. 어떤 상태가 끊임없이 계속될 때 'on'을 쓴다.

He spoke on without hesitation.

 어떤 상태나 동작이 계속되거나 물리적, 정신적 토대가 될 때도

위의 그림에는 한 학생이 열심히 공부를 하는 모습을 볼 수 있다. 정말 공부에 빠져 공부와 연결되어 계속 무언가를 해나간다. 이처럼 무언가 계속하는 상태의 원인이나 근거에 on을 사용한다.

He concentrated on studying.

그림으로 이해해 보면서 'on'이 단순히 물건의 위치를 나타낼 때만 사용되는 것이 아닌 다양한 뜻으로 사용될 수 있다는 것을 알아봤다. 영어에서 전치사는 아주 중요한 역할을 한다. 단순히 위치만 말해주는 것이 아닌 전치사를 통해 수만 가지의 표현을 만들어 낼 수 있기 때문이다. 그 중에서 가장 많이 사용되는 것이 'on'이 아닌가 한다. 'on'이 어떤 상태나 동작이 계속 일어나고 있어서 무언가에 접촉하거나 토대가 될 때 사용된다는 점을 꼭 알아 두어야 한다.

앞서 그림에서 말했듯이 무엇에 의존할 때 우리는 신체적으로 접촉을 하고 있지 않더라도 정신적으로 그 사람과 접촉을 하고 있다고 볼 수 있다. 또한 무언가에 집중할 때에도 계속해서 그 상태를 유지시키고 싶어하고 계속하려고 한다. 그 외에 무언가를 주장할 때도 계속 밀고 나가야 한다. 따라서 이럴 때 'on'을 사용한다.

depend on = rely on = rest on = count on: 의존하다

I depend too much on my parents. (나는 지나치게 부모님에게 의존한다.)
You have to rely on each other. (너희들은 서로에게 의지해야 한다.)

focus on = concentrate on: 집중하다

She could not focus on the matter. (그녀는 그 문제에 집중할 수 없었다.)
You need to concentrate more on reading books. (너는 책을 읽는데 더 많이 집중해야 한다.)

insist on: 주장하다

He insisted on the point. (그는 그 논점을 계속 주장하였다.)
She insisted on that her son was innocent. (그녀는 그녀의 아들이 결백하다고 주장하였다.)

그 외에 'on'이 들어가 '계속, 유지, 토대'의 뜻을 가지는 표현들이 많이 있다.

I need to work on my project all day long.
(나는 하루 종일 내 프로젝트를 해야 한다.)

My grandfather's view of life is based on his life experiences.
(우리 할아버지의 인생관은 그의 인생 경험을 토대로 한다.)

They agreed on our suggestions. (그들은 우리의 제안에 동의했다.)

Hold on to your dreams. (너의 꿈을 지녀라.)

MORE TIP

on the ship *vs.* in the ship

우리는 배를 탈 때, 배 위에서 탄다고 생각해 'on the ship'이라고 많이 표현한다. 하지만 배 안에 있다면 'in the ship'도 맞는 표현이 아닐까? 차이가 뭐지?

'in the ship'은 배가 정지된 상태에서 배 안에 있을 때 표현하고, 'on the ship'은 배가 움직일 때나 배를 탈 때 주로 사용한다.

그 외에,
go on the bicycle (자전거로 가다)
go on foot (도보로 가다)
I am on the train. (나는 기차 안에 있다 – 운행 중인)
I am on the bus. (나는 버스 안에 있다 – 운행 중인)

****기차나 버스처럼 바닥이 높이 올라간다는 느낌일 때는 get on[off]+차량, 승용차처럼 높이가 낮아 안에 들어간다는 느낌이 더 들 때는 get in[out]+차량이라고 쓴다.

쉬엄쉬엄 영어, 미국 알아보킹 ⑳

위협적인 미국 버스

　많은 사람들이 알고 있듯이 미국은 땅덩어리가 워낙 크다. 따라서 미국에서는 한 두 시간 정도의 운전은 짧은 운전이라고 생각한다. 대부분 모든 사람들이 차를 타고 이동한다. 대중교통이라고는 찾아보기 힘들다. 대도시가 아닌 이상 한 집에 한 대 이상의 차를 갖고 있다고 보면 된다. 아주 찢어지게 가난한 사람들 빼고는 대부분 차를 가지고 있다. 대중교통이 발달되어 있지 않으니 차가 없으면 참으로 생활하기 어려운 곳이 바로 미국이다. 한국이야 집 앞에 걸어나가면 가게도 있고 식당도 있지만 미국은 다 떨어져 있어서 걸어 다니기에는 너무 불편한 곳이다. 따라서 만으로 16살 때 운전면허 시험을 봐서 합격하면 운전을 할 수 있다. 그만큼 차가 생활에 있어서 중요한 역할을 하기 때문이다. 한국에서는 버스, 지하철, 택시 등을 자주 이용했었지만 미국에서 살았던 처음 3년 동안은 대도시에 놀러 갔을 때를 제외하고는 대중교통을 이용해 본 적이 없다. 계속 호스트 가족의 차나 친구들의 차로 돌아다녔다.

　미국에서 대중교통을 이용해 본 적이 없는 나는 대학교에 들어가서 학교 캠퍼스와 주변일대에서 운행하는 버스를 자주 이용했다. 캠퍼스가 워낙 넓어서 버스를 타야지만 제 시간에 수업에 출석하거나 춥거나 더울 때 좀 더 수월하게 강의실에 도착할 수 있기 때문이다. 대부분 학생들이 타고, 버스 내부도 쾌적했다. 그래서 그런지 미국의 대중교통에 대해 별다른 생각이 없었다. 나중에 시카고에 가야 할 일이 있어서 아는 언니와 버스를 아무런 망설임도 없이 예약했다. 나는 단순히 한국의 고속터미널 같은 버스를 생각했었다. 그러나 버스를 타러 갔을 때 우리의 생각은 빗나갔다. 버스에 오르자마자 보이는 건 알 수 없는 뿌연 연기와 무표정의 흑인들뿐이었다. 나는 평소 흑인에 대한 편견이 없었다. 내가 만난 흑인은 기는 좀 세도 다들 너무 착하고 재미있는 애들뿐이었다. 하지만 그 버스에서 만난 흑인들은 퀭한 눈으로 갑자기 칼이나 총을 들고 나를 공격할 것 같은 느낌마저 주었다. 솔직히 너무 무서웠다. 쾌쾌한 냄새는 둘째치고 마약을 한듯한 그들의 눈빛은 아직도 잊혀지지가 않는다. 윌 스미스의 영화 '행복을 찾아서'에 나오는 버스와 똑같았다. 영화에만 있는 줄 알았는데 실제로 보고 있다니 매우 놀라웠다. 결국, 도저히 그 버스를 타고 시카고까지 2시간 넘게 갈 자신이 없어서 포기하고 버스에서 내렸다. 버스비는 날렸지만 내린 것에 대한 후회는 없었다.

　그 때 처음으로 미국의 어두운 면을 직접 체험했다. 지금이야 웃으면서 사람들에게 얘기하지만 그때는 정말 무서웠다. 또 한편으로 대중교통이 잘 발달되어 있는 한국이 살기 좋은 나라라는 생각이 들었다. 밤 늦게까지 대중교통을 마음껏 안전하게 이용할 수 있는 우리나라는 참 '좋은 나라'이다.

EPISODE 21

On의 반대의 개념 Off

'off'는 표면으로 분리되거나 이탈된다는 것이 기본 개념

앞의 'on'과 함께 설명되는 전치사는 'off'인데, 이는 'on'의 반대의 개념으로 생각하면 좋다. 'on'은 끊임없이 계속되는 상태나 동작 혹은 사람이나 사물 등이 무엇과 접촉하고 있는 상태일 때 사용된다. 반면에 off는 단절되고 고립된 상태에 주로 사용된다. 'off'는 계속 되었던 상태나 동작이 중지되거나 무언가가 떨어지거나 단절되거나 고립될 때 쓰인다. 'off'도 'on'만큼이나 다양하게 사용된다. 따라서 'off'는 넓게 봤을 때 어떠한 공통된 뜻을 가지고 있는지 알아두면 좋다.

예를 들어 lay off라는 숙어를 보자.

It is very difficult for him to lay off his workers.
(그는 직원들을 해고하는 것을 힘들어 한다.)

'lay'는 '눕히다'라는 뜻이지만 'off'가 붙으면 '일시 해고하다'라는 뜻이 된다. 'off' 하나가 동사 뒤에 붙어서 뜻이 확 달라졌다. 전치사는 참 신기한 존재이다. 별거 아닌 것 같아 보여도 어떤 동사를 만나느냐에 따라 뜻이 달라지고 다양한 표현을 만들어 내는데 큰 역할을 한다.

그림으로 'off'의 뜻을 이해해보자.

일반적인 'off' 의 뜻

 표면에서 분리될 때

'off'는 위의 그림처럼 중심체에서 떨어지거나 단절되거나 접촉하고 있지 않은 상태에 사용된다.

이번에는 다른 예를 한번 살펴보자. 'off'는 신체나 물건의 접촉이 끊겼을 때 사용한다.

붙어있던 것들이 떨어질 때에도 'off' 동사를 사용한다. 위의 그림을 보면 두 아이가 서로 붙어서 레슬링을 하다가 한 아이가 싫증나서 떨어지라고 말한다. 이럴 때에 'off'를 사용할 수 있다. 'Get off me!' 라고 하면 되는데 이처럼 'off'는 붙어있던 것들, 예를 들면 여기에서는 신체의 접촉이 떨어질 때 사용하면 된다.

He took the cover off. (그는 커버를 치웠다.)
I want to take off my heavy coat. (나는 내 무거운 코트를 벗고 싶다.)
My button has fallen off. (내 버튼이 떨어졌다.)
She took her ring off. (그녀는 반지를 뺐다.)
The airplane took off. (비행기가 이륙했다.)
He fell off the ladder. (그는 사다리에서 떨어졌다.)

'take off' 동사는 '벗다' 라는 뜻 이외에도 비행기가 '이륙하다' 의 뜻도 있다. 땅과 접촉하였던 비행기가 떨어지면서 'off' 를 사용한다.

> **CHECK IT OUT** | 'get off'는 '떨어지다' 라는 뜻외에 다양한 뜻이 있다.
>
> 1) 옷을 벗다 – get off = take off
>
> 옷을 벗을 때도 몸에 붙었던 옷이 떨어지는 것이다. 따라서 off를 사용한다.
>
> I got off my uniform. (나는 내 의복을 벗었다.)
>
> Let me take off my clothes first. (먼저 내 옷을 갈아 입게 해주세요.)
>
> I took off my dress in order to take a shower. (나는 샤워하기 위해 내 드레스를 벗었다.)
>
> 2) 차, 열차, 버스 등에서 내릴 때 'get off'를 사용한다.
>
> 버스에 탈 때 영어는 버스와 접촉한다고 생각한다. 따라서 get on the bus라고 한다. 반면에 버스에서 내릴 때에는 버스와 내 몸이 분리되기 때문에 get off the bus라는 표현을 사용한다.
>
> You got off at three. (너는 3층에서 내렸다.)
>
> 3) 휴가를 받거나 쉴 때 get off를 사용한다.
>
> I got off two days. (너는 이틀이나 쉬었다.)

전원을 끄거나 관계가 끊어졌을 때

가전제품과 같이 계속 켜져 있던 물건을 끌 때도 'off'를 주로 사용하는 것을 볼 수 있다.

위의 그림을 보면 사람들이 텔레비전을 아주 재미있게 보다가 텔레비전이 꺼져 지루해 하는 모습을 담고 있다. 이 때 텔레비전을 통해 즐거움을 맛보다가 텔레비전이 꺼지면서 즐거움이 단절되었다. '텔레비전을 끄다' 고 할 때 'off'를 사용하여 'turn off the television' 이라 한다. 이렇게 텔레비전부터 라디오, 컴퓨터, 전구, 핸드폰 등과 같이 계속 켜져있던 상태가 단절되었을 때 off를 사용한다. 주로 가전기기에 많이 사용된다.

turn off the radio 라디오를 끄다
turn off the TV 텔레비전을 끄다
turn off the cell phone 핸드폰을 끄다
turn off the light 전등을 끄다
turn off the computer 컴퓨터를 끄다
turn off the ipod 아이팟을 끄다
turn off the music 음악을 끄다
turn off the MP3 MP3를 끄다
turn off the vacuum cleaner 진공청소기를 끄다
turn off the dish washer 식기세척기를 끄다

'on'이 물건이 아닌 사람에게도 쓰였듯이 'off'도 사람, 국가, 계약 등의 관계가 끊겼을 때 사용할 수 있다.

어떤 계속되었던 상태가 끝났을 때 'off'를 사용해 주는데 예를 들어 위의 그림처럼 서로 사랑하던 연인이 그 관계를 끝냈을 때 'off'를 사용할 수 있다. 서로 붙어있던 연인이 떨어지기 때문에 'off'를 사용한다고 생각하면 쉽다.

My boyfriend broke off our relationship.
(내 남자친구는 우리의 관계를 정리하였다.)

Relations between South and North Korea have been broken off. (한국과 북한의 관계가 깨졌다.)

You better break off the habit. (너는 그 습관을 끊는 것이 좋다.)

They broke off the communication. (그들은 통신을 끊었다.)

The contract was broken off. (그 계약은 파기 되었다.)

I am off smoking now. (나는 담배를 끊었다.)

He is off work today. (그는 오늘 쉬는 날이다.)

폭탄, 소음, 냄새 등이 터져나올 때

마지막으로 'off' 는 총, 폭탄, 연기, 소음, 냄새 등이 터질 때 사용한다.

얌전히 있던 폭죽이나 폭탄이 터지거나 샴페인 병이 터트려질 때 혹은 연기나 소음이 밖으로 퍼질 때 'off' 를 사용한다. 위의 그림처럼 샴페인 병이 터트려졌을 때 'off' 를 사용한다. 더 이상 그 상태를 유지하고 있지 않을 때 'off' 를 사용한다.

Luckily the bomb didn't go off. (운 좋게도 폭탄이 터지지 않았다.)

The train went off tracks. (그 열차는 탈선했다.)

The electricity went off. (전기가 나갔다.)

The gun went off by accident. (총이 잘못 발사되었다.)

The airbag went off. (에어백이 터졌다.)

Fireworks went off. (폭죽이 터졌다.)

The chimney is giving off smoke. (그 굴뚝은 연기를 낸다.)

The freesia gives off a strong fragrance. (프리지아는 강한 향을 낸다.)

Fruits give off ethylene gas. (과일은 에틸렌 가스를 낸다.)

My hat has blown off. (내 모자가 날라갔다.)

You need to blow off steam. (너는 화를 발산시킬 필요가 있다.)

'off' 가 무슨 뜻인지 정확히 알고 있으면 앞에 오는 동사에 따라 무슨 뜻인지 유추해 낼 수 있다. 예를 들어 'call'은 「부르다」라는 뜻을 가진 동사이다. 이 동사에 단절과 고립을 뜻하는 'off'가 붙으면 「취소하다」라는 뜻을 가진 'call off'가 된다.

She called off the meeting. (그녀가 미팅을 취소했다.)

I want to call off the wedding right now.
(나는 지금 당장 결혼을 취소하고 싶다.)

The game will be called off if it rains. (비가 내리면 게임은 취소될 것이다.)

그 외의 예문들을 알아두자.

The company will lay off half of its workers.
(그 회사는 직원의 반을 해고할 것이다.)

The impression of weirdness will soon wear off.
(그 기묘한 인상은 곧 사라질 것이다.)

The effects of the drug will wear off. (그 약효는 점점 없어질 것이다.)

He keeps putting off his work. (그는 계속해서 일을 미룬다.)

The game has been put off. (그 게임은 연기되었다.)

이처럼 전치사의 뜻을 바르게 알고 있는 것이 중요하다. 우리는 일반적으로 단어를 외울 때 'on'은 이런 뜻 'off'는 저런 뜻이라고 간단하게 외우는 경우가 있다. 하지만 전치사를 비롯해 영어에서 자주 쓰이는 주요 동사들은 한 가지의 뜻만 있는 것이 아니다. 그들의 다양한 쓰임을 알고 올바르게 사용하는 것이 중요하다.

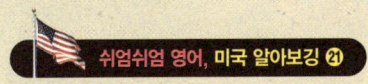

약도 혼자 고를 수 있는 미국?

한국에서는 처방전이 필요한 약이 아니라도 약국에 가서 약사에게 원하는 약을 얘기해야 약을 살 수 있지만 미국에서는 처방전이 따로 필요 없는 약은 혼자서 약국에 가서 진열장에 있는 약을 고를 수 있다. 약국이라고 해서 약만 파는 약국이 아니라 월마트처럼 다른 생필품을 살 수 있는 마트 안에 주로 있다. 따라서 슈퍼에 가서 과자를 고르듯이 약을 고른다. 대부분 한국처럼 따로 포장되어 낱개로 작은 상자에 들어있는 것이 아니라 비타민이 들어있는 통처럼 조그마한 통에 들어있어 약의 양도 꽤 많다. 알약부터 물약, 다이어트 약, 안약 등 처방전 없이 살 수 있는 모든 약이 다 있다.

나에게 무척 신기했던 것은 사람들이 웬만한 약 이름을 다 알고 있다는 것이었다. 두통이 있는 친구가 나한테 "Do you have any Ibuprofen?"이라고 물어본 적이 있다. Ibuprofen이 뭔지 몰랐던 나는 "What is that?"이라고 물어봤다. 나중에 '타이레놀' 같은 진통제라고 들었을 때 속으로 '그냥 두통약이라고 하지'라는 생각이 들었다. 한국 사람들은 잘 알려진 '아스피린이나 타이레놀' 같은 약품을 제외하고는 일반적으로 약국에 가서 '감기약 주세요', '설사약 주세요'라고 하지 약 이름까지 굳이 얘기하지 않는다. 따라서 약에 대해 공부하는 사람들을 제외하고는 약의 이름을 자세히 알고 있는 사람은 드물다. 나중에는 나도 몇몇 쉬운 약 이름을 외우게 되어서 쉽게 약을 구할 수 있었다. 만약에 원하는 약을 못 찾겠으면 바로 근처 pharmacy 코너에서 약사를 찾을 수 있을 것이다. 약사에게 원하는 약에 대해 물어보면 약을 찾는데 도움을 줄 것이다.

약은 internal use(내복용)이 있고 external use(외용)이 있다. 또한 졸음을 유발하는 약은 drowsy라고 써져 있고 그렇지 않은 약은 보통 non-drowsy라고 쓰여 있다. 따라서 약을 복용할 때 졸음을 유발하는지 안 하는지 알고 먹어야 한다. 대부분 약에 졸음을 유발하는지 안 하는지가 쓰여져 있으니 확인하고 구입하면 된다.

미국에는 감기약이 셀 수도 없이 종류가 다양하다. 가장 많이 팔리는 약도 감기약이다. 대부분 감기 때문에 병원에 가는 일이 없기 때문에 감기약을 많이 사는 미국인들을 볼 수 있을 것이다. 한국에서도 광고하기 시작한 'Theraflu'는 종합 감기약으로 뜨거운 물에 타 마시면 금방 부었던 목이 좋아지고 감기증상이 호전된다. Comtrex와 DayQuil도 유명한 종합 감기약이다. DayQuil과 비슷한 이름의 NyQuil은 잠을 유발시키는 물질이 강하게 들어있어 감기가 심할 때 잠자기 전에 복용하고 자면 크게 도움이 되지만 활동해야 하는 낮에는 삼가는 것이 좋다. 이러한 종합 감기약은 대부분 한 가지 약 성분이 들어있는 것이 아닌 여러 가지 약 성분이 같이 들어가 있다. 그 중 대표적으로 들어가는 약 성분의 이름인 Acetaminophen은 진통제와 해열제 역할을 한다. 한국에서도 사람들이 많이 복용하는 약인 타이레놀이 바로 이 Acetaminophen으로 만들어 졌다. 미국에서도 타이레놀을 많이 복용하지만 타이레놀은 단지 상품의 brand name일 뿐이라 꼭 타이레놀이 아니더라도 Acetaminophen이 들어갔다고 표시된 다른 약을 많이 사기도 한다. 두통이나 각종 통증이 올 때 타이레놀을 복용하면 도움이 된다. Acetaminophen과 비슷한 진통제로는 Ibuprofen이 있는데 유명한 brand name의 상품으로는 Motrin이나 Advil이 있다. 타이레놀을 좋아하지 않는 사람들은 Advil이나 Motrin을 많이 찾는다.

Nasal decongestant는 코가 막힐 때 사용하는 약이다. 스프레이 형태로 뿌리는 것도 있고 알약으로 복용하는 것도 있다. 가장 유명한 것은 Sudafed가 있다. 한국의 목캔디처럼 목이 부었거나 아플 때 먹는 약은 Throat Lozenges나 Cough Drop이라고 한다. 한국처럼 다양한 사탕형태로 되어 있다. Halls나 Sucrets이 유명하다. 위가 거북하거나 속이 쓰릴 때는 Alka-Seltzer를 물에 타서 복용하면 통증이나 속쓰림이 금방 완화된다. 지사제는 오히려 약을 잘못 복용하면 병이 악화될 수 있기 때문에 탈수를 일으킬 만큼 심하지 않으면 복용하지 않는 것이 좋지만 급할 때는 Pepto-Bismol이나 Imodium이 도움이 된다. 그 외에 상처에는 Neosporin 근육통에는 Bengay를 사용하면 된다. 한국의 파스 같은 것도 있고 바르는 크림 타입도 있다.

기분이 UP & DOWN

작지만 큰 힘을 발휘하는 전치사,
내친 김에 up & down까지

영어는 전치사만 잘 활용해도 기본적인 의사소통을 하는데 어려움은 없을 것이다. 한국어에는 전치사가 없고 조사나 어미가 있다. 또한 어떤 동사에 조사와 어미가 붙는다고 해서 그 동사의 뜻이 바뀌지는 않는다. 하지만 영어는 어떤 전치사가 붙느냐에 따라 동사의 뜻이 180도 달라질 수도 있다.

예를 들어 'stress' 라는 동사는 '강조하다' 라는 뜻을 가졌다. 하지만 그 뒤에 'out' 을 붙이면 '피곤하게 하다,' '불안하게 하다' 라는 뜻이 된다. 'out' 하나 붙였을 뿐인데 뜻이 달라진다. 반면에 한국어에서는 '강조하다' 라는 동사에 'out' 의 뜻을 가진 '밖에' 를 붙인다고 해서 뜻이 달라지지는 않는다.

따라서 영어에서는 전치사를 단순히 위치를 나타내는 역할을 하는 것으로만 볼 수 없다. 단순하게 생각하다 보니 전치사를 소홀하게 생각하는 경우가 있다. 전치사는 작지만 큰 힘을 가지고 있다. be 동사와 결합하여 다양한 문장을 만들거나 동사를 강조해 주거나 동사의 뜻을 바꾸어 줄 때와 같이 다양하게 쓰이는 전치사를 잘 활용해 보자.

앞에서 다룬 'on' 의 반대말이 'off' 라면 'up' 의 반대말은 'down' 이다. 'on' 과 'off' 다음으로 많이 쓰이는 전치사가 'up과 down' 이 아닌가 한다. 일반적으로 'up' 은 '…위에' 라는 뜻을 가지고 있고 'down' 은 '…아래에' 라는 뜻을 가지고 있다. 'on과 off' 처럼 'up과 down' 도 위치를 나타내는 상황 이외에도 다양한 상황에

183

서 두루두루 쓰인다.

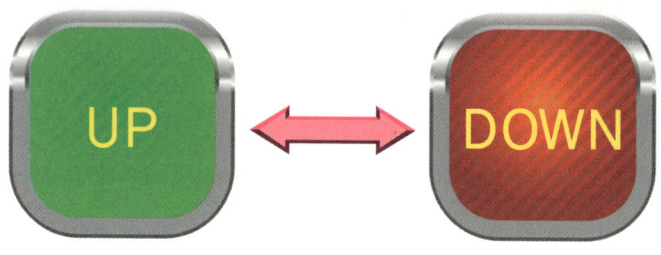

up은 긍정적인 표현에 주로 쓰이고
down은 부정적인 표현에 자주 쓰인다.

 먼저 긍정의 힘을 주는 up을 알아보자

일반적으로 '…위에' 라는 뜻을 가진 'up' 이지만 '…위에' 라는 뜻보다 더 크게 보는 것이 좋다. 따라서 '…위에' 보다 증가하거나 높아지는 것에 사용된다고 보면 된다.

> up: 눈에 보이는 물건이나 사람뿐만 아니라 눈에 보이지 않는 기분, 감정, 힘 등이 없다가 생기거나 증가할 때에도 사용한다.

다음과 같은 예를 한 번 보자.

I did not want to bring up the subject today.

위의 문장을 있는 그대로 해석하면 "나는 오늘 그 문제를 위로 가져오는 것을 원하지 않았다"이다. 'bring' 은 '가져오다' 라는 뜻을 가지고 있고 'up' 은 '…위에' 라는 뜻으로 많이 알고 있다. 하지만 문장이 어색하며 뜻이 잘 전달되지 않는다.

'bring up' 은 문제, 논거 등을 '꺼내다' 라는 뜻으로 쓰인다. 'up' 이 보이지 않던 것이 보이거나 높아지는 것에 사용되기 때문에 문제, 논거 등을 꺼내고 관심이 증가되는 표현에 적합하다. 따라서 "나는 오늘 그 문제를 꺼내는 것을 원하지 않았다" 라는 뜻이 된다.

'up' 은 주로 긍정적인 뜻으로 많이 쓰인다. 예를 들어 사람의 감정, 기분 등이 좋아지거나 흥분되었을 때 사용한다.

> **This movie will cheer you up.** (이 영화는 네 기분을 살려줄 것이다.)

> **The doctor told me to ease up.** (의사는 네게 진정하라고 말했다.)

이처럼 전치사는 눈에 보이지 않는 감정이나 생각에도 자연스럽게 사용된다.

'밤을 새다' 를 영어로 뭐라고 할까?

바로 'up' 을 사용하여 표현한다. 처음에 'up' 을 사용하여 '밤을 새다' 를 표현한다고 했을 때 좀 이상하다고 생각했다. 하지만 밤을 새려면 흥분되고 긴장된 상태를 유지해야 하기 때문에 'up' 을 쓴다는 것을 알고 쉽게 이해할 수 있다.

> **I was up all night.** (나는 밤을 꼬박 샜다.)

> **They did not allow their children to stay up all night.**
> (그들은 아이들에게 밤을 새는 것을 허락하지 않았다.)

전치사를 이용하여 가끔 뜻을 강조한다고 했다. 전치사가 붙으면 뜻이 달라지는 다른 동사들과는 달리 이러한 동사들은 오히려 전치사를 통해 동사의 뜻이 더 강조된다.

You have to dress up for the party tonight.
(너는 오늘밤 파티를 위해 잘 차려입어야 한다.)

'dress' 동사는 '옷을 입다' 는 뜻을 가지고 있다. 따라서 뒤에 'up' 이 붙어서 뜻이 강조가 되어 '잘 차려입다' 라는 뜻이 된다. 'up' 이 아닌 다른 전치사가 들어가면 안되고 꼭 'up' 이 와야 한다.

이와같이 'up' 이 붙어서 뜻을 강조되는 동사가 많다.

warm up (데우다)	eat up (다 먹다)
use up (다 쓰다)	clean up (깨끗이 청소하다)
lift up (들어 올리다)	climb up (오르다)
sit up (똑바로 앉다)	burn up (다 태우다)

'up' 은 항상 긍정적인 표현에만 쓰이는 것이 아니다. 가끔 부정적인 뜻에도 역시 쓰인다.

Why did you two break up? (너희 둘 왜 헤어졌니?)
Can you possibly give up smoking? (너 담배 끊을 수 있겠어?)
My brother messed up my plan. (내 오빠는 내 계획을 망쳐놓았다.)

이번엔 부정의 힘을 갖고 있는 down의 의미를 알아보자

'down'은 'up'하고 달리 부정적인 뜻으로 주로 쓰이고 부피가 줄거나 위치가 낮아지거나 무엇을 억누르는데 사용한다.

> down: 사람이나 물건이 사라지거나 부피가 줄거나 위치가 낮아지는 것에도 쓰일 뿐만 아니라 감정이나 생각을 억누를 때에도 사용된다.

다음 예문을 보고 이해해보자.

> You should not look down on them simply because they are poor and uneducated.

내가 'down'의 뜻을 '아래에'로만 알고 있었을 때 위와 같은 문장을 보고 의아해 했었다. "왜 사람을 아래로 본다고 하지?"라는 생각이 들었다. 'look down'은 아래로 본다는 뜻이 아닌 '천하게 보다,' '멸시하다' 라는 뜻을 가지고 있다. 따라서 "그들이 가난하고 교육을 받지 못했다고 해서 그들을 멸시하면 안 된다"라는 뜻으로 해석해야 한다.

위와 같은 경멸의 뜻뿐만 아니라 'down'은 비난이나 우울과 같은 부정적인 뜻에도 많이 사용된다.

seem down 우울해 보이다.
> She seems pretty down today. (그녀는 오늘 우울해 보인다.)

call down 비난하다
> My boss called me down for making small mistakes.

(사장님이 작은 실수를 한 것 때문에 나를 비난했다.)

let down 실망시키다

> I am so sorry if I let you down.
> (내가 너를 실망시켰다면 미안해.)

'up'이 없던 것이 생기고 증가하는 것이라면 'down'은 압박 당하거나 사라지는 것에 사용된다.

예를 들어 프로 레슬링 게임을 보면 한 선수가 상대방을 때려눕혀 승리하는 모습을 자주 볼 수 있다. 그 때 '때려 눕히다'를 'knock down'이라고 표현한다. 'knock'은 '치다, 두드리다'라는 뜻인데 'down'이 붙어 '때려 눕히다'라는 뜻이 되었다.

keep down 억누르다

> The children were kept down by poverty and hunger.
> (그 아이들은 가난과 배고픔에 억눌렸다.)

put down 제압하다

> The soldiers put down the rebellion.
> (그 군사들은 반란을 제압했다.)

boil down 졸이다, 요약하다

> The chicken noodle soup boiled down to nothing.
> (그 치킨 누들 수프는 완전 쫄았다.)
>
> The questions boil down to one fact.
> (그 질문들은 하나의 사실로 요약된다.)

calm down 진정하다

She was not able to calm down when she heard the news.
(그녀는 그 소식을 들었을 때 진정할 수 없었다.)

CHECK IT OUT | see(보다, 만나다), watch(지켜보다), meet(만나다)의 차이

- 셋 모두 비슷한 뜻이지만 쓰임에 따라 약간 다르다.

1) see

'see'는 특별한 목적 없이 만나거나 보는 것의 일반적인 모든 것에 사용할 수 있다. 예를 들어, I am going to see him.(나는 그를 만나러 갈 거야.) 와 같이 누구를 만나러 갈 때 사용하기도 하고, You should go to see a doctor.(너는 의사를 방문하러 가야 된다)처럼 '방문하다' 라는 뜻으로 사용되기도 한다.

2) watch

'watch'는 'see'보다는 좀 더 구체적인 의미로 특별한 목적으로 무엇을 볼 때 사용한다. Please watch my house while I am away.(제발 내가 떠나 있는 동안에 우리 집을 봐주세요.) 위의 문장처럼 목적 없이 보는 것이 아니라 집을 지키라는 뜻이 내포되어 있는 것처럼 'watch'는 어떠한 목적이 있을 때 사용된다.

The doctor told me to watch for symptoms of flu.(그 의사는 내게 독감 증상을 지켜보라고 말했다.) 위의 문장에서도 증상을 살피라는 목적을 가지고 보라는 뜻에 'watch'가 사용되었다.

3) meet

'만나다' 라는 뜻을 가지고 있는 'meet'은 주로 사람을 만날 때 사용한다. 'see' 동사도 '만나다'의 뜻을 가지고 있지만 'meet'은 'see'보다는 주로 처음 만나는 사람에게 사용된다. 따라서 가족이나 친구를 만날 때는 'meet'보다는 'see'를 사용한다.

Please meet my husband. (내 남편을 소개할게.)
Have we met before? (우리 전에 본 적 있나요?)

쉬엄쉬엄 영어, 미국 알아보기 ㉒

영어 욕?

우리나라에도 마찬가지만 어느 나라이든지 간에 상스러운 말, 은어, 비속어, 욕 등 차마 입에 담기 힘든 말들이 많다. 미국 사람들도 당연히 화가 나고 열 받을 때는 욕을 한다. 대부분 그렇지 않은 경우에는 욕을 거의 쓰지 않지만 몇몇 사람들은 평소 말할 때도 아무렇지 않게 욕을 섞어 얘기한다. 어딜 가나 마찬가지… .

사람에 따라 다르겠지만 아무리 강도가 약한 욕일 지라도 사람들은 듣기 싫어한다. 하지만 몇몇 철없는 어린 한국 학생들은 영어로 욕을 으시대며 쓰고, 나아가 미국사람들한테 한국어 욕을 가르쳐 주기까지도 한다. 뭐 상대방이 궁금해 하면 알려줄 수도 있지만 아주 재미있다는 듯이 욕을 가지고 웃고 떠드는 모습을 보면 솔직히 좀 어이가 없다. 내가 만난 미국 애들이 갑자기 나한테 한국어로 욕을 한 적이 많다. 순간 처음에는 욕인지 모르고 내가 알아듣지 못했다. 나중에 알아보니 자기 친한 친구 중 한국인이 있는데 알려 주었단다. 기분이 나쁘지는 않았지만 외국인 친구가 알고 있는 유일한 한국말이 한국어 욕이라는 게 좀 안타까웠다.

보통 'swear' 하면 '맹세하다' 라는 뜻으로 많이 알고 있는데 '맹세하다' 라는 뜻 말고 '욕하다' 라는 뜻도 있다. 처음에 자꾸 친구들이 'swear word, swear word' 라고 해서 나는 무슨 맹세 같은 거라고 생각했다. 그래서 무슨 미국 사람들은 왜 그렇게 맹세라는 단어를 좋아하나 싶었다. 내가 다니던 사립학교가 가톨릭학교여서 종교시간이 있었는데 그 때 선생님이 "Swearing is a sin"이라고 해서 나는 신에게 맹세하는 것이 죄인 줄 알았다. 나중에 알아보니 욕을 뜻하는 것이었다.

내가 웃긴다고 생각한 것은 영어에서는 욕을 한국어로 번역하면 귀엽다는 것이었다. 거짓말을 뜻하는 'bullshit' 이라는 단어를 직역하면 '황소 똥' 이 된다. 왜 'Bullshit' 이 그런 뜻으로 쓰이냐고 물어봤는데 아무도 몰랐다. 많이 놀랐을 때 'Holy shit!,' 'Holy cow!' 라고 하는데 이것 또한 한국어로 번역하면 웃긴 뜻이 되어 버린다. 'asshole' 도 한국어로 바꾸면 '항문' 이라는 뜻이 된다. 영어에서는 욕으로 쓰이는 것이 한국어로 바꿨을 때는 "과연 이게 욕일까?" 싶을 정도로 뜻이 우습게 변하는 경우가 많다. 하지만 그렇다고 해서 욕을 가볍게 보고 막 쓰는 것은 절대 안 될 일이다.

EPISODE 23
왜 쓸데없이 수동태를 사용할까?!

"I was told that he is going to China soon."

위의 문장을 한국어로 해석하면 어떻게 될까?

"나는 그가 곧 중국에 간다고 들었다"라고 해석할 수 있다. told는 tell의 과거분사형으로 위의 문장은 수동태로 쓰여서 '말하다' 라는 동작을 받는 행위인 '듣는다' 라고 바꿀 수 있다.

만약 한국어에서 위의 문장을 '듣는다' 라는 동사로 바꾸지 않고 그대로 '말하다' 를 썼다면 다음과 같을 것이다.

"나는 그가 곧 중국에 간다고 말함을 받았다."

행위자가 주어로 쓰이는 능동태와는 다르게 수동태는 동작을 받는 사람이 주어로 쓰이기 때문에 동사를 '받는다' 라고 볼 수 있다. 하지만 위의 같은 문장을 한국어에서는 전혀 사용하지 않는다. '듣다' 라는 동사가 멀쩡히 있는데 왜 굳이 'tell' 동사를 이용하여 수동태로 만들까?

미국사람들 의외로 수동태를 즐겨 써

미국에 처음 갔을 때 위와 같은 문장을 쓰는 친구들과 가족들을 보면서 참 이상하다고 생각했다. 편한 문장을 놔두고 왜 꼭 수동태를 사용하는지 이해가 되지 않았다. 무엇보다 위와 같은 문장을 많이 사용한다는 것이 뜻밖이었다.

한국어에도 수동(피동)태가 없는 것은 아니다. 예를 들어 "뉴질랜드에서는 영어가 사용된다"와 같이 '…되다'를 이용해 수동태를 만들거나 "그는 항상 그녀에게서 칭찬받는다"에서와 같이 '…받는다'를 이용해 수동태를 만들 수 있다.

하지만 한국어에서는 항상 모든 동사에 수동태를 사용할 수 있는 것이 아니다.

예를 들어

He was killed in the Vietnam War.

위의 문장을 "그는 베트남전쟁에서 죽임을 받았다"라고 표현하는 한국인은 아마 없을 것이다. 대부분 능동태로 바꾸거나 '죽었다'라고 할 것이다.

또 다른 예로는 다음을 볼 수 있다.

It is said that Seoul is one of the largest cities in the world.

위의 문장을 그대로 해석하면 "이것은 서울이 세계에서 가장 큰 도시 중에 하나라고 말하여진다"이다. 하지만 위의 문장은 어색하고 "서울은 세계에서 가장 큰 도시 중에 하나라고 한다"라는 표현이 더 좋다. 이처럼 한국어에서는 수동태를 사용하는 일이 영어만큼 많지 않다. 사용한다고 해도 영어와 같은 방식으로 사용되지 않는다.

수동태로 만들 수 없는 동사

영어에서는 대부분의 동사를 수동태로 만들 수 있지만 몇 개는 수동태가 안 되는 동사들이 있다. 바로 'have,' 'resemble,' 'meet,' 'cost,' 'become'은 수동태로 사용 할 수 없다.

David resembles his father. (O)
His father was resembled by David. (X)

 그럼 이 수동태를 왜 즐겨 사용할까

"수퍼맨이 테러리스트 공격으로부터 아이를 구했다"라는 문장을 한 번 보자.

사람들은 항상 영웅에 관심을 가진다. 따라서 수퍼맨이 중심이 된 문장을 만들 것이다. 영어에서 중심은 항상 '주어 + 동사' 이다. 주어와 동사를 무엇을 사용하느냐에 따라 그 문장의 의미 전달이 달라진다.

Superman saved the child from the terrorist attack.

하지만 만약에 당신이 아이의 엄마나 아빠였으면 어땠을까? 물론 수퍼맨에게 감사하겠지만 자기 자식이 먼저 눈에 들어 올 것이다. 그들에게 중심은 아이이다. 따라서 문장이 다음과 같이 바뀔 수 있다.

"My child was saved from the terrorist attack by Superman"과 같은 문장을 쓰게 될 것이다.

수동태는 동작을 하는 행위자보다 동작을 받는 사람에 더 초점을 맞추어야 할 때 사용한다. 두 문장 다 슈퍼맨이 아이를 구했다는 사실에는 변함이 없다. 의미의 차이가 아니고 표현하는 방법의 차이로 무엇에 더 초점을 두느냐에 따라 달라진다.

만약에 슈퍼맨이 아무도 모르게 아이를 구했다면 어떻게 할까?
그때는 슈퍼맨이 누군지도 모르기 때문에 당연히 아이에게 초점이 맞추어질 뿐만 아니라 행위자가 불분명하다.

이러할 때도 우리는 수동태를 이용할 수 있다.
The child was saved from the terrorist attack.

수동태는 행위자가 불분명하다거나 굳이 행위자를 언급하지 않아도 될 때 사용할 수 있다.

"그는 대통령으로 선출되었다"를 보자.
민주주의 국가에서 대통령은 국민이 뽑는다. 그걸 모르는 사람은 없을 것이다. 따라서 굳이 국민이라는 것을 언급할 필요가 없다. 이럴 때 우리는 수동태를 사용할 수 있다.

He was elected as President.

내가 미국에 처음 갔을 때 '알려져 있다'를 영어로 어떻게 표현할까하고 고민한 적이 있다. 아무리 생각해도 '알다'와는 뉘앙스도 쓰임도 달랐기 때문이다. 나중에 'It is known that~'이라고 표현하면 된다고 배웠다. 'It'은 영어에서 가주어로 많이 쓰인다. 따라서 'It'은 해석해 주지 않아도 된다.

It is known that he was a famous singer.
(그는 유명한 가수로 알려져 있다.)
that절 뒤에 있는 문장이 진짜 주어이다.
'It is known that~' 과 비슷한 표현방법이 많다.
It is said that~
It is seen that~
It is told that~

이번 episode 맨 앞에서 예문으로 들었던 'I was told' 도 이러한 이유로 수동태로 사용되었다. 'I was told' 는 내용은 분명히 기억이 나는데 출처가 생각이 나지 않을 때 주로 사용하기 때문이다. 그렇지 않은 경우에는 대부분 'I heard' 를 쓴다.

개인주의적인 성향이 강한 서양인들이기 때문에 이러한 수동태가 많이 쓰이는 것 같다. 가끔 다 말하고 싶지 않을 때 수동태를 사용할 수 있기 때문에 프라이버시를 지킬 수 있다.

예를 들어 선물을 받았는데 누구한테 받았는지 말하고 싶지 않았을 때

"He was given it" 이라고 표현하여 누가 주었는지 말하지 않을 수 있다.

또한 도둑이 들어와 유리창을 깼는데 유리창을 깨진 것만 얘기하고 싶지 도둑이 든 것은 별로 얘기하고 싶지 않을 때도 수동태를 사용할 수 있다.

"The window is broken" 이라고 표현하여 자신이 하고 싶지 않은 말을 언급하지 않을 수 있다.

 **특히 수동태를 써야 될 때**

영어는 주어가 없으면 안 된다. 따라서 앞에서 말했듯이 'it' 과 같은 가주어를 써주면서까지 주어를 꼭 넣어주어야 한다. 하지만 가끔 학교 논문 같은 'formal writing' 을 쓸 때에는 'I,' 'You,' 'We' 같은 단어를 쓰면 안 되는 때가 있다. 이때 수동태가 큰 역할을 한다. 'I,' 'You,' 'We' 를 생략하고 목적어를 주어로 만들어 쓸 수 있기 때문이다.

예를 들어 과학 보고서를 쓸 때

I recorded the weight of each sample.
(나는 각각의 샘플의 무게를 쟀다.)

보고서를 쓸 때에는 위의 문장에서 'I' 를 빼고 써야 한다.
따라서 수동태를 사용하여 "The weight of each sample was measured" 라고 고쳐야 한다.

수동태를 쓰면 소심한 영어라고 말하는 사람들이 있지만 때에 따라서는 능동태보다 수동태를 애용해야 할 때가 있다.

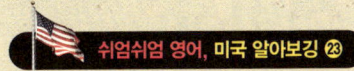

카드를 주고 받는 문화

내가 미국에서 받은 카드만 해도 정말 수백 개가 넘을 것이다. 미국은 한국하고 비교했을 때 카드를 많이 주고 받는 것 같다. 따라서 카드의 종류도 한국에 비해 종류와 양이 엄청나다. 카드와 편지의 개념은 다르다. 편지는 자신이 하고 싶은 얘기를 섬세하게 쓰는 긴 글이라면 카드는 이벤트에 맞게 예쁘게 꾸며진 그림과 글귀에 몇 마디 적어 보내는 것이다. 부모님 생신을 위한 카드뿐만 아니라 할아버지, 할머니 생신에 대한 내용이 담긴 카드부터 시작해서 사위 생일을 위한 카드까지 생일카드만 해도 다양하다. 특히 미국은 운전을 할 수 있는 16살 생일을 중요하게 여겨 큰 생일파티를 열 정도로 많은 축하를 받는 날이다. 'Sweet Sixteen'이라고 불리는 16번째 생일을 코믹하게 그린 카드도 많다. 16살 생일 다음으로 술을 마실 수 있는 나이인 21살에도 재미있는 생일 카드가 많다. 생일뿐만 아니라 결혼기념일, 발렌타인 데이를 위한 카드 등 다양한 카드가 있다. 미국에 살면서 열면 노래가 나오는 카드부터 영화나 유명인을 패러디한 코믹한 카드까지 별의 별 카드를 다 받았었다.

그 중 가장 기억에 남는 카드가 바로 크리스마스 카드였다. 크리스마스만 되면 호스트 가족이 크리스마스 분위기가 나는 가족사진을 찍어서 카드형태로 꾸며 친척들뿐만 아니라 친한 친구들에게 보냈었다. 일년 중 가장 큰 연휴인 크리스마스 때마다 이렇게 사진이 들어간 카드를 보내면서 서로 크리스마스를 축하해주고 사진을 통해 멀리 떨어져 사는 사람들의 안부를 알 수 있다. 크리스마스만 되면 크리스마스만의 분위기로 인해 저절로 들뜨게 되는데 이러한 카드를 주고 받는 것도 한 몫 하는 것 같다.

요즘에 한국에서는 이메일로 연하장을 보내기도 하고 싸이월드이나 트위터를 통해 보다 쉽게 서로의 안부를 물을 수 있어 카드나 편지를 쓰는 경우를 찾아보기 힘들다. 미국도 점점 그러한 추세로 바뀌는 것 같다. 하지만 인터넷을 통해 한 번의 클릭으로 보내는 카드보다 직접 카드를 사거나 만들어서 친필로 몇 마디 적어 보내는 작은 정성이 상대방에게 더 큰 감동을 준다. 몇 초 만에 가는 이메일 보다 언제 올지 몰라 무작정 기다리게 되는 편지나 카드가 가끔 너무 그리울 때가 있다.

접두사와 접미사 유용하게 써먹자

EPISODE 24

접두, 접미어만 잘 알아도 일석십조

처음에 영어 단어를 외울 때 한자를 외우듯이 무작정 써보고 또 써보고 약간 무식하다고 할 수 있을 정도로 무대포식으로 외운 것 같다. 하지만 한자도 처음에는 그림을 따라 그리듯이 무작정 따라서 쓰다가 나중에 한자에도 획이 있고 부수가 있고 하나하나 뜻이 담겨 있다는 것을 알게 되었을 때 어려운 한자도 좀 더 쉽게 익힐 수 있듯이 영어단어도 마찬가지이다. 무작위로 여러 알파벳이 모여서 하나의 단어로 만든 것처럼 보이지만 알고 보면 한자처럼 다 뜻이 담겨 있다.

그런 뜻을 가진 것을 바로 접두사, 접미사라고 하는데 영어에서는 생각하는 이상으로 접두사, 접미사를 많이 사용한다. 그 패턴만 잘 익힌다면 단어의 뜻을 정확히 알지는 못해도 유추해 볼 수 있다. 이러한 단어의 접두사, 접미사는 셀 수 없이 많다.

 가장 많이 쓰이는 접두어

접두사, 접미사 중에서 가장 많이 쓰이는 것이 바로 'dis, un, in, im' 일 것이다. 단어 앞에 'dis, un, in, im'이 붙으면 부정적인 뜻으로 바뀐다.

예를 들어

like(좋아하는)에 dis가 붙으면 dislike(싫어하는)가 된다.
believable(믿을 수 있는)에 un이 붙으면 unbelievable(믿을 수 없는)이 된다.

adequate (적당한)에 in이 붙으면 inadequate(부적당한)이 된다.
possible(가능한)에 im이 붙으면 impossible(불가능한)이 된다.

이처럼 앞에 'dis, un, in, im' 만 봐도 단어의 뜻이 긍정인지 부정인지 바로 알 수 있다.

하지만 넷 중에 아무거나 가져다 붙여 부정형으로 만들 수는 없다. 'dislike' 라는 단어는 있어도 'inlike' 라는 단어는 없다. 단어에 따라 앞에 오는 부정형의 접두사도 달라진다. 어떤 단어에는 'dis-' 가 붙지만 다른 단어에는 'un이나 in' 이 붙을 수도 있다.

> 'like' 는 뜻이 두 가지이다. '좋아하는' 이라는 뜻과 '…같은' 이라는 뜻이 있다. 따라서 어떤 뜻으로 쓰였느냐에 따라 부정형도 다르다. '좋아하는' 이라는 뜻으로 쓰였을 때 부정형은 'dislike' 이지만 '…같은' 이라는 뜻으로 쓰였을 때는 부정형은 'unlike' 이다.

한국에서 '안티 팬' 할 때 'anti-' 도 접두사로 많이 쓰인다. 영어로는 '안티' 라고 발음하기 보다는 '엔타이' 로 발음한다. 'anti' 는 '반대의' 라는 의미가 내포되어 있다. 일상생활에서 뿐만 아니라 사회나 역사 시간에도 많이 쓰이는 접두사이다.

anti-social 반사회적인
antibiotic 항생제
antiabortion 임신중절에 반대하는
antioxidant 산화방지제
antihero 반영웅, 주인공답지 않은 주인공

antifreeze 부동액
anticlockwise 시계반대방향
antibacterial 항균의
antislavery 노예제도반대

우리가 주로 채소와 과일을 통해 섭취하는 'vitamin(비타민)' 도 'vita' 라는 접두사가 와서 만든 단어이다. 'vita' 는 생명을 뜻하는 접두사이다.

vitamin 비타민
vital 생명의
vitalize 생명을 주다
vital capacity 폐활량
vitality 생명력

생명을 뜻하는 또 다른 접두사로는 'bio' 가 있다.

biology 생물
biopsy 생체 검사
biomass 생물량
bioweapon 생물 무기
biochemistry 생화학
biorhythm 생체 리듬
biography 전기 (사람의 일생)

별을 뜻하는 'astr-' 도 많이 쓰이는 접두사이다.

astronomer 천문학자
astronomy 천문학
astronaut 우주 비행사
astrology 점성학
astronomical 천문학적인

단어를 많이 알기 전에는 접두사나 접미사 같은 것에 별로 신경을 쓰지 않았다. 하지만 단어를 점점 더 많이 알게 되면서 전에는 보이지 않던 접두사나 접미사가 보이기 시작했다. 또한 모르는 단어의 뜻도 쉽게 추측해 볼 수 있게 되었다.

예를 들어 'geo-'는 '토지, 지구'를 뜻하는 접두사이고 '-graph'는 '쓰다, 그리다'라는 뜻을 가진 접미사이다. 따라서 둘이 만나서 만들어진 단어가 'geography' 이다. 'geography' 라는 단어의 뜻을 모르더라도 'geo' 와 'graph' 의 뜻을 안다면 대충 지구와 그림에 관한 뜻이라는 것을 알 수 있을 것이다. 'geography' 는 지질학을 뜻하는 단어이다. 나는 세계적으로 유명한 잡지인 'National Geographic' (내셔널 지오그래픽)' 지를 개인적으로 매우 좋아한다.

사람의 일생을 담은 전기를 뜻하는 'biography' 도 마찬가지이다. 생명을 뜻하는 'bio-' 와 '-graph' 의 뜻만 알아도 유추해 낼 수 있다. 또한 '-biography' 단어 앞에 '자신, 자동' 을 뜻하는 접두어 'auto-'가 붙으면 「자서전」이라는 뜻을 가진 'autobiography' 가 된다.

영어는 이렇게 다양한 뜻이 모여 하나의 완전한 뜻을 가진 단어로 바뀐다.

 가장 많이 쓰이는 접미어

이번에는 자주 쓰이는 접미사를 한 번 알아보자.

describe 묘사하다   prescribe 처방하다
subscribe 구독하다   inscribe 새기다   transcribe 베끼다

위의 단어들의 공통점은 무엇일까?
바로 'scribe' 로 끝난다는 것이다. 'scribe' 는 '쓰다' 라는 뜻을 가진 접미사이다. 하지만 가끔 'scribble (낙서하다)' 같은 단어에서 접두사로 쓰이기도 한다.

'ism' 도 많이 쓰이는데 '학설', '…주의' 이라는 뜻을 가지고 있다. 문학시간이나 사회시간에 자주 나오는 단어이다. 우리나라의 스타 '비' 의 노래 중 'Rainism' 이라는 노래가 있었다.

racism 인종차별주의   criticism 비평
communism 공산주의   romanticism 낭만주의
cynicism 냉소주의   classicalism 고전주의

 **숫자관련 접두어**

숫자와 관련된 접두사도 일상 생활에서 많이 사용된다.

예를 들어 'bi'는 '둘' 이라는 뜻을 가지고 있다. 따라서 '회전하다' 라는 뜻을 가진 'cycle' 과 만나면 'bicycle' (자전거)이 된다.

전에는 별생각 없이 'bicycle' 이라는 단어를 써왔었는데 고등학교 때 과학시간에 숫자에 관련된 다양한 접두사(prefix)를 배우면서 알게 되었다. 그 때부터 내가 생각했던 것 이상으로 숫자와 관련된 접두사가 들어간 단어들이 많이 쓰인다는 것을 알게 되었다. 특히 화학 시간에는 이러한 접두사(prefix)를 모르고서는 공부를 계속할 수 없다.

의미	접두어	예		
하나의	mono-	**mono**logue 독백	**mono**tone 단조로운	**mono**drama 일인극
하나의	uni-	**uni**form 한결 같은	**uni**on 조합, 동맹	**uni**fy 하나로 하다
둘의	dy/di/bi-	**bi**cycle 자전거	**bi**monthly 격월의	**dis**section 해부
셋의	tri-/ter	**tri**angle 삼각형	**tri**o 3중주	**tri**ple 세 배의
넷의	quart-/quadri-	**quart**er 4분의		
다섯의	penta-qine-	**penta**gon 5각형	**qui**nquennial 5주년의	
여섯의	hexa-sexa-	**hexa**gon 6각형	**sexa**genary 60대의	
일곱의	hepta-	**hepta**gon 7각형		
여덟의	octo-	**octo**pus 문어		
아홉의	nona-	**nona**gone 9각형		
열의	deca-	**deca**de 10년간		

단어 앞에 붙어 단어 의미를 바꿔주는 경우

의미	접두어	예		
부정	un dis in im ir-/il- non-	**un**able …할 수 없는 **dis**like 싫어하다 **in**human 인정없는 **im**possible 불가능한 **ir**regular 불규칙적인 **non**sense 무의미	**un**known 미지의 **dis**honest 부정직한 **in**correct 부정확한 **im**mortal 죽지않는 **ir**responsible 무책임한 **non**stop 직행의	**un**lucky 불행한 **dis**appear 사라지다 **in**formal 비공식의 **im**polite 예의없는 **il**legal 불법의 **non**professional 비전문가
잘못된	mis	**mis**fortune 불행[운]	**mis**take 실수	**mis**understand 오해하다
앞의	pro pre fore	**pro**ceed 나아가다 **pre**cede 앞서다 **fore**tell 예언하다	**pro**gress 전진(하다) **pre**face 서문, 서언 **fore**cast 예측(하다)	**pro**pose 제안하다 **pre**dict 예견하다 **fore**see 예견하다
나중의	post-	**post**war 전후의	**post**pone 연기하다	**post**script (편지의) 추신
다시	re	**re**turn 돌려주다 **re**peat 반복하다	**re**call 상기시키다 **re**vive 소생시키다	**re**fund 반환(하다) **re**form 개혁하다
뛰어난	super-/ over-	**super**man 수퍼맨 **over**come 극복하다	**super**ior 보다 나은 **over**work 과로하다	**sur**face 표면 **over**eat 과식하다
아래의	de- sub- under	**de**scend 내려가다 **sub**urb 교외, 근교 **under**stand 이해하다	**de**crease 감소(하다) **sub**way 지하철 **under**ground 지하의	**de**press 우울하게 하다 **sub**mit 제출하다 **under**go 경험하다
안의	in[im]-	**in**clude 포함하다	**im**port 수입(하다)	**in**come 소득
밖으로	ex-	**ex**clude 제외하다	**ex**port 수출(하다)	**ex**it 출구
함께	co- com- con- col[r]- syn[m]-	**co**operate 협력하다 **com**bine 연합시키다 **con**form 적합시키다 **col**lect 모으다 **syn**onym 동의어	**co**exist 공존하다 **com**pany 회사 **con**sent 동의(하다) **col**league 동료 **sym**pathy 동정	**com**pare 비교하다 **con**tract 계약(하다) **cor**respond 일치하다 **sy**stem 체계
반대	ant(i)- op-	**ant**onym 반의어 **op**pose 반대하다	**anti**pathy 반감, 혐오 **op**posite 정반대의	**anti**war 반전의 **op**ponent 상대자
상호간	inter-	**inter**net 인터넷	**inter**national 국제적인	**inter**val 간격

203

단어 뒤에 붙어 단어 의미를 바꿔주는 경우

의미	접미어	예		
명사	사람 -er -or -ar -ist -ese	manager 매니저, 부장 actor 배우 scholar 학자 scientist 과학자 Japanese 일본의(인)	player 선수 sailor 뱃사람 beggar 거지 pianist 피아니스트 Chinese 중국의(인)	lawyer 변호사 inventor 발명가 liar 거짓말쟁이 novelist 소설가 Portuguese 포르투갈의(인)
	동작/상태 -t[s]ion -ness -ment -(i)ty -a[e]nce -dom -hood -ship	education 교육 kindness 친절함 development 개발 safety 안전 appearance 외관 freedom 자유 childhood 유년시절 friendship 우정	tradition 전통 business 비즈니스 agreement 동의 poverty 가난 importance 중요함 wisdom 지혜 parenthood 부모임 scholarship 장학금	admission 입장, 입학 sadness 슬픔 government 정부 variety 다양성 existence 존재 kingdom 왕국 hardship 고난, 곤경
형용사	-a[i]ble -ful -less -ic -ical -ive -ious	comfortable 기분좋은 careful 주의깊은 careless 부주의한 historic 역사에 남는 historical 역사상의 active 활동적인 ambitious 야심있는	possible 가능한 beautiful 아름다운 useless 쓸모없는 economic 경제적인 economical 절약하는 effective 유효한 harmonious 조화된	sensible 분별있는 wonderful 멋진 homeless 집없는 specific 명확한 critical 치명적인 attractive 매력적인 dangerous 위험한
동사	-ize -en -fy	realize 깨닫다 darken 어둡게 하다 justify 정당화하다	civilize 문명화하다 widen 넓히다 magnify 확대하다	modernize 현대화하다 deepen 깊게 하다 purify 순수하게하다

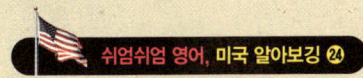 쉬엄쉬엄 영어, 미국 알아보기 24

미국의 문자메시지 약어
(American Text Message Abbreviations)

한국에서는 웬만한 젊은이들이라면 싸이월드 미니홈피 하나쯤은 누구나 다 가지고 있다. 젊은이들뿐만 아니라 다양한 연령대들의 사람들이 싸이월드부터 시작해서 트위터, 블로그 등으로 온라인 상에서 다양한 활동을 펼친다. 미국 사람들도 마찬가지이다. 미국판 싸이월드인 페이스북이 있는데 한국의 싸이월드처럼 그 인기가 매우 높다. 페이스북을 통해서 과거 연인이나 친구를 찾기도 하고 멀리 떨어진 친지들의 소식을 묻기도 한다. 우리나라처럼 미국 사람들도 페이스북에 다양한 사진을 올리고 댓글을 단다.

이렇게 인터넷으로 'social networking'을 하다 보니 당연히 인터넷영어가 생겨났다. 한국어에서도 무분별한 채팅용어들이 있듯이 영어에서도 조금이라도 줄여서 빨리 쓰기 위해 다양한 인터넷영어가 있다. 예를 들어 한국어에서는 크게 웃을 때 'ㅋㅋㅋ'를 많이 쓴다. 하지만 영어에서는 'ㅋㅋㅋ'와 비슷한 것은 없고 'lol'이나 'haha'를 대신 써준다. 따라서 인터넷상에서 쓰이는 문자메시지 약어들을 알아두면 좋을 것이다.

JK: just kidding (장난이야, 농담이야)
LOL: laugh of loud (아주 크게 웃는다는 뜻) 정말 많이 쓰이는 표현이다.
BRB: Be right back?(다시 돌아올게) 채팅을 할 때 주로 사용한다.
SOS: same old shit (뭐 그저 그래) 기분이 어떠냐고 물어볼 때 사용한다.
AKA: also known as (~로도 알려진, 별명)
BBL: Be back later (나중에 돌아올게)
BTW: by the way (그런데) 덧붙여서 하는 말에 쓰인다.
CU: See you (나중에 봐)
CUL: See you later (나중에 봐)
CUL8ER: See you later (나중에 봐)
DIKU: Do I know you? (너 나 아니?)
EOM: End of message (메시지 끝)

F2F: face to face (얼굴 맞대고)
FAQ: frequently asked question(s) (자주 물어보는 질문)
G2G: Got to go (가봐야겠다)
GAL: Get a life (제대로 살아)
GOL : Giggling out loud (소리 내어 킥킥대다)
IC : I see (알겠다)
IDK : I don't know (모르겠다)
ILU (ILY) : I love you (사랑해)
IM : immediate/instant message (MSN같은 채팅)
IMO : in my opinion (내 의견으로는)
KWIM? : Know what I mean? (무슨 말인지 알겠어?)
L8R : Later (나중에)
LMAO : laugh my ass off (엉덩이가 빠지도록 웃다)
RIP : Rest in peace (명복을 빌다)
TGIF: Thank God It's Friday (금요일이다!)
THX (THANX) : Thanks (고마워)
TTYL : Talk to you later (다음에 얘기하자)
UW : You're welcome (천만에)
WTG : Way to go! (잘했어)
WU? : What's up? (어떻게 지내?)

EPISODE 25

한국어는 1인칭, 2인칭, 3인칭에게 흔들리지 않아

영어는 우리말과 달리 수에 민감해
주어의 단복수에 따라 동사가 변화한다.

영어에서 1인칭은 'I, We,' 2인칭은 'You,' 3인칭은 'She, He, It, They'로 알려져 있다. 영어는 이러한 인칭에 따라서 문장의 형태가 달라진다. 또한 영어는 단수, 복수에 예민하다. 앞의 episodes에서 말했듯이 영어는 '수(number)'에 민감한 언어이기 때문이다. 이러한 인칭과 단수, 복수 때문에 영어는 한국어와 달리 특별히 신경을 써야 할 것이 많다. 반면에 한국어는 이러한 인칭과 단수, 복수에 전혀 흔들리지 않고 특별하게 변하는 부분이 거의 없다.

예를 들어 보자.

I live in Seoul.
You live in Seoul
My family lives in Seoul.
She lives in Seoul
They live in Seoul.
Garam lives in Seoul.

위의 문장을 보면 주어가 무엇이냐에 따라서 동사가 살짝 변형이 된다. 하지만 한국어는 인칭이나 수(number)에 전혀 영향을 받지 않기 때문에 동사의 변형이 없다.

나는 서울에 산다.

너는 서울에 산다.

우리 가족은 서울에 산다.

그녀는 서울에 산다.

그들은 서울에 산다.

가람이는 서울에 산다.

주어가 어떤 상태이냐에 따라 동사가 영향을 받아 동사의 변형이 오는 영어와는 달리 한국어는 주어와 상관없이 동사는 아무런 변형이 없다.

의문문을 만들 때에도 이러한 규칙에 영향을 받는다.

Do you like coffee?

Does your family like coffee?

Does she like coffee?

Do they like coffee?

Does Garam like coffee?

1인칭이냐 3인칭이냐에 따라서 영어는 'do'를 쓰기도 하고 'does'를 쓰기도 한다. 또한 주어가 복수이냐 단수이냐에 따라서 'do'를 쓰기도 하고 'does'를 쓰기도 한다. 하지만 한국어는 이러한 영향을 전혀 받지 않는다.

너 커피 좋아하니?

너희 가족은 커피 좋아하니?

그녀는 커피를 좋아하니?

그들은 커피를 좋아하니?

가람이는 커피를 좋아하니?

동사의 수 일치는 관계대명사에서도 적용돼

여기까지는 나쁘지 않다. 이러한 차이를 외우면 그만이다.
하지만 문제는 좀 더 꼬인 문장이 나왔을 때이다.

> I have a friend who lives in San Francisco.
> I have two friends who live in San Francisco.

관계대명사 'who' 뒤에 오는 동사는 앞에 꾸며주는 명사에 의해 동사의 변형이 결정된다. 첫 번째 문장에서 'friend' 가 한 명이기 때문에 'lives' 가 오고 두 번째 문장에서는 'friend' 가 두 명이기 때문에 'live' 가 온다. 하지만 역시 이번에도 한국어는 이러한 차이로 아무런 영향을 받지 않는다.

> 나는 샌프란시스코에 사는 친구 한 명이 있다.
> 나는 샌프란시스코에 사는 친구 두 명이 있다.

이처럼 한국어는 절대 주어에 의해 동사가 흔들리지 않는다. 반면에 영어는 주어에 의해 동사가 다양한 모습을 가진다.

아래는 어린 학생들을 가르칠 때 아이들이 내게 자주 물어보는 질문들 중 하나이다.

> '왜 'I' 나 'You' 는 한 명이면서 동사의 변형이 없어요?'

위와 같은 질문을 할 때면 나는 딱히 해줄 말이 없다. 속으로는 "그냥 사람들이 영어를 그렇게 써왔으니까"라고 말하고 싶지만 아이들한테 '그냥 그런 거다' 라고 말할 수 없어서 결국에는 주제를 갑자기 바꾼다던가 애매모호하게 답을 하고는 그냥 넘어간다.

왜 인칭에 따라 다르게 쓰는지 복수형과 단수형에 따라 동사가 변형되는지는 잘 모르겠지만 영어는 확실하게 구분 짓는 것을 좋아하고 자신이 하는 일과 남이 하는 일을 엄격히 구분한다.

 골치아픈 예외들

우리는 영어에서는 주어가 복수형이면 동사가 원형이 온다고 배웠지만 가끔 복수형 같아 보이지만 단수로 취급하여 동사의 원형이 오지 않는 경우가 있다.

예를 들어 보자.

Everybody desires happiness and health.
(모든 사람들은 행복과 건강을 원한다.)

everybody는 모든 사람이라는 뜻을 가지고 있는데 한 명 이상이므로 뜻으로만 봤을 때는 복수형 같다. 하지만 every로 시작하는 문장은 항상 단수취급을 해준다.

everyone
everything
everyday

하지만 같은 뜻임에도 불구하고 다음 문장은 복수형으로 취급되어 동사 원형이 온다.

All people desire happiness and health.
(모든 사람들은 행복과 건강을 원한다.)

하지만 'all'이 들어간다고 해서 항상 복수형으로 취급하는 것은 아니다.

> All I want is you.
> (내가 원하는 전부는 너다.)

 주어가 두 개일 때 동사의 수는 어느 장단에 맞추어야 하나

다음과 같은 경우도 있다.

> We, as well as, he were afraid of ghosts.
> (그 남자뿐만 아니라 우리도 귀신을 무서워했다.)

'he'는 3인칭이어서 'were' 대신에 'was'가 와야 할 것 같지만 사실 이 문장의 주어는 'We'이기 때문에 'were'가 오는 게 맞다.

앞에 단어만 보면 단수형처럼 보이지만 가끔 주어가 동사와 멀리 떨어져 있어 잘 살펴봐야 할 때가 있다.

위의 문장에서는 주어가 'We'이기 때문에 'were'가 온다. 주어가 다소 헷갈리는 것 빼고는 문법상으로는 틀리지는 않았다.

CHECK IT OUT | 주어가 두 개 이상일 때 동사의 수를 맞추는 방법

- 2개의 주어가 either A or B, neither A nor B, not only A but also B 그리고 not A but B 등의 상관접속사로 이루어져 있는 경우 동사의 수 일치는 먼저 문장을 우리 말로 옮길 때 나중에 해석되는 것이 진짜 주어로서 동사의 수는 여기에 일치시키면 된 다. 예를 통해 알아보자.

Either Peter or I am going to attend the meeting.
(피터와 나는 회의에 참석할거야.) ⇒ 우리말 해석시 뒷부분에 오는 '나'에 동사 수 일치

Not you but Jimmy is responsible for that.
(네가 아니라 지미가 그것에 책임이 있어.) ⇒ 우리말 해석시 뒤부분에 오는 'Jimmy'에 동사 수 일치

Not only I but also my girlfriend wants to stop seeing each other.
(나 뿐만 아니라 내 여친도 서로 그만 보길 원해.) ⇒ 역시 뒤에 오는 '여친'에 동사 수 일치

 현실과 가정법일 때는 동사 수도 안맞춰도 돼

다음 문장은 주어만 봤을 때는 틀려 보이는 문장이지만 사실상 맞는 문장이다.

I wish I were a bird. (새라면 좋을 텐데.)

'I'는 과거형에서는 'be동사가 was'가 된다. 하지만 위의 문장에서는 'were'가 왔다. 'were'가 오는 이유는 위의 문장이 가정법이기 때문이다. 사실과 반대되는 것 을 가정하거나 상상할 경우에 가정법을 쓴다. 위의 문장은 "새가 될 수 없지만 새가 되고 싶다"는 마음을 표현한 문장이다. 이러한 가정법에서는 'I' 뒤에 'was'가 오기 도 하지만 'were'가 오는 경우가 많다. 인칭에 관계없이 실현이 불가능한 일을 상 상할 때 'were'를 쓴다.

If it were not for his help, I could fail the test.
(만약에 그의 도움이 없다면, 나는 그 시험을 망쳤을 텐데.)

If I were you, I would call her right now.
(내가 너라면 당장 걔한테 전화한다.)

I wish I were rich.
(내가 부자라면 좋을텐데.)

쉬엄쉬엄 영어, 미국 알아보기 25

미국의 졸업문화

내가 미국에 처음 갔을 때 당연히 학교 첫날은 입학식일거라고 생각했다. 한국에서는 당연히 새 학년이 되면 입학식을 가진다. 하지만 미국에 가서 학교를 처음 가기 전에 호스트 엄마한테 미국의 입학식은 어떻게 진행되냐고 물었을 때 호스트 엄마가 미국에는 입학식이 없다고 했다. 순간 나는 매우 당황했다. 당연히 한국에는 있으니 미국에도 입학식이 있을 줄 알았다. 그러나 입학식은 없었지만 졸업식은 한국보다 좀 더 큰 의미를 두는 것 같고 한국의 졸업식하고 비교했을 때 차이가 많은 것 같다.

미국에서는 고등학교 졸업식에도 캡하고 가운을 입는다. 학교마다 다르긴 하지만 대부분 가운은 빌리고 캡은 기념으로 보관한다. 학교에서 지정한 회사에서 캡하고 가운을 사는데 이때 캡하고 가운 이외에 졸업을 축하할 수 있는 물건이나 학교를 기념할 수 있는 물건도 같이 판매를 한다. 학교의 마스코트와 졸업연도가 새겨진 반지를 산다든가 액자를 산다든가 한다. 또한 한국에서도 졸업사진을 찍지만 미국은 한국보다 좀 더 다양하게 졸업사진을 찍는다. 주로 학교를 배경으로 찍는 한국과는 달리 미국은 각자 원하는 사진관이나 장소에서 다양한 분위기와 포즈로 사진을 찍는다. 그중 가장 마음에 드는 사진을 year book (졸업 앨범)에 넣는다. 그리고 나머지 사진은 친구들, 선생님들, 친척들에게 뒤에 편지를 쓰고 기념으로 전해준다. 나는 내 사진에 직접 하나하나 편지를 써서 주었고 친구들의 사진도 수 십장 받은 기억이 난다. 사진 이외에도 주변사람들에게 졸업을 축하한다는 편지를 수십 통 받았다.

졸업식 날에는 대부분 여자는 예쁜 드레스를 입고 남자는 정장을 입는다. 그 위에 가운을 입는데 목에다가 끈을 걸친다. 모든 졸업생에게 주어지는 끈이 있고 우수졸업생들은 우수졸업생들만 받을 수 있는 끈이 따로 있다. 졸업식의 순서는 우선 졸업생들이 일렬로 입장을 하고 나서 시작된다. 조용하고 엄숙하게 진행되는 한국의 졸업식과는 달리 경쾌한 음악으로 졸업생들이 입장을 하면 학부모와 친구들은 박수를 치고 크게 소리를 지르기도 한다. 한국에서는 학생회장이 주로 졸업식답사를 하지만 미국에서는 수석(valedictorian)과 차석(salutatorian)이나 다양한 기준과 관점에서 특별히 선발된 대표가 답사를 한다. 마지막으로 졸업장을 수여하는데 일반적으로 학생대표가 나와 졸업생 전체를 대표하여 수여받는 한국과는 달리 미국은 한 명씩 일일이 다 챙겨 준다. 졸업생이 많은 학교는 졸업장을 나누어 주는 것만 거의 1시간 걸리기도 한다. 한국보다 오래 걸리기는 하지만 졸업생 한 명 한 명 진심으로 축하해 주고 함께 나누는 모습이 아름답다는 생각을 했다. 모든 순서가 끝나고 'ㅇㅇ고등학교 ㅇㅇㅇㅇ 클래스의 졸업식을 축하한다!' 라고 말하면 모두 환호성을 지르며 캡을 던진다. 졸업식이 끝나고 자유롭게 사진도 찍고 포옹도 하고 선물도 주고 받는 등으로 마무리를 한다.

미국에서는 졸업식이 끝이 아니다. 대부분 졸업식이 끝나고 각자 졸업파티를 연다. 보통 졸업생의 집에서 가지는데 졸업파티는 졸업식이 끝나고 여름 방학 내내 이어진다. 왜냐하면 모든 학생이 같은 날에 졸업파티를 가지면 서로의 파티에 가지 못하기 때문에 날짜를 겹치지 않게 정한다. 졸업식이 끝나고 일주일 안에 파티를 여는 친구들도 있고 1달 후에 졸업파티를 여는 친구들도 있다. 친한 친구, 후배, 선배, 가족, 친척, 이웃 등 많은 사람들이 와서 졸업을 축하해 준다. 대부분 선물이나 돈을 가져간다. 졸업파티에서 얻은 돈은 대학교에서 필요한 비용을 낼 때 사용한다. 나는 내가 졸업하고 나서 바로 호스트 가족이 브라질로 이사를 가는 바람에 졸업파티를 열지 못했다. 하지만 내 미국인 친구가 자신의 졸업파티 때 나도 같이 하자고 해서 친구랑 같이 졸업파티를 했다. 졸업케이크뿐만 아니라 선물까지 다양하게 내 것까지 같이 준비해 줘서 매우 고마워했던 기억이 난다.

대학교 졸업식도 고등학교만큼 화려하다. 학교마다 다르지만 오전에는 과에서 가지는 수여식이 있고 오후에 졸업식을 가진다. 이 때 텔레비전이나 신문에서 볼 법한 유명한 사람이 와서 졸업 축사를 하기도 한다. 그 예로는 스티브 잡스의 스탠포드 대학 졸업 축사를 들 수 있다. 이 졸업 축사는 한국어로 번역되기까지 했을 정도로 스탠포드 졸업생뿐만 아니라 많은 사람들에게 감동을 주었다. 앞으로 사회에 나가 사회의 중요한 구성원이 되는 졸업생들을 위한 졸업식은 그 동안 배우면서 쏟은 노력을 축하해주는 데에도 의미가 있지만 학교를 마치고 사회에서 새로운 도전의식을 갖고 역경을 잘 헤쳐나가라는 격려를 해주는 데 더 큰 의미가 있다고 본다.

EPISODE 26

초딩식 영어작문 피하기

영어로 글을 쓸 때 써야 될 것과
사용하면 안되는 것들

언어가 만들어진 가장 중요한 이유는 바로 소통일 것이다. 서로 소통하기 위해 우리는 언어를 배우고 사용한다. 우리는 대화하면서 상대방과 소통하기도 하지만 기록을 남기고 그 기록을 전파하면서 더 넓은 범위와 더 높은 차원의 소통을 할 수 있다. 영어를 배우면서 마지막으로 넘어서야 하는 단계가 바로 영작문이 아닌가 한다. 영작문은 단순히 영어를 잘 해야 잘 할 수 있는 것이 아니다. 남의 생각을 받아쓰는 글이 아닌 자신의 생각과 주장을 담는 작문은 결코 만만한 상대가 아니다.

우리나라에서는 우리나라의 법을 따라야 하듯이 미국에서는 미국의 법을 따라야 한다. 글을 쓸 때도 마찬가지이다. 무턱대고 한국에서 쓰던 식으로 글을 쓴다면 좋은 인상을 남기기 어려울 것이다. 글을 쓰는 이유가 개인적인 일이 아니라면 일반적으로 학교 과제이든 논문이든 회사에 제출하는 제안서이든 영어로 글을 쓴다면 그들의 규칙을 따르는 것이 옳다. 영어로 작문할 때 알아두면 좋은 점들을 소개해본다.

 공적인 내용의 글을 쓸 때 지켜야 할 것!

미국에서 학교를 다니기 시작한 첫날부터 수업시간에 다양한 글쓰기를 요구했다. 과학리포트부터 서사시 쓰기, 논문 쓰기, 인터뷰 글쓰기 등 한국에서 해보지 못한 다양한 글쓰기를 했다. 처음에는 점수도 엉망이고 어떻게 써야 하는지도 몰라서 학교 끝나고 하루 종일 영작문에만 매달린 적도 있었다. 울어가면서 억지로 썼던 페이퍼도 많았다. 하지만 그렇게 머리를 쥐어짜내며 썼던 글들이 나를 더욱 발전시키고 내 영어실력도 한층 더 향상시킬 수 있었던 기름진 밑거름이 되었다. 그 때 주변 사람들한테 지적을 받으면서 영작문을 할 때 지켜야 할 것들을 많이 배웠다.

1) 축약형과 간략형은 쓰지 말자

한국 사람들은 되도록이면 미국인처럼 보이는 영어를 쓰고 싶어하는 것 같다. 따라서 가끔 발음을 하거나 단어를 쓸 때 축약형을 쓰거나 속어를 쓰면서 영어를 좀 안다는 식으로 표현할 때가 있다. 사적인 자리이면 상관없지만 공적인 내용의 작문을 할 때는 피해야 한다.

a) 대화형 No! No!

It's, she's, you're, I'm, can't, that's, I've 등과 같은 것들은 모두 다 대화형으로 일상생활에서 대화할 때 축약해서 쓰는 말이다. 좀 더 공적인 글에서 대화형을 쓰는 것은 옳지 않다. 무조건 'I am, It is, She is, that is, I have' 같이 써주어야 한다. 나는 당연히 글에서도 대화형을 써도 상관없다고 생각해서 무턱대고 썼다가 점수가 많이 깎였던 적이 있다.

> There's something I've always wondered about.
> ☞ There is something I have always wondered about.

b) 이름도 nick name보다는 full name을 쓰자

미국에서는 이름이 길기 때문에 축약형인 nick name을 많이 쓴다. 하지만 공적인 글이라면 'Tim'이란 nick name보다는 'Timothy' 같이 full name을 써주는 것이 예의다.

> I've got to conduct an interview with Tim Dalton.
> ☞ I have got to conduct an interview with Timothy Dalton.

c) 'etc., AM, PM' 은 사용하지 말자

한국어는 글 속에 '…등' 이라는 단어를 자주 사용할 때가 있다. 무언가를 나열할 때 '사과, 배, 감 등' 이렇게 '등' 을 쓰는데 영어에서는 안 써주는 것이 좋다. 정 쓰고 싶다면 *etc. (et cetera)* 대신에 'and such like' 나 'and the rest' 같은 표현을 써주는 것이 좋다. 내가 *etc.* 를 쓸 때마다 영어 선생님뿐만 아니라 주변 사람들도 항상 지우라고 하셨다. 특별한 경우가 아니고서 굳이 'etc' 를 넣을 필요가 없다고 했다. AM, PM도 before noon 혹은 after noon 등으로 써주자.

> Christmas is a celebration for families and is geared towards children in America…Santa Claus, presents, Christmas carols, *etc.*

> ☞ Christmas is a celebration for families and is geared towards children in America…Santa Claus, presents, Christmas carols, and the rest.

d) 'USA, UN, WHO' 와 같은 축약형은 처음에 원형을 써주고 그 다음부터 축약형을 쓰자

미국에서 글을 쓰다 보면 자연스럽게 미국이라는 단어를 많이 쓴다. 'US, USA, America' 등 미국을 나타내는 다양한 단어들이 있지만 'America' 라는 단어는 'North America, South America' 처럼 대륙을 나타낼 때에도 사용하기 때문에 'USA' 를 사용하는 것이 좋다. 사람들마다 'USA' 라고 해야 한다, 'US' 도 괜찮다 라고 의견이 분분하지만 내 의견으로는 둘 다 많이 사용되기 때문에 크게 상관없다고 생각한다. 무엇보다 중요한 것은 이러한 나라나 기관을 축약해 놓은 단어를 사용할 때에는 처음에 그 원형을 써주고 그 다음에 다시 그 단어를 사용할 때에는 축약형을 사용해도 괜찮다는 것이다. 예를 들어 'United Nations' 라는 단어를 처음 사용하고 그 이후부터는 'UN' 이라고 해도 된다.

Have you ever had a driver's license in the USA before or have you ever tried to obtain a license in the USA?
☞ Have you ever had a driver's license in the United Stated of America before or have you ever tried to obtain a license in the USA?

2) slang(속어) 분위기가 나는 단어는 사용하지 말자!

'I wanna, I'm gonna' 와 같은 영어는 일반적으로 대화에서 쓰는 대화형이기도 하지만 표준어가 아니다. 'I want, I am going to ~' 라고 써야 한다. 'love ya, see ya, kinda' 등도 사용하지 말자.

I hope you're not gonna ask me what I plan to do when I graduate.
☞ I hope you are not going to ask me what I plan to do when I graduate.

그 외에 공적인 글에서 쓰기에는 다소 질 낮은(?) 단어들이 있다. 이러한 단어들은 사용하지 말아야 한다. 나는 이러한 단어들이 질이 낮은 단어들인지 모르고 사용했다가 영어 선생님이 '네 글은 가끔가다가 초등학생이 쓰는 글 같다.' 라는 평을 해서 상처받았던 적이 있었다. 그 선생님은 내가 외국인인 걸 알면서도 점수는 미국인들과 똑같이 평가했다.

> **MORE TIP**
>
>
>
> 삼가해야 할 단어의 예!
> kid(s) – 아이(들)라는 뜻이지만 slang의 느낌이 있다. 따라서 'child나 children' 이란 단어를 쓰는 것이 더 적합하다.
> guy(s) – 단수일 때는 남자라는 뜻이고 복수일 때는 사람들이라는 뜻이다. 평상시에는 많이 쓰이는 단어지만 'man이나 gentleman' 같은 단어를 쓰는 것이 더 적합하다.
>
> 'nice, pretty, good, kind, bad'는 slang은 아니지만 공적인 글에서 쓰기에는 무게감이 없고 자칫 잘못 쓰면 초등학생들이 쓰는 영어가 될 수도 있다.
>
> 그 외에 'butt, idiot, jerk' 등과 같은 저급 단어들은 사용하지 말자.

3) 1에서 10까지는 알파벳으로 그 이후는 숫자로 쓰자.

영어에서는 1에서 10까지의 숫자는 알파벳으로 써주는 것이 좋다. 1은 one, 8은 eight, 5는 five처럼 말이다. 하지만 그 이후의 숫자들은 그냥 숫자로 써줘도 무관하다. 20은 그냥 20처럼 말이다. 나도 이유는 정확히 모르지만 (미국인들도 잘 모를 것이다.) 논문에서 숫자를 쓸 때 1~10까지는 알파벳으로 써야 한다고 배웠다.

It takes 10 minutes to go there.
☞ It takes ten minutes to go there.

4) 관용어구 및 지나친 구어체는 되도록 사용하지 말자.

예를 들어 'two thumbs up' 하면 '양쪽 두 손의 엄지손가락이 올라갈 정도로 재미있다, 감동적이다, 최고다' 라는 뜻의 관용구이다. 하지만 이러한 표현은 공적인 글에 쓰기에는 의미전달이 분명치 않을 수도 있고 또 잘못하면 글이 가벼워 보일 수도 있다. 쓰느냐 마느냐는 개인적인 견해이지만 학교 논문이나 회사에서 쓰는 공적인 글인 경우에는 되도록 그런 숙어나 관용구 사용을 줄이는 것이 옳다.
나는 'piece of cake' (식은 죽 먹기)란 표현을 영어 논문에 썼다가 영어 선생님한테 꾸중을 들은 적이 있었다. 그때 여러 가지 실수를 하면서 많이 배웠다.

This math problem is a piece of cake.
☞ This math problem is straightforward and can be easily solved.

5) 객관적인 느낌을 살려야 되는 글에는 'I, You, We'를 쓰지 말자.

일반적으로 대학교 숙제나 논문에는 'I, You, We'를 사용하면 안 된다. 쓰는 글의 종류에 따라 다르지만 객관적인 느낌을 살려야 되는 제안서나 논문, 보고서, 실험서 같은 경우는 'I 나 you' 대신에 다른 주어를 써주거나 수동태 형태로 글을 써야 한다. 주어가 항상 필요한 영어에서 'I' 나 'You,' 'We' 없이 작문하는 것이 처음에는 다소 힘이 든다. 처음에 이러한 형태의 문장을 만들 때 여러 번 고쳐가면서 썼던 기억이 있다. 계속해서 수동태 형식이나 다른 주어를 사용하면서 'I, You, We'

없이 글을 쓰는 능력을 키우자.

예를 들어

"We should observe the law"에서 'We'를 쓰지 않고 표현하려면 수동태로 바꾸어
"The law should be observed"라고 하면 된다.

6) 문법은 중요하다.

평상시 영어로 대화를 할 때는 문법에 그렇게 매일 필요가 없다. 상대방하고 직접 얼굴을 맞대고 의사소통을 하기 때문에 콩글리쉬와 바디랭귀지를 잘 섞어 얘기해도 된다. 하지만 글이라는 것은 완벽하지는 못해도 하나의 일관된 형태를 띠고 있어야 한다. 따라서 문법이 서툴다면 문법만 공부하기 보다는 문장을 만들어 나가면서 계속 고쳐나가 보자. 주변 사람들한테 첨삭지도를 부탁해도 좋다.

7) 인터넷을 조심하자.

자신에 대해 쓰는 글이라면 인터넷을 검색할 필요가 없겠지만 과학 보고서라든가 역사 에세이라든가 논문이라면 무조건 자신의 지식으로 글을 쓰기에는 너무나 어렵고 부족하다. 따라서 전문적인 지식을 요구하는 글이라면 항상 먼저 Research (조사)를 하고 나서 충분한 정보를 모았을 때 글을 써야 한다. 인터넷이 발달되지 않았을 때는 주로 책이나 인터뷰를 통해 정보를 수집했지만 인터넷이 발달된 오늘날에는 검색창에 검색어를 넣고 몇 초만 기다리면 원하는 정보를 손쉽게 얻을 수 있다. 하지만 인터넷은 쉽게 찾을 수 있는 것처럼 다른 사람들이 쉽게 올릴 수도 있다. 따라서 전문적이고 철저한 검사를 통해 만들어진 책이나 다른 정보출처하고 달리 엉터리 정보가 올라올 확률이 높다. 따라서 인터넷을 통해 정보를 수집할 때는 믿을만한 사이트인지 출처와 글쓴이를 항상 확인해 봐야 한다. 되도록이면 정부나 공공기관이 운영하는 사이트를 이용하여 글을 쓰는 것이 좋다.

8) 절대 베끼지 말자.

미국에서는 어렸을 때부터 plagiarism(표절)에 대해 배우고 이를 방지하기 위한 엄격한 규칙을 적용하고 있다. 학교에서는 주로 선생님이 규칙을 정하는데 그 규칙을 따르지 않으면 그 숙제에 빵점을 받는다고 해도 변명할 기회조차 없다. 표절의 잣대가 때로는 애매할 수 있기 때문에 미국은 중학교, 고등학교부터 철저하게 교육시킨다. 요즘에는 인터넷이 있어서 표절을 했는지 안 했는지 더 쉽게 구별할 수 있다. 간혹 영어를 못하는 한국 사람들은 영어에 대한 두려움 때문에 자신이 직접 글을 쓰지 않고 남의 것을 베낄 때가 있다. 심지어 잔머리를 잘 굴리는 사람은 있는 그대로 베끼지 않고 순서를 바꾸거나 단어를 바꿔서 낼 때가 있다. 하지만 표절은 문장을 베끼는 것을 넘어서 남의 생각이나 의견을 그대로 가지고 오는 것도 표절이라고 본다. 따라서 조금 자신이 없더라도 자신이 직접 처음부터 끝까지 노력해서 값진 글을 써보자.

미국에서 점수에 반영되지 않는 first draft (초고)를 작성할 때 대충 인터넷에 있는 정보를 베껴서 낸 적이 있다. 그때 시간이 부족해서 점수에 반영이 안 된다는 핑계로 허겁지겁 아무거나 베껴서 제출했지만 선생님이 다 알고 지적했었다. 나중에 다시 잘 써서 완벽하게 마무리했지만 first draft를 그렇게 낸 것에 대해 부끄러웠던 기억이 난다. 다음은 그때 선생님이 직접 내가 베낀 사이트를 찾아 표절했다고 지적한 것이다.

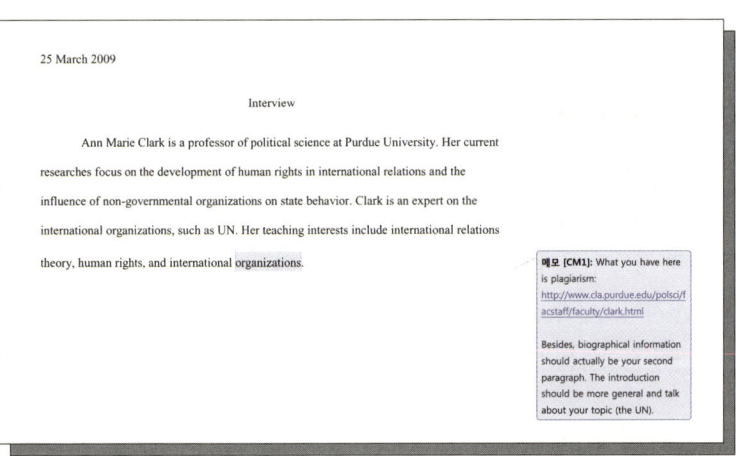

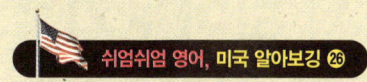 쉬엄쉬엄 영어, 미국 알아보기 26

겨울에 너무 추운 미국

　내가 살던 곳은 미국의 미시간주로 겨울이 추운 곳으로 유명하다. 플로리다나 캘리포니아 같은 주는 겨울이라고 해도 그렇게 춥지 않겠지만 뉴욕이나 미시간 같은 데는 겨울이 길고 혹독하다. 하지만 내가 더 춥다고 느낀 이유는 아마 집에 난방이 제대로 되지 않아서인 것 같다. 물론 밖의 온도랑 비교했을 때 집 안은 정말 천국같이 따뜻하지만 한국에서는 바닥이 뜨끈뜨끈한데 비해 미국은 한국처럼 온돌식 난방을 하지 않고 히터, 즉 온풍으로 집을 데우기 때문에 한계가 있다. 따라서 히터가 잘 터지는 곳이나 벽난로 주변은 따뜻하지만 그렇지 않은 곳은 매우 춥다. 한국에서는 겨울에 집에서는 가볍게 입고 있는 편인데 미국에서는 너무 추워서 집 안에서도 양말은 물론 두꺼운 스웨터로 무장을 하지 않으면 추워서 견딜 수 없다. 또한 조금만 히터를 틀어도 전기비가 많이 나오기 때문에 사람들이 히터를 오래 틀지도 못한다. 한국의 온돌식 난방에 익숙해진 우리는 전기장판을 사서 미국에 오기도 한다.

　미국에서는 눈이 많이 오거나 날씨가 너무 추워 아이들이 등교를 할 수 없다고 판단되면 'snow day'를 갖는다. 새벽 4시 30분 각 학군별로 휴교여부를 결정한 뒤 학교의 연락처에 고지하고 TV나 라디오 뉴스를 통하여 방송한다. 그 날 하루 그 지역의 대부분의 학교가 휴교를 하고 아이들은 집에서 하루를 보낸다. 중학생이나 고등학생은 이날을 기다렸다는 듯이 무리해서 놀러 가기도 한다. 어린 학생들에겐 덤으로 얻게 된 휴일이 더없이 달콤할 수 밖에 없다.

EPISODE 27

단어책에서 찾아보기 힘든 실생활 영어단어

실생활의 쉬운 단어를 미리
배울 방법이 없어서 힘들어~

서점에 가보면 정말 다양한 영어 단어 책이 있다. 중학생을 위한 영단어, 수험생을 위한 영단어, 토익이나 토플에 자주 나오는 영단어 등 다양한 영어 단어 책이 있다. 하지만 그 책 중의 대부분의 단어들이 실생활에 자주 쓰이는 영어 단어라기 보다는 시험을 위한 것들인 경우가 많다.

'도마' 를 영어로 뭐라고 하지? '국자' 는 영어로 뭐라고 할까? '손톱깎이' 는 뭐라고 하지?

미국에서 생활 회화로 영어를 배우는 사람이라면 알겠지만 회화 중심의 수업보다 책을 통해 더 많이 배우는 한국인들은 소소하지만 유용하게 쓰이는 생활영어를 모르는 경우가 많다.

미국에서 실생활에서 접할 수 있는 다양한 단어들을 알아보자.

 china가 도자기?

'China' 는 '중국' 이라는 뜻이지만 소문자로 쓰면 '도자기, 자기' 라는 뜻으로 쓰인다. 아마도 옛날에 중국에서 만들어진 도자기가 세계적으로 유명해서 'china' 라고 불리는 것 같다. 따라서 찬장을 영어로 'china cabinet' 이라고 한다. 칼이나 도

마' 같은 주방도구를 'utensil' 이라고 한다. '야채나 과일을 자르는데 쓰는 도마' 를 'cutting board' 라고 하며 '배수구' 를 'drain'이라고 한다. '집게' 는 'tongs' 이라고 하고 '국자' 는 'laddle' 이라고 한다. 미국에서는 우리나라 보다 식탁보를 많이 사용하는데 식탁보는 'table cloth' 라고 한다. 식탁 위에 주로 'napkin' 하고 같이 놓아 두는 것이 바로 후추통과 소금통이다, '후추통' 은 'pepper shaker,' '소금통' 은 'salt shaker' 이라고 한다.

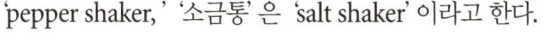

 outlet? 콘센트?

미국에 처음 갔을 때 나는 콘센트가 영어에서도 콘센트인 줄 알고 콘센트 어디 있냐고 물어본 적이 있다. 나중에 영어로는 '콘센트' 를 '콘센트' 라고 하지 않고 'outlet' 이라고 한다는 것을 알게 되었다. '전깃줄' 은 'electric cord' 또는 'wire' 라고 하고 전기 기구는 'electronic appliance' 라고 한다. '전자레인지' 또한 나는 처음에 'electronic range' 인 줄 알았는데 알고 보니 'microwave (oven)' 이었다. 한국에서는 220v를 사용하지만 미국에서는 110v를 사용한다. 한국사람들이 사는 집이라면 누구나 있을 법한 '전기밥솥' 은 'rice cooker' 라고 한다. '흰쌀' 은 'white rice,' '현미' 는 'brown rice' 라고 한다. 미국에서는 우리나라 사람들이 먹는 '찰진 밥' 인 'sticky rice' 보다 동남아 쌀처럼 풀어진 밥을 'stir fry' 해서 먹는다. 'stir fry' 는 중국 음식처럼 프라이팬을 흔들면서 센 불에 조리해서 먹는 음식을 말한다. 볶지 않고 'rice cooker' 에서 바로 나온 밥을 'steamed rice' 라고 한다.

 townhouse는 연립주택

'연립주택' 을 영어로 'townhouse' 라고 한다. 미국에 처음 갔을 때 자꾸 'look at the door' 라고 해야 하는데 자꾸 'look at the 문' 이라고 했다. 문이 영어로 door이라는 것을 알고 있었지만 자꾸 '달' 을 뜻하는 'moon' 하고 헷갈려서 'door' 대신에

문이라고 했던 것 같다. 문손잡이는 'door knob'이라고 한다. 현관문을 'front door'라고 하고 현관문에 있는 작은 구멍으로 안에 있는 사람이 밖에 누가 왔는지 들여다 보는 구멍을 'peep hole'이라고 한다. 초인종을 'door bell'이라고 한다. 미국에서는 많은 사람들이 방에서도 신발을 신고 있는 걸로 생각한다. 물론 신발을 신고 방에 가기도 하지만 대부분 손님이 아닌 이상 신발을 벗고 돌아다니는 경우가 많다. 손님이라고 해도 대부분 들어와서 주인에 따라 눈치껏 신발을 벗기도 한다.

 bed는 bed인데…

'2층 침대'를 영어로 'bunk bed'라고 한다. 소아용 침대는 'crib'이라고 한다. '침대 머리판'은 'bedhead' 또는 'headboard'라 하고 '침대커버'를 'bedspread'라고 한다. '배갯잇'은 'pillowcase'라고 한다. 난간이 있는 '유아용 침대'는 crib이라고 한다. '두꺼운 이불'은 'comforter'라고 하고 그에 비해 '얇은 담요'를 'blanket'이라고 한다. '휴대용으로 공기를 넣어서 만드는 침대'를 'air mattress'라고 한다. 미국에서는 손님들이 집에서 'sleepover' 할 때 남는 침대가 없으면 주로 'air mattress'를 만들어 준다.

 소파는 뭐고 couch는 또 뭐람?

'소파'를 'sofa'라고도 하지만 'couch'라는 단어를 더 많이 사용한다. 'couch potato'라는 단어는 「소파에만 앉아 TV를 보며 감자칩」을 먹는 사람을 일컫는다. 1인용 소파는 'arm chair,' 2인용 소파는 'love seat'이라고 한다. '흔들 의자'는 'rocking chair'라고 한다. '커튼'을 'curtain'이라고도 하지만 'drapes'라는 단어도 많이 사용된다.

 미국은 잔디광

미국 사람들은 잔디를 좋아한다. 따라서 집 주변에는 항상 잔디가 있고 잔디에게 물을 주는 '살수 장치'인 'sprinkler'가 있다. 잔디를 푸르게 유지하는 비용도 만만치 않다. 흙을 팔 때 쓰는 '흙손'을 영어로 'trowel'이라고 한다. '물뿌리개'는 'watering can'이고 '바퀴가 하나인 수레'를 'wheelbarrow'라고 한다. 미국사람들은 'backyard(뒤뜰)에서 barbecue'도 해먹고 'bonfire(모닥불)'도 한다. 'Bonfire'를 할 때 빠질 수 없는 간식이 있다. 바로 'smore'이라는 건데 모닥불에 구운 마시멜로우를 '꼬치'(skewer)에 끼워 구어서 그대로 먹거나 초콜릿과 함께 먹기도 하는 간식이다. 캠프용 간식으로 미국의 아이들에겐 어린시절의 추억에서 빠질 수 없는 최고의 목록이다.

fire drill은 불드릴?

학교에서 'fire drill'을 가끔 할 때가 있다. 화재 대피 훈련으로 사이렌 소리가 들리면 수업 중이거나 점심시간이라도 빨리 밖으로 나가야 한다. 고등학교 때 학교에 불이 난 적이 있었다. 처음에는 'fire drill'인 줄 알고 친구들과 나는 대수롭지 않은 듯이 천천히 밖에 나갔다. 하지만 헬기가 동원되고 서너 대의 소방차와 경찰차가 오자 우리는 단순한 'fire drill'이 아닌 진짜 불이 났다는 것을 알게 되었다. 다행히 아무도 다치지 않았지만 학교에 불을 낸 친구들은 다 퇴학당했다. '연기 탐지기'를 'smoke detector'라고 한다.

졸업식

미국에는 입학식이 따로 없다. 학교 첫날에 정상수업을 한다. 졸업식은 있는데 대부분 수석졸업생과 차석졸업생이 졸업연설을 한다. '수석'을 'valedictorian'이라고 하고 '차석'을 'salutatorian' 이라고 한다. '국가(國歌)'를 'national anthem' 이라고 한다.

 ## 손톱깎이는?

'손톱깎이'를 'nail clipper' 라고 하고 '고데기'를 'curling iron' 이라고 한다. 면봉은 'cotton swab' 이라고 한다. 의사의 처방 없이 구할 수 있는 약을 'over-the-counter medication' 이라고 한다. 음식물 찌꺼기 처리기를 'garbage disposal' 이라고 하는데 미국에서는 한국에서처럼 음식물 쓰레기와 일반 쓰레기를 따로 분리해서 버리지 않는다. 한국에서는 정수기가 많이 사용된다. 공공장소나 집에서 정수기를 흔히 찾을 수 있다. 하지만 미국에서는 정수기보다 'water fountain' 이 많다. 집에서는 주로 수돗물을 그대로 마시거나 bottled water (생수)'를 사서 마신다.

 ## 물집은 water house??

'물집' 은 'blister' 라고 하고 '멍' 은 'bruise' 라고 한다. '팔이나 다리가 저리다'를 표현할 때는 'asleep' 이라는 형용사를 써준다. 예를 들어 '다리가 저리다'를 'My legs are asleep' 이라고 한다. 또한 'I have pins and needles in my legs.' 라고 표현할 때도 있다. 핀과 바늘이 다리를 찌르는 것처럼 다리가 저릴 때 이러한 표현을 사용한다. '코딱지' 는 'booger' 이라고 하고 귀지는 'earwax' 라고 한다. 생리적 현상을 'nature's calling' 이라고 한다. '방귀'를 'fart' 라고 한다. '성형수술'을 'plastic surgery' 라고 하는데 '가슴수술'을 'boob job' 이라고 한다. 미국에서는 가슴수술을 가장 많이 받는다고 한다. '코 성형' 은 'nose job' 이라고 한다. 미국사람들도 주름에 민감해서 Botox (보톡스)를 많이 맞는다.

 자신들만의 스포츠 football

　미국사람들은 'football' (미식축구)을 우리나라 사람들이 축구나 야구를 좋아하듯이 열광적으로 좋아한다. 인기가 가장 많은 스포츠가 뭐냐고 물어보면 당연히 모든 사람들이 'football' 이라고 할 것이다. 항상 미국 혼자 따로 노는 느낌이다. 유럽, 남미뿐만 아니라 아시아까지 월드컵에 미쳐있을 때 미국 사람들은 'football' 에 미쳐서 월드컵에 관심도 없는 사람들이 많다. 그 중에서도 그 해 최고의 팀을 뽑는 'Super Bowl' 때는 정말 한국의 월드컵만큼 그 열기가 대단하다. 친구들과 가족들이 모여 맛있는 음식을 준비해두고 맥주와 함께 TV앞에 모여서 'Super Bowl' 을 본다. 그 때 TV 광고주들끼리 경쟁이 대단한데 영어로 '광고' 를 'commercial' 이라고 한다. 한국에서 광고를 CF라고 하길래 나는 당연히 미국에서도 그렇게 사용하는 줄 알았다가 민망했던 적이 있다.

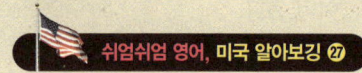
쉬엄쉬엄 영어, 미국 알아보기 27

아이들을 다루는 방법이
사뭇 다른 미국

미국에서 가장 많은 시간을 함께 보낸 사람들이 바로 호스트 가족이다. 호스트 가족과 정말 친가족처럼 허물없이 지내면서 나는 자연스럽게 호스트 가족뿐만 아니라 이웃집 아이들까지 'babysitting'을 하게 되었다. 미국에서 십대들이 가장 쉽게 돈을 벌 수 있는 방법이 아마 'babysitting'일 것이다. 그렇게 'babysitting'을 호스트가족과 살면서 틈틈이 했는데 처음에는 아이들 다루는 것이 매우 서툴렀던 내가 얼마 지나서는 아이들을 다루는 도사가 되어버렸다. 영어도 잘 못했던 내가 아이를 다룬다는 것이 처음에는 힘들었지만 계속 꾸준히 하니깐 요령도 생기고 아이들의 마음을 읽는 방법까지 터득했다.

미국에서는 아이들을 혼자 집에 놔두면 절대 안된다. 한국에서 어렸을 때 엄마가 집 앞에 은행을 가거나 장보러 갈 때 나는 혼자 집에서 문을 잠그고 만화를 봤던 기억이 많다. 그 만큼 한국에서는 아이가 갓난아이가 아닌 이상 집에 혼자 있을 수 있다고 판단하면 가까운 곳에 갈 때 잠깐 아이를 집에 두고 나오는 경우가 있다. 하지만 미국에서는 바로 앞에 있는 가게에 가더라도 아이를 데리고 가야 한다. 내가 미국에서 알고 지냈던 한국인 아줌마한테 들었던 얘기인데 한 한국인 아줌마가 아이를 잠깐 집에 두고 집 앞 가게에 가던 중에 이웃을 만났는데 이웃이 아이가 어디 갔는지 물어봐서 집에 있다고 했더니 가게에 갔다 돌아오는 길에 자기 집 앞에 경찰차가 와있었단다. 나중에 알아보니 그 이웃 아줌마가 아이를 집에 두고 나왔다고 경찰에 신고했다고 한다. 한국이었으면 황당한 일이지만 미국은 당연한 일이다.

미국에서는 아이에게 손을 대면 안 된다. 어렸을 때 나는 잘못을 해서 엄마한테 손으로 맞아 본 적도 있고 할머니한테 회초리로 맞아 본 적도 있고 아빠한테 베개 위로 올라가 손들고 벌 선 적도 있다. 하지만 미국에서는 이러한 모습을 거의 찾아 볼 수 없다. 가끔 장난으로 아이에게 'spank(엉덩이 등을 찰싹 때리다)' 하는 모습은 본 적이 있어도 아이에게 벌주거나 때리는 모습은 본 적이 없다. 따라서 아이들이 가장 싫어하는 말은 'go to your room'이다.

아이들이 잘못을 뉘우칠 때까지 방에만 있으라는 뜻이다. 한창 뛰놀고 싶을 나이에 방에만 있으라는 것은 아이들에게 가장 큰 벌 중 하나이다. 그게 아니면 'no friends over'이다. 한국과 마찬가지로 학교 끝나고 친구들하고 노는 것을 좋아하는 미국아이들은 각자 집으로 친구들을 초대해서 자주 논다. 따라서 'no friends over'은 한동안 친구들을 집으로 데리고 올 수 없으니 친구들하고 놀 수 없다는 뜻이다. 그 외에 외출금지의 뜻을 가지고 있는 'grounded'이다. 'grounded'를 당한 아이들은 학교를 다니는 것을 빼고는 집에만 있어야 한다. 가끔 십대들도 'grounded'를 당한다. 그 외에도 미국에서는 아이가 잘못을 하면 아이가 가장 좋아하는 무언가를 못하게 해서 반성을 하게끔 하는 경향이 있는 것 같다. 예를 들어 'no dessert'와 'no candies' 같이 단 것을 좋아하는 아이들에게 디저트나 캔디를 뺏는 것은 큰 고통이다.

또 내가 놀랐던 것 중 하나는 부모가 아이들하고 같이 자지 않는다는 것이었다. 우리나라는 보통 갓난아기일 때 부모가 아기하고 같은 방에서 자는 것을 이상하게 생각하지 않는다. 하지만 미국에서는 아주 아기일 때부터 부모와 아기랑 따로 잔다. 나는 "밤마다 아기가 울면 다른 방에서 재우는 게 더 귀찮지 않을까?"라는 생각을 한 적이 있다. 오히려 한국에서는 아이와 같이 잔다고 말하니까 미국 사람들이 이상하게 생각했다. 아이가 자는 공간과 부모가 자는 공간이 엄연히 다르다고 생각하는 미국인이다. 또한 어렸을 때부터 자기의 방에서 키워야 독립심이 길러진다고 생각한다. 이것은 엄연히 문화의 차이였다. 또한 아이를 키울 때 우리나라는 주로 아이의 할머니, 할아버지에게 맡기는 경우가 많은데 미국에서는 이러한 모습을 거의 찾아 보기 힘들다. 자신의 아이는 자신이 키워야 하기 때문에 돈을 주고 'babysitting'을 구하거나 'child care'에 아이를 맡긴다. 아이를 키우는 방법에서도 우리는 문화 차이를 분명하게 느낄 수 있다. 하지만 미국이나 한국이나 아이들을 귀하게 여기는 그 마음은 똑같다.

EPISODE 28

아는 단어에 발등 찍히게 하는 영어

사전은 모르는 단어를 찾는게 아니라
아는 단어를 찾아보는데 의미가 더 크다

직히 미국에서 모르는 단어 때문에 민망했던 적보다 내가 이미 한국에서 알고 있었던 단어들 때문에 민망했던 적이 더 많다.

🍎 company가 회사야 손님야

호스트 가족이 어느 날 나한테 다음과 같은 말을 한 적이 있다.

"We are having company for the weekend"라는 말이었다.

위의 문장을 들었을 때 순간 나는 내 귀를 의심했다. 한국에 있었을 때 내가 알고 있던 'company'는 '회사'라는 뜻을 가진 단어였다. 따라서 위의 문장을 들었을 때 전혀 이해가 되지 않았다. 나는 내가 잘못 들은 줄 알고 "Excuse me, what did you just say?"라고 물었다. 다시 물어봤을 때도 똑같은 대답이었다. 나중에 호스트 엄마가 자세히 설명해 주어서 "누가 집에 온다"는 것을 이해했다.

하지만 그 때에도 나는 'company'가 아니라 '동반하다'라는 뜻을 가진 'accompany'인줄 알았다. 아무리 생각해도 company라는 단어는 위의 문장과 어울리지 않았기 때문이다. 'company'는 '회사'라는 뜻 말고도 '손님'이라는 뜻을 가지고 있다. 한국에서는 전혀 이러한 뜻에 대해 배운 적이 없어 더 헷갈렸던 것 같다.

위와 같은 경험이 한 두 번이 아니었다. 내가 확실히 알고 있다고 생각했던 단어 때문에 발등 찍힌 적이 많다. 처음에는 어려운 단어를 외우느라고 고생하는 것도 서러운데 이런 기초적인 단어까지 나를 힘들게 하니까 속이 상했다. 이처럼 영어는 다양하게 사용해 보지 않고서는 안도의 한숨을 쉴 수가 없다.

season이 계절이 아니라고???

'season' 은 계절이라는 뜻만 있을까?

처음에 나는 'season' 이 '계절' 이라는 뜻으로 명사만 있는 줄 알았다. 하지만 미국에서 실생활에 'season' 이라는 단어가 동사로도 쓰이고 'seasoning' 이라고도 쓰인다는 것을 알게 되었다. 주로 부엌에서 요리를 할 때 자주 들을 수 있는 단어이다. 'season' 이 동사로 쓰이면 '양념을 하다, 맛을 내다' 라는 뜻으로 쓰인다. 미국에서 스테이크를 자주 먹는데 스테이크에 양념을 할 때 'season' 이라는 단어를 쓰고 양념을 'seasoning' 이라고 한다.

> **Sprinkle seasoning salt.** (양념 소금을 뿌려라.)
>
> **Could you season the meat with salt and pepper?**
> (소금과 후추로 고기를 양념해주시겠어요?)
>
> **Please season it according to taste.** (입맛에 맞게 양념을 하세요.)

 요리와 관련된 단어

decorate: 장식하다   garnish: 고명, 음식 위에 장식하다
stir: 휘젓다, 뒤섞다   beat: (달걀 등을) 세게 휘젓다.
whisk: (달걀, 거품 등을) 빠르게 휘젓다

chop, cut: 썰다   slice: (치즈 등을) 얇게 썰다
dice: 네모꼴로 썰다   shred: 채를 썰다

grill 굽다, 석쇠 (cf. charcoal grill 숯불 석쇠)
roast 불로 굽다   bake (불에 대지 않고 열로) 굽다
boil 끓다, 삶다, 데치다, 끓임   simmer 끓어오르려는 상태, 끓이다

serving   일인분
portion   식당에서 제공되는 음식의 일인분
cafeteria (공장, 병원 등의) 구내식당 (self-service식으로 쟁반(tray)을 들고 가서 자기가 원하는 음식을 골라 먹는 식당)
automat 간이 식당
delicatessen 델리카트센(소시지, 햄 등을 가공한 식품을 파는 가게)
doggie bag 남긴 음식을 포장하는 봉투
ethnic restaurant 민속음식점
ethnic food 민속 음식
lunch counter 간이식당

utensil 식기   kitchen utensils 부엌세간
cooking utensils 요리도구   ladle 국자
soup bowl 국그릇   countertop 조리대
kettle 주전자   culinary 요리용의, 부엌(등)의
silverware 식탁용 은그릇   kitchenware 부엌세간
diner ware 식기류

spicy 향료를 넣은, 매운(hot)
taste (일반적인) 맛, …의 맛이 나다 (cf. flavor 특유의 맛과 향)

additive 식품첨가물 (*cf.* additive-free 첨가물이 들지 않은)

seasoning 조미료, 양념	**season** 간을 하다, 맛을 내다
savory 향기로운, 짭짤한	**flavored** 맛을 낸, 맛이 있는
sour 시큼한, 신	**tart** 시큼한
filet mignon 등심	**prime rib** 갈비(rib)를 소금으로 구운 것
smoked salmon 훈제연어	**stuffed** 속을 넣은(*cf.* steamed 찐)

T-bone (steak) 소의 허리부분의 뼈가 붙은 T자형 스테이크
ungreased baking sheet 기름을 바르지 않은 구이판
creamed chicken 크림으로 요리한 닭고기
knead 반죽하다(*cf.* mix the batter 반죽을 섞다)
plain 조리하지 않은, 맛이 밋밋한
welldone 잘 익힌(*cf.* rare 덜 익힌, medium-rare 알맞게 덜익힌, medium 알맞게 익힌)

dairy product 유제품	**seafood** 해산식품
cod 대구	**salmon** 연어
tuna 참치	**halibut** 광어

soybeans 콩(*cf.* soybean milk 두유, soybean oil 콩기름)

herb 식용식물	**beverage** 음료
soda 청량음료	**gulp** 꿀꺽꿀꺽 삼키다

soft drink 청량음료 (*cf.* hard drink 도수가 높은 술)
cider 알콜성분이 가미된 사과쥬스
take a sip (술이나 차 따위를 음미하며) 홀짝이다

confectionary 과자의, 사탕의	**pudding** 푸딩
preservative 방부제	**gourmet** 미식가, 요리 감식가

whipping cream 휘핑 크림
filling (음식물의) 속, 내용물
shortcake 과일을 넣은 케이크
cold cuts 얇게 저며 조리한 고기
fat-free 지방을 뺀
chicken broth 묽은 닭고기 스프
cereal 시리얼(cornflakes, oatmeal 등의 아침식사용 곡물)
croissant 크루아상(초승달 모양의 롤빵)
muffin 머핀(옥수수 가루 따위를 넣어서 살짝 구운 빵)
chef's specialty 주방장 특별요리(chef's suggestion)
pasta 파스타(달걀을 섞은 가루 반죽을 재료로 한 이탈리아 요리)
made-to-order food 주문(해 만든 요리)
serve oneself some salad 샐러드를 들다
topping (음식물) 위에 얹은 것(whipped topping 거품 토핑)
club sandwich 클럽샌드위치(찬 고기나 샐러드 등을 끼워 넣은 3겹 샌드위치)

 book이 동사로도 쓰인단다

'book' 은 '책' 이라는 뜻만 있을까?

I booked the next available flight.
(나는 다음비행기를 예약했다.)

'book' 은 '책' 이라는 뜻으로 영어에서 가장 기본적인 단어이다. 하지만 이 기본적인 단어가 동사로 쓰이면 그 뜻이 다양해진다. 공통적으로 '명부 (책)에 이름을 올리다' 라는 뜻을 가지고 있다.

위의 영어문장을 보면 알 수 있듯이 'book' 은 '예약하다' 라는 뜻을 가지고 있다. '책' 이라는 뜻으로만 알고 있으면 곤란하다.

I want to book two seats for tomorrow's concert.
(나는 내일 콘서트의 좌석 2개를 예약하고 싶다.)

또 'book'은 경찰 피의자 명부에 이름을 올릴 때 '입건하다'라는 뜻으로 쓰인다.

He was booked on charges of possessing ecstasy.
(그 남자는 엑스터시 소지 혐의로 입건됐다.)

The celebrity was booked on the charge of accidental homicide.
(그 유명인은 과실 치사 혐의로 입건됐다.)

'계약하다'라는 뜻으로도 쓰인다.

The music band was booked to sing at the opening ceremony.
(그 밴드는 개막식에서 노래하기로 계약됐다.)

이처럼 우리가 쉽게 알고 있는 단어들이 다양하게 쓰이는 모습을 찾아 볼 수 있다. 평소에 단어를 외울 때 어려운 단어만 주의 깊게 보지 말고 쉬운 단어들도 하나 하나 짚어가면서 공부하자.

어찌 develop이 병걸리는 것까지…

'develop'은 '개발하다, 발전하다'라는 뜻으로 주로 더 커지고 발전하고 성장하는 무언가에 많이 쓰이는 단어이다.

하지만 '병에 걸리다'라는 뜻으로 쓰일 때도 있다.

Very few patients develop the disease again.

(환자들이 재발하는 경우는 드물다.)

My father developed a muscular disease that prevents him from walking.
(우리 아버지는 걷지 못하는 병에 걸렸다.)

요즘에는 디지털카메라를 사용하는데다가 인터넷으로 사진을 많이 올리기 때문에 사진을 현상하는 일이 드물지만 '사진을 현상하다' 라는 뜻으로 'develop' 을 사용한다.

I had the pictures developed. (나는 그 사진을 현상시켰다.)

 apply는 크림을 바르거나 붕대를 감을 때도

'apply' 또한 '적용하다' 라는 뜻으로 쓰이지만 '…을 바르다' 라는 뜻으로 쓰이기도 한다.

Apply suncream to protect yourself from the sun.
(햇빛으로부터 보호하기 위해 선크림을 발라라.)

'붕대를 감다' 할 때도 'apply' 를 사용한다.

'Apply the bandage loosely.'
(느슨하게 붕대를 감아라.)

그 외 우리 뒷통수를 세게 후려치는 단어들

그 외에 다양한 단어들을 한번 살펴보자.

[case]

'case'는 '경우'라는 뜻으로 많이 알고 있다. 하지만 'case'는 의외로 다양하게 쓰인다. 특히 미국 드라마 'CSI 시리즈'를 보면 'case'라는 단어를 많이 들을 수 있다.

- 소송 : She won the divorce case. (그녀는 이혼소송에서 이겼다.)
- 사건 : The murder case is unsolved. (그 살인사건은 해결되지 않았다.)
- 주장 : He made a case for the merger plan. (그는 합병계획을 주장했다.)
- 병, 증상, 환자 : The child has a case of smallpox. (그 아이는 천연두 증상을 보였다.)

[chemistry]

'chemistry'는 '화학'이라는 뜻을 가진 단어이다. 과학시간에만 들어볼 법한 이 단어는 '궁합이 좋다'라는 뜻으로 쓰이기도 한다. 화학 시간에 여러 반응이 다양한 생성물을 만들어 내듯이 말이다.

- 궁합, 죽이 맞음 : The chemistry between him and his boss is good.

 (그와 사장은 죽이 잘 맞아.)

A: I think the chemistry between Tom and Susie is good.
B: That's for sure! They have a lot in common.
A: 탐하고 수지는 죽이 잘 맞는 거 같아.

B: 정말 그래! 걔들은 공통점이 많잖아.

[buy]

'buy'는 '사다'라는 뜻을 가지고 있지만 다음과 같은 뜻으로도 쓰인다.

- 사주다 : Let me buy you a drink. (내가 음료 사줄게)
- 믿다 : I won't buy that story. (나는 그 이야기를 믿지 않을 것이다.)
- 얻다 : I won't buy favor with flattery.
  (나는 아첨으로 총애를 얻지는 않을 것이다.)
- 싸게 잘 산 물건 : It was a real good buy. (싸게 아주 잘 샀다.)

[dress]

'dress'는 '드레스'와 '옷을 차려 입다'라는 뜻으로 많은 사람들이 알고 있지만 '(상처를) 소독하고 치료하다, 음식[조리] 준비를 하다'라는 뜻을 가지고 있다.

- 치료하다

  He had his wounds dressed. (그는 상처를 치료받았다.)
  We dressed the wound before taking her to the hospital.
  (우리는 그녀를 병원에 데려가기 전에 상처를 소독하고 약을 발라줬다.)
- (음식을) 조리하기 위해 준비하다

  Dressing the turkey took me over two hours of painstaking labor. (나는 칠면조를 손질하느라 두 시간이 넘게 진을 뺐다.)

이외에도 아는 것이 오히려 병이 되는 단어들이 많다. 'conflict'가 「갈등」, 「충돌」에도 쓰이고 「계획이 겹칠」 때에도 쓰이는 것처럼 영어에는 단어가 하나의 뜻 이상으로 쓰이는 경우가 많다.

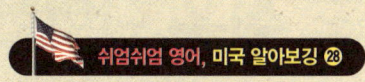

미국의 결혼식

미국은 한국보다 결혼을 일찍 하는 것 같다. 한국에서는 대학교 졸업할 때 쯤에 하는 반면에 미국은 대학교 다니면서 하는 커플들도 많이 볼 수 있다. 심지어 고등학교 졸업하자마자 결혼하는 커플도 있다. 하지만 그만큼 결혼을 안하고 동거하는 커플도 많고 이혼율도 높다.

미국의 결혼식은 한국의 결혼식과 사뭇 다르다. 우리나라도 전통혼례를 거의 하지 않고 서양식 결혼을 받아들였지만 우리나라에 맞게 나름대로 변형시켰기 때문에 미국의 결혼식하고 비교하면 다른 점을 많이 발견할 수 있다. 영화 '27 Dresses(27번의 결혼리허설)'이나 'Wedding Crashers(웨딩 크래셔)', 'Made of Honor(남주기 아까운 그녀)'와 같은 영화를 보면 미국의 결혼식에 대해 어느 정도 알 수 있다. 미국은 신랑들러리(groomsman)와 신부들러리(bridesmaid)를 결혼 준비하기 전에 정한다. 주로 가장 친한 친구나 형제나 자매를 중심으로 각각 4명 정도 정한다. 그 중 신랑 쪽 한 명을 Best man, 신부 쪽 한 명을 maid of honor로 정해 결혼을 준비할 때 도와주는 역할을 한다. 이들은 결혼식 날 같은 드레스와 정장을 맞추어 입는다. 또한 결혼하기 전 한달 전쯤 신랑 쪽에서 남자들만 모아 'Bachelor Party'를 열고 신부 쪽은 여자들만 모아 'Bridesmaid Party'를 연다. 미국은 친구와 가족의 결혼을 참석하기 위해 멀리 비행기까지 타고 가서 몇 일 동안 머물려 지내기도 한다. 부조도 한국하고 다르게 돈으로 주기보다는 미리 예비 부부가 작성한 'Wedding Registry(혼수용품 목록)'를 보고 예산에 맞게 물건을 선물해 준다. 따라서 대형 백화점 같은 곳에 가면 이러한 'Wedding Registry'를 빨리 할 수 있는 기계가 따로 있다.

결혼식이 끝나고 바로 신혼여행을 떠나는 한국과는 달리 미국은 결혼식이 끝나고 피로연 같은 'reception'이 있다. 'reception'은 호텔이나 큰 레스토랑 같은 데서 열리는데 12시가 넘어서 까지 새 신랑과 신부의 앞날을 축복하며 먹고 마시고 춤을 추며 즐거운 시간을 보낸다. 따라서 피로연에 초대된 사람은 끝까지 남아서 축하해 주는 것이 예의이다. 한국에서는 주로 부모님의 지인들을 많이 부르지만 미국에서는 신랑, 신부의 지인들을 위주로 해서 많이 초대한다.

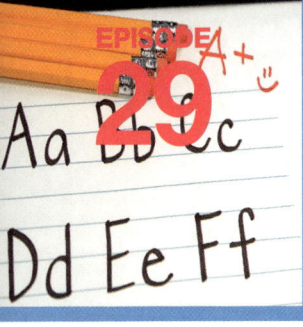

미국인들도 쉬운 단어를 좋아해

clean 놔두고 왜 어려운 immaculate를 써?

어느 정도 듣기 실력이 있고 영어 회화에 자신감이 있는 사람이라면 미국 드라마나 영화를 볼 때 큰 어려움은 없을 것이다. 하지만 일상생활을 그린 미국 드라마나 영화는 쉽게 이해하겠지만 예를 들어 'House' 나 'Gray's Anatomy' 같은 의학용어가 많이 나오는 드라마라든가 'CSI' 나 'Law & Order' 같은 법에 관한 용어가 많이 나오는 드라마라면 상황이 달라진다. 이 말은 즉 미국 사람들도 전문적인 용어를 필요로 하는 상황이 아니라면 굳이 어렵게 고급단어를 평상시에 사용하지 않는다는 말이다. 쉽고 쓰기 편한 단어들을 두고 왜 일부러 어려운 단어를 쓸 이유가 없다. 따라서 굳이 어려운 단어를 생각해 가면서까지 영어로 대화하려고 노력하지 않아도 된다. 쉬운 단어를 유연하게 잘 쓰는 것도 실력이고 영어를 잘 하기 위해 꼭 필요하다.

예를 들어 살펴보자.

 participate vs. take part in

'우리는 …에 참가하다' 할 때 'participate' 라는 단어를 떠올린다. 하지만 굳이 'participate' 를 사용하지 않고 쉬운 단어들로 충분히 '참가하다' 라는 뜻을 만들 수 있다.

바로 'take part in'을 사용하면 된다. 'participate'와 똑같이 '참가하다'라는 뜻을 가진 'take part in'을 더 많이 사용한다.

They did not take part in the concert. (그들은 콘서트에 참가하지 않았다.)

The experts took part in the major conference. (그 전문가들은 그 주요한 회의에 참석했다.)

 examine vs. look over

또 다른 단어로는 'examine'을 들 수 있다.

The voters will carefully examine the arguments to make the final decision.
(그 유권자들은 마지막 결정을 하기 위해 그 주장을 면밀히 살필 것이다.)

위의 문장에서 'examine'을 사용할 수도 있지만 'examine'보다 우리에게 좀 더 쉽고 친근한 단어인 'look over'을 사용할 수도 있다.

The voters will carefully look over the arguments to make the final decision.

같은 뜻이지만 하나는 좀 더 기본적인 동사를 사용하여 만들었다.

'look'이라는 동사는 생각보다 다양하게 쓰인다.

look up (사전 등을) 찾아보다
look for 찾다

look after 보살피다

look into 조사하다

look ahead 앞일을 생각하다

look up to 존경하다

위의 숙어들 이외에도 'look'을 이용하여 다양한 뜻을 만들어 낼 수 있고 'examine' 같은 단어를 대신 할 수 있다.

look for vs. find

둘 다 단순히 '찾다' 라는 뜻으로만 생각하는 경우가 많은데 사실 두 단어에는 큰 차이가 있다.
look for는 무언가를 찾고 있는 행동을 표현하는 뜻이다. 따라서 '찾으려고 애쓰다' 라는 뜻을 가지고 있다.
'find' 는 찾고 있는 행동이 아닌 무언가를 이미 '찾다, 발견하다' 에 의미를 둔다. 따라서 무언가를 '찾은 상태' 를 표현할 때 사용되는 단어이다.

I am looking for my dog. (O)
I am finding my dog. (X)

 eliminate vs. get rid of

또 다른 예로는 'eliminate' 을 들 수 있다. 'eliminate' 은 '제거하다' 라는 뜻을 가진 동사이지만 'eliminate' 보다 'get rid of' 라는 동사를 더 많이 사용한다.

North Korea must get rid of its nuclear weapons.
(북한은 핵무기를 없애야 한다.)

I want to get rid of my old clothes.
(나는 내 오래된 옷을 처리하고 싶다.)

recover *vs.* get better

'recover' 도 'get better' 가 대신 할 수 있다. '회복하다' 라는 뜻을 가진 'recover' 대신에 'get better' 를 더 많이 사용한다.

> I have faith that she will get better soon.
> (나는 그녀가 곧 좋아질 거라고 믿는다.)
>
> My son is getting better. (내 아들은 회복하고 있는 중이다.)

이처럼 영어는 한 단어 보다는 기본동사와 전치사로 이루어진 동사구를 좋아한다. 따라서 굳이 길고 어려운 단어를 사용하기보다는 동사구를 이용하여 쉽고 편한 문장을 만든다.

 abandon *vs.* give up

'포기하다' 라는 뜻을 가진 영어 단어는 아주 많다.

surrender
abandon
renounce
resign

하지만 위의 단어들보다 '포기하다' 라는 뜻으로 더 많이 사용되는 동사구가 있다. 바로 'give up' 이다. 멀쩡한 단어를 놔두고 미국사람들은 'give up' 이라는 표현을 더 자주 쓰는 모습을 쉽게 찾을 수 있다. 위에 나오는 어려운 단어들은 일상생활에서 쓰이기 보다는 학교에서 배우는 역사책이나 신문에서 더 많이 찾을 수 있다.

따라서 'give up' 이라는 단어만 알아도 일상 생활에서 대화를 하는데 아무런 문제가 되지 않는다.

> I don't want to give up anything before I even try.
> (나는 시도도 해보기 전에 포기하고 싶지 않다.)

> North Korea should give up its nuclear weapons.
> (북한은 핵무기를 포기해야 한다.)

 anticipate *vs.* look forward to

'anticipate' 는 '학수고대하다' 라는 뜻을 가지고 있다. 하지만 'anticipate' 보다 미국인들은 'look forward to' 를 더 많이 사용한다.

> I am looking forward to meeting my family.
> (나는 내 가족을 만나기를 학수고대하고 있는 중이다.)

> I am looking forward to seeing the movie
> (나는 그 영화를 보기를 기대하고 있는 중이다.)

위의 단어들 이외에도 우리는 다양한 예를 찾아 볼 수 있다. 심지어 '운동하다' 라는 뜻을 가진 'exercise' 대신에 'work out' 이라는 동사구를 사용하기도 한다.

미국에 처음 갔을 때 나는 단어 실력이 부족하다고 생각해서 한국에서 가지고 온 단어 책을 보면서 열심히 외웠던 적이 있다. 꽤 어려운 단어들로 구성된 책이었는데 내가 외우고 있던 단어들을 볼 수 있는 경우는 거의 없었다.

immaculate *vs.* clean

그 중 한 단어가 바로 'immaculate'이었다. '오점 없는' 뜻인 'immaculate'을 미술시간에, 친구의 그림이 너무나 깨끗하고 예뻐서 "That's immaculate"이라고 했다. 순간 주위에 있는 친구들이 놀란 표정으로 나를 쳐다봤다. 친구들이 어렵고 잘 쓰지도 않는 단어를 한국에서 온 내가 사용한다는 것이 놀랍다고 했다. 어려운 단어를 알고 있다는 것에 놀라는 것이 아닌 상황에 맞지 않게 무리해서 어려운 단어를 쓰는 내가 웃긴다는 뉘앙스였다. 분명히 'immaculate' 말고 'clear, clean, neat, innocent' 같은 단어들이 있었음에도 불구하고 굳이 어려운 단어를 쓴 나를 다시 생각해봐도 좀 어이가 없다.

한국에서도 일상 생활에서 굳이 어려운 단어를 사용하지 않듯이 미국 사람들도 마찬가지이다. 그들도 평범한 단어를 많이 사용한다. 또한 가끔 어려운 단어를 사용해야 영어를 잘하는 것처럼 여길 거라는 생각에 어려운 단어를 사용하는데 그것 또한 잘못된 생각이다. 상황에 맞게 적절한 단어를 사용할 줄 아는 것이 영어를 잘하는 것이다.

친구들과 얘기를 하는데 굳이 'remove' 같은 쉬운 단어를 두고 'annihilate' 같은 들어보지도 못한 단어를 사용할 필요가 없다는 것이다. 'balance'라는 좋은 단어를 두고 발음도 제대로 안되는 'equilibrium' 같은 단어는 더욱 사용하지 않는 것이 좋다.

MORE TIP

사전에 단어를 찾을 때에도 단어만 찾는 것이 아닌 숙어와 표현도 찾아서 살펴보는 것이 좋다. 요즘에는 종이로 된 사전은 거의 쓰지 않고 인터넷이나 전자사전을 사용하기 때문에 다양한 숙어나 표현, 예문 등을 편하고 빠르게 찾을 수 있다. 따라서 어려운 단어보다 쉽게 많이 쓰이는 표현을 찾으려면 사전을 잘 활용할 줄 알아야 한다.

한국인들은 토플을 공부하거나 GRE를 공부하면서 Vocabulary 33000, Word Power 같은 책에 나오는 고급단어를 외우기 위해 힘든 싸움을 한다. 하지만 그 단어 중 막상 당장 미국에 가서 사용하는 단어들이 얼마나 될까? 막상 사용하려고 하면 기억도 안 날뿐더러 사용할 기회도 별로 없을 것이다. 그렇다고 그러한 단어들을 외울 필요가 없다는 말은 아니다. 가능한 폭넓은 단어를 알고 있는 것은 좋지만 가장 기본적인 단어들을 사용하는 습관을 기르고 난 뒤 그러한 단어들을 활용해보는 것이 더 좋을 듯하다. 무작정 어려운 단어를 외우기 위해 싸매고 고생하는 것보다 이미 알고 있는 단어라도 확실히 자신의 것으로 만드는 것이 더 중요하다.

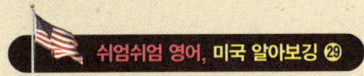

미국의 교육

　미국의 교육은 한국의 교육과 많이 다르다. 한국은 다른 나라들보다 교육열은 대단히 높은 편이어서 매일 '교육개혁이다, 혁신이다'라고 하면서 많은 정책들과 대안을 내놓지만 만족할만한 성공을 거두었다고는 할 수 없다. 미국도 미국 나름의 문제점을 가지고 있고, 많은 미국인들도 그들의 교육에 대한 우려와 고민을 가지고 있다. 사실 어느 쪽 방식이 옳고 그르다는 것을 판단하기는 어렵다. 득(得)이 있으면 항상 실(失)이 따라오기 때문이고 또한 교육은 항상 진행형이니까….

　미국에서는 대학교에 가면서부터 고생의 시작이고 고등학교는 생애 최고의 전성기라는 말을 쉽게 들을 수 있을 정도로 경쟁이 심하지도 않고 공부가 힘들지도 않다. 그렇다고 해서 마냥 운동하고 여가활동을 하면서 노는 것은 아니다. 학교에서 프로젝트며 에세이며 시험이며 퀴즈며 나름대로 공부에 투자를 해야 한다. 한국에서는 고등학교 때 놀면 큰 일이라도 난다는 듯이 극성이지만 미국에서는 놀면서 공부를 할 수 있다는 점이 다르다. 아이들은 따로 학원을 다니거나 학교가 끝나고 하루 종일 공부만 하며 밤을 새는 경우는 거의 없다. 대부분 학교 숙제만 잘 해가도 점수를 받는데 문제가 없다. 나도 한국에서 '좋은 대학에 가기 위해서 학교 끝나고 학원을 다니면서 더 공부를 해야 한다'라는 강박관념에 사로잡혀 있었을 뿐만 아니라 학교공부 이외에 미리 선행학습을 하지 않으면 뒤쳐질 수 있다는 불안감에 사로잡혀 지냈다. 하지만 미국에서는 이러한 불안감과 강박관념 없이 순순히 학교공부만 잘 따라가도 공부를 잘 할 수 있다는 것을 몸소 체험하면서 많이 놀랐었다. 학교에서 1등, 2등 하는 친구들도 다 놀 때는 놀고 공부할 때는 공부한다. 굳이 미리 선행학습을 한다든가 학원을 다니는 모습은 찾아볼 수 없다.

　하지만 미국에서는 대학에 가면서 고생의 시작이다. 중간에 그만두거나 낙제하는 친구들을 많이 볼 수 있다. 한국에서 대학교를 다니다가 미국에 온 한 언니는 "나는 한국에서 대학교 다니면서 하루도 하이힐을 안 신어 본적이 없어"라는 말을 했다. 그 언니는 미국에 와서 처음으로 대학교에서 운동화를 신어봤다고 했다. 이처럼 미국에서는 대학교 때 공부량이 급

쉬엄쉬엄 영어, 미국 알아보기 ㉙

격하게 늘어나면서 한창 나이에 꾸미고 다닐 시간조차 없다. 씻지 못할 때도 다반사이다. 거의 매일 24시간 여는 도서관에서 밤을 지새고 커피와 에너지 드링크를 입에 달고 산다. 나는 생리학 퀴즈 하나를 잘 보기 위해 밤을 새우면서 공부를 했지만 결과는 참담했었다. 대부분 학년이 올라갈수록 점수는 상관이 없어지기 시작한다. 나는 100점 만점에 50점을 겨우 넘은 시험이 있는데 그래도 잘 봤다고 생각한 적도 많다. 평균이 20%에서 30%도 안 되는 클래스도 있고 낙제를 해서 다시 듣는 친구들도 많다.

그렇다고 한국 학생들이 대학교에 들어가면 무조건 논다는 것은 아니다. 분명 그 중에서도 열심히 공부하는 친구들이 있을 것이다. 하지만 고등학교 때만 반짝 공부하고 나서 대학교는 수월하게 다닐 수 있는 한국보다는 고등학교 때 다양한 경험을 통해 자신의 적성을 찾아 대학교에 가서 전문적인 공부를 좀 더 깊게 하는 미국의 교육에 분명히 우리는 배울 점이 많다고 생각한다.

짧지만 큰 'impact'를 가지고 있는 감탄사와 의태·의성어!

소통을 잘 하려면 상대방의 말에 반응을 제대로 해야~

영어도 결국에는 언어이고 언어가 존재하는 이유는 바로 소통을 위해서이다. 우리가 상대방과 빠르고 쉬운 소통을 하기 위해서는 바로 반응을 잘 보여야 한다. 상대방이 하는 말에 귀를 기울이고 상황에 맞게 적절한 반응을 취해야 한다. 이 때 가장 쉽고 편하게 할 수 있는 것이 바로 '감탄사와 의태어, 의성어' 를 이용하는 것이다. 아무리 다양한 문장을 만들 줄 알고 고급스러운 표현을 사용할 수 있다고 해도 상대방이 하는 말에 제대로 반응을 보여주지 않는다면 대화는 매끄럽지 못해 오래 유지되기 힘들 것이다. '감탄사와 의태어 의성어' 를 잘만 활용하면 우리는 영어를 잘 하지 못해도 상대방과 소통을 하는데 있어서의 어려움을 많이 줄일 수 있다.

가장 쉬운 예로 다음을 들 수 있다.

A: Oops! I just spilt coffee on my new dress.
아뿔싸! 새 옷에 커피를 쏟았어.

B: Let me get you a towel. 타월 갖다 줄께.

A: The men's room is next door! 남자 화장실은 옆방이에요!

B: Whoops! 아이구머니나!

'Oops' 또는 'Whoops'는 실수를 하거나 뭔가를 떨어뜨렸을 때 사용하는 표현이다. 내가 대화를 할 때 실수를 했거나 뭔가 잘못했을 때 자연스럽게 이러한 표현으로 반응을 보이면 자연스러운 대화를 유지할 수 있다.

또 다른 예로는 우리들이 흔히 알고 있는 'wow'를 들 수 있다. 입을 다물지 못할 정도로 놀라거나 흥분되는 상황에 쓰이는 'wow'는 한국에서도 가끔 사용되는 것을 볼 수 있다.

> A: Look at the new teacher. 새로 온 선생님 좀 봐.
> B: Wow, she's a knock-out. 와, 끝내주는데.
> A: You're not kidding. 누가 아니래.

그 외에 한국인들이 많이 알고 있는 표현들에는 'Oh my god,' 'Ouch,' 'Eww,' 'Yuck,' 'Aww,' 'No kidding' 같은 표현이 있다. 이러한 표현들은 한국어와 비슷한 부분도 있지만 전혀 다른 표현들도 있기 때문에 주의해야 한다. 예를 들어 한국어로는 닭이 울 때 '꼬끼오'라고 하지만 영어로는 'Cock-a-doodle-doo'라고 한다. 내가 한국에서는 '꼬끼오'라고 한다고 하니까 미국 사람들이 '웃기다, 이상하다'라고 말한 적이 있다. 나는 속으로 "너희들 영어가 더 이상하거든?"이라고 말했다. 사람들마다 듣는 기준이 다르고 표현 방식이 다르기 때문에 이러한 차이는 당연한 것이다.

이번에는 본격적으로 다양한 표현들을 한 번 배워보자.

 **Who Knows!**

반어적(反語的)인 표현인데 우리말로 하자면 「누가 알랴!」 정도에 해당된다. 풀

어 쓰면 "Who knows the answer to that question!"으로 상대방이 묻는 말에 전혀 모르겠다는 의미이다. "God only knows!"도 같은 의미이다. 단어의 의미보다는 전체적인 문장의 억양이 내용전달에 중요한 기능을 하는 경우이다.

A: What is he doing here? 쟤 여기서 뭐 하는 거야?
B: Who knows! 누가 알겠어!

A: Do you think she'll pass the exam? 그녀가 시험에 합격할 것 같니?
B: Who knows! 누가 알겠니!

Gotcha!

일상 생활에서 굉장히 많이 쓰이는데 "I got you" 또는 "I've caught you!"에 해당되는 것으로 의미는 크게 3가지가 있다. 첫째는 술래잡기나 서바이벌 게임 등에서 상대방을 잡았을 때 「잡았다!」라고 하는 말이며, 두 번째는 '선생님께서 너 좀 오래'라고 거짓말로 상대방을 놀리고 나서 초조해 하는 상대방에게 "Gotcha!"라고 할 수 있다. 이때 의미는 "I fooled you(내가 너 속였어)"에 해당된다. 마지막으로는 가장 보편적인 경우로 상대방의 뜻을 「이해했다」는 의미로 사용된다.

A: What do you mean you have no more money?
돈이 더 없다는 게 무슨 말이야

B: Gotcha! 농담이지!

Cheers!

'cheer'은 '응원하다'라는 뜻으로 "Cheer up!" (기운 내!)이라는 표현은 많은 사

253

람들이 이미 알고 있는 표현이다. 반면에 "Cheers!"는 술좌석에서 술잔을 부딪히면서 하는 말로 우리말로는 「건배」에 해당되는 표현이다. "Bottoms up!"도 같은 뜻으로 사용되기도 한다. 'bottom'은 「밑바닥」이라는 뜻으로 'Bottoms up!' 하면 바닥까지 다 마시자는 것으로 「건배」, 「쭉 들이킵시다」(Empty your glasses!; Finish your drinks!)에 해당되는 말이다.

A: Let's have a toast to the beautiful bride.
아름다운 신부를 위해 축배를 듭시다.

B: Cheers! 건배!

 Dear me!

「친애하는」이란 뜻으로 알려진 'dear'는 편지에서 'Dear who'의 형태로 쓰이는 단어로 많이 알려져 있다. 그러나 'dear'가 감탄사로 쓰이면 「어머나」, 「아이고」, 「저런」 등의 의미로 쓰인다는 사실을 알아두면 좋다. 자주 쓰이는 꼴은 'Oh, dear!,' 'Dear me!'로 놀람이나 슬픔 또는 가벼운 분노, 낙담 등을 표현할 때 자주 사용된다.

A: Did you hear that Johnny's grandmother passed away?
조니의 할머니가 돌아가셨다는 소식 들었어?

B: Dear me! 저런, 세상에!

 **Okie dokie!**

긍정과 허락의 감탄사인 'OK(Okay)!'의 구어적 표현이다. 발음은 '오끼도끼'로 영어 단어 같지 않은 발음 때문에 우리에게는 좀 생소하게 느껴질 수 있다. 이는

'Okay'의 고어(古語)로 현재는 조금 장난기 있게 말하는 상황에서 친한 사이에 국한되어 사용되고 있다. 우리의 경우에도 「예, 알았어요」라고 할 상황에 옛말로 「예, 분부 받들겠습니다」라고 하는 경우가 있다. 웃음을 자아내기 위함이다. 바로 이런 경우에 'Okie dokie'가 사용된다는 점을 기억해 두면 된다. 'Okey dokey'라고도 한다.

A: Go to the car and get the equipment. All right?
차에 가서 장비 좀 가져오렴. 알겠니?

B: Okie dokie! 알겠사와요!

 Come on!

영화나 드라마를 보다 보면 가장 많이 듣는 표현 중의 하나로 그 사용되는 의미가 다양하다. 먼저 상대방이 놀리거나 혹은 지나치게 과장되게 말할 때 "Come on"하게 되면 「제발 이러지마」(Stop it!; Stop doing that!)라는 의미가 되고 상대방에게 허가를 구할 때, 즉 밤늦은 귀가를 요청하는 딸이 또는 빵을 더 먹겠다고 졸라대는 아들이 "Come on"하게 되면 「제발 좀 허락해주세요」(Please oblige me.)라는 의미가 된다. 또한 상대방이 이동하면서 "Come on"하면 「서둘러라」(Hurry up!)라는 말이다.

A: What time does the show start? 그 프로 몇 시에 시작하지?

B: It begins at nine. Do you think you can get ready in time?
9시에. 시간 맞춰 준비할 수 있겠어?

A: That depends on whether the bathroom is free.
그야 욕실이 비어 있느냐에 달렸지.

B: Come on! You can take a shower later.
제발 그만 좀 하시지! 샤워는 나중에도 할 수 있다구.

 **Holy cow!**

'holy'는 「신성한」이라는 의미로 많이 알고 있지만 반어적(反語的)으로 「놀라운」(frightening)이라는 뜻으로도 쓰인다. 여기에 여러 가지 다양한 단어가 결합되어 'Holy + N!' 하면 「놀람」이나 「기쁨」 등 감정이 격렬해질 때 내뱉는 탄식어(歎息語)가 된다.. 명사로는 그 이유는 잘 모르겠지만 'cow'가 주로 등장하며 그밖에 'cats, Moses, fuck, shit' 등이 온다. 하지만 'fuck이나 shit'을 동반한 "Holy fuck!"이나 "Holy shit!"은 비어(卑語)이므로 함부로 사용하지 말자.

 A: Holy cow! That's the biggest cat I've ever seen.
  이야! 이렇게 큰 고양이는 처음 보네.

 B: You can say that again! 정말 그래!

 Oh, boy!

어디 젊은 남자를 애타게 찾는 노처녀의 외침으로 들릴 수 있다. 감탄의 표현에 약한 사람, 그리고 아는 단어는 결코 사전을 찾지 않는 게으른 사람들은 종종 "Oh, boy!"를 「오, 소년!」이라는 그럴듯한 시 구절처럼 옮기는 실수를 하기도 한다. 생각해보니 나도 그런 적이 있는 것 같다. 어쩐지 나중에 생각해보니 앞뒤가 맞지 않았다. 「야!」, 「이런!」, 「참!」에 해당된다. 'Oh'를 빼고 그냥 'Boy!'이라고도 표현한다.

 A: I've got a really big surprise for you!
  정말로 널 깜짝 놀라게 할 일이 있어!

 B: Oh, boy! I can hardly wait to see what it is.
  이런! 그게 뭔지 알고 싶어 죽겠다, 야.

 **Huh**

억양을 조절하여 '의문, 놀람, 경멸(contempt), 무관심(indifference)'을 두루 나타낼 수 있는데 보통 "It's pretty big, huh?" 하는 식으로 예사로 쓰이는 경우도 많다. 상대방이 한말에 놀라거나 자신의 의견과 맞지 않을 때 많이 쓰인다.

A: We have to leave right now! 우린 지금 당장 떠나야 해!
B: Huh? 왜?
A: If we don't go now, we'll be stuck in traffic.
지금 안 가면 교통체증 때문에 옴짝달싹도 못할 거라구.

 **Hmm**

'h'm'으로 표기하기도 하며 우리말의 '음…'처럼 「깊은 생각」(deep thinking), 「주저」(pausing), 「의심」(doubt), 「불만」(disagreement or dissatisfaction) 등을 억양을 교묘히 조절하여 나타낼 수 있다. 'Hmm-K'는 잠시 생각하다가 'OK'라고 허락하는 것이다. .

A: I just found out that John is leaving. 존이 회사를 그만 둔다는데.
B: Hmm? 그래?
A: That means his job will be up for grabs.
그럼 그 사람 자리를 누군가가 차지할 수 있다는 얘기네.

A: I think that we should set up a meeting right away.
곧 회의를 열어야 할 것 같습니다.
B: Hmm-k. 음~ 그럽시다.

A: What about tomorrow afternoon? 내일 오후면 어떨까요?

 Psst

다른 사람은 못 알아 듣도록 비밀스럽게 상대의 주의를 끄는 소리이다. 너무 큰 소리를 내서 본래의 용도와 달리 모든 사람의 주의를 끌어서는 안되고 소곤소곤 몰래 얘기해야 할 때 사용하자.

    A: Psst. Hey, over here. 이봐, 여기야.
    B: Why are you being so quiet? 왜 그렇게 목소리를 낮추는 거야?
    A: My boss is looking for me. 사장이 나를 찾고 있거든.

위의 예 이외에도 많은 감탄사와 의성어, 의태어가 있다. 다 나열하자면 정말 끝도 없이 많을 것이다. 가장 쉽게 이러한 표현을 익히는 법은 아마 미국 드라마나 영화를 보면서 어떤 상황에 어떻게 사용되는지 보면서 듣는 것이 가장 좋은 방법인 것 같다. 아무리 감탄사, 의성어, 의태어를 많이 알고 있다고 해도 적절한 때와 상황을 겪어보지 않은 이상 자연스럽게 사용하기 어렵기 때문이다.

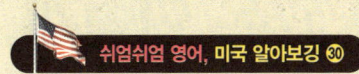

작은 것에도 예민한 미국

'freshman'은 '신입생'이라는 뜻을 가지고 있다. 하지만 'man'이라는 단어의 사용이 성차별이다라는 생각하는 사람들이 있어 'frosh'라고 하기도 한다. 이러한 예들이 영어에서는 아주 많다. 'policeman을 police officer'라고 하고 'mankind'를 'human being'이라고 바꾸는 것을 보면 알 수 있다. 이처럼 다양한 인종이 함께 더불어 살아가야 하는 미국에서는 작은 것에도 매우 예민해한다. 예를 들어 흑인을 'black'이라고 표현하기도 하지만 'African American'이라고 표현하는 것이 더 좋다. 별로 신경을 쓰지 않는 사람들도 있지만 'black'을 인종차별적인 발언이라고 생각하는 미국인들이 있기 때문이다. 또한 과거 노예제도가 폐지되기 전에 흑인을 비하하여 'nigger' 또는 'negro'라고도 불렀는데 이를 아직도 함부로 사용하면 큰 싸움을 일으킬 수도 있다. 미국은 겉으로는 'melting pot,' 즉 여러 인종과 문화가 잘 융합되어 있어 보이지만 사실 그 때문에 불안한 곳이기도 하다. 아무리 잘 융합시키고 화합하고자 해도 서로 너무 다른 색깔의 문화의 차이가 그렇게 쉽게 'melting pot'이 되기는 힘들기 때문이다

장애인을 보는 시선도 우리와 사뭇 다르다. 우리나라 사람들은 아직도 장애인에 대한 편견이 있고 배려가 많이 부족하다. 반면에 미국은 과거에 비해 장애인에 대해 많은 배려를 하고 있고 또한 일반인들과 같은 위치로 생각하고 존중해준다. 따라서 이름도 과거에는 'the disabled,' 'the handicapped' 같이 무언가를 할 수 없는 부정적인 뜻으로 쓰였다면 지금은 좀 더 나아져서 'physically challenged people'이라고 한다. 별거 아닌 것 같아도 이 단어는 과거에 사용했던 단어들보다 훨씬 더 긍정적인 단어이다. 장애인들을 아무 것도 하지 못하는 가치 없는 존재로 보는 것이 아닌 그들을 단지 '육체적으로 도전에 맞서는 사람'으로 보고 있기 때문이다. 그들을 위한 배려는 공공장소의 건물, 교통, 학교제도 등에서 쉽게 찾을 수 있다.

그러나 작은 것에도 예민하게 구는 미국이지만 가끔 예민하지 않은 면도 있다. 예를 들어 여러 사람들에게 편하게 말할 때 'you guys'라고 하는 것이다. 'guy' 하면 남자라는 뜻이 있지만 뒤에 '-s'가 붙어 'guys'라고 하면 남녀 상관없이 '사람들'이라는 뜻이 된다. 'Oh, man!,' 'Oh, boy!,' 'Oh, brother!'도 비슷한 맥락으로 성(性)에 관계없이 사용하는 표현들이다.

EPISODE 31

미국 교과 과목 이렇게 공부해라! 1

미리 교과과목 준비해가면
미국애들보다 뒤처지지 않아

미국에 처음 갔을 때 어떻게 공부해야 할지도 모르겠고 무엇을 공부해야 할지도 잘 몰라서 막연할 때가 있었다. 가뜩이나 영어로 수업을 듣는 것도 힘이 드는데 어려운 교과 과목들을 공부하고 시험을 보고 숙제를 해 가는 것은 정말 불가능해 보인다. 하지만 처음에는 극복할 수 없을 것 같던 과목이 숙제를 하나 해내고 프로젝트를 하나 완성하고 시험도 하나 보다 보면 어느 순간 그 과목에 자신감이 생기고 나름 노하우가 생겨서 처음보다 훨씬 수월해진다.

나도 처음에는 영어에 대한 부담감이 너무 커서 과목을 정할 때 대부분 영어를 많이 요구하지 않거나 쉬운 클래스 위주로 많이 선택했다. 또한 미국의 수업이 한국의 수업방식과 교과 내용과 많이 달라서 수업을 따라가는데 문제가 많았다. 하지만 열심히 노력하니까 영어 실력도 향상되고 시간이 갈수록 미국식 수업에 익숙해져서 쉬운 클래스뿐만 아니라 어려운 클래스도 잘 적응할 수 있게 되었다. 나중에는 미국 친구들도 어려워하는 과목들도 아주 쉽게 공부할 수 있게 되었다.

이렇게 직접 경험해 보면서 느낀 것인데 과목을 공부할 때 영어실력의 차이가 그 과목의 성적에 그렇게 크게 영향을 미치지 않는다는 것이었다. 물론 영어를 잘하면 잘 할수록 좋겠지만 영어 실력이 미국 친구들보다 부족하더라도 결국 그들도 우리와 같이 배우는 입장이다. 예를 들어 생물시간에 유전자에 대해 배우는데 아무리 교과서가 영어로 되어 있고 선생님이 영어로 가르친다고 해도 미국 친구들도 생판 모르는 내용들이다. 그들도 모르는 단어를 외워야 하고 새로운 내용을 공부해야 숙제를 해갈 수 있고 시험도 잘 볼 수 있다. 영어를 잘한다고 해서 꼭 생물을 잘 할 수는 없다. 그들도 생물을 잘하기 위해서는 우리처럼 공부를 많이 해야 한다. 다만 그들은 우리보다 좀 더 쉽고 빠르게 외우고 배우고 익힐 수는 있다. 하지만 그렇지 않으면 우리와 마찬가지로 시험에 통과할 확률은 희박하다. 결국 중요한 것은 영어로 되어있든 한국어로 되어 있든 최선을 다해 공부하는 것이다. 따라서 끈질기게 공부하는 한국인들이 미국에 가서 미국 사람들을 제치고 반에서 1등도 하고 학교에서 '탑'에 들 수 있는 이유이다. 영어실력으로만 보면 훨씬 뒤떨어질 수 있음에도 불구하고 이러한 결과를 만들 수 있는 이유는 영어가 미국 공부의 전부가 아니기 때문이다.

 우선 미국 주요교과 과목에 대해 알아 보자 – Math(수학)편

미국의 수학은 한국보다 쉬운 편이다. 나도 한국에서는 수학에 그렇게 자신이 있거나 잘 하는 편이 아니었는데 미국에 가서 반에서 1등을 할 정도로 '수학을 잘한다.' 라는 소리를 많이 들었다. 한국에서는 수학을 싫어하던 내가 미국에 가서 수학이 좋아지고 재미있어졌다. 한국과는 달리 미국은 자신의 수준에 맞게 수학레벨을 고를 수 있다. 따라서 같은 학년인데도 어떤 애들은 쉬운 클래스를 듣고 어떤 애들은 다른 고학년과 함께 더 어려운 클래스를 듣기도 한다. 또한 우리는 대학교가 아닌 이상 중고등학교 때는 필수과목으로 학교 다니는 내내 들어야만 하지만 미국에서는 학교에서 졸업하기 위해 요구하는 수업과 학점을 다 이수하면 advanced class

(상급 수업)는 듣지 않아도 된다. 따라서 내 주변에 수학을 싫어했던 미국 친구는 들어야 할 수업만 듣고 나중에는 아예 수학을 듣지 않았다. 또한 같은 내용을 배우더라도 좀 더 어려운 'honors' 클래스도 있고 대학교에서 학점으로 인정해 주는 'AP class' 도 있다.

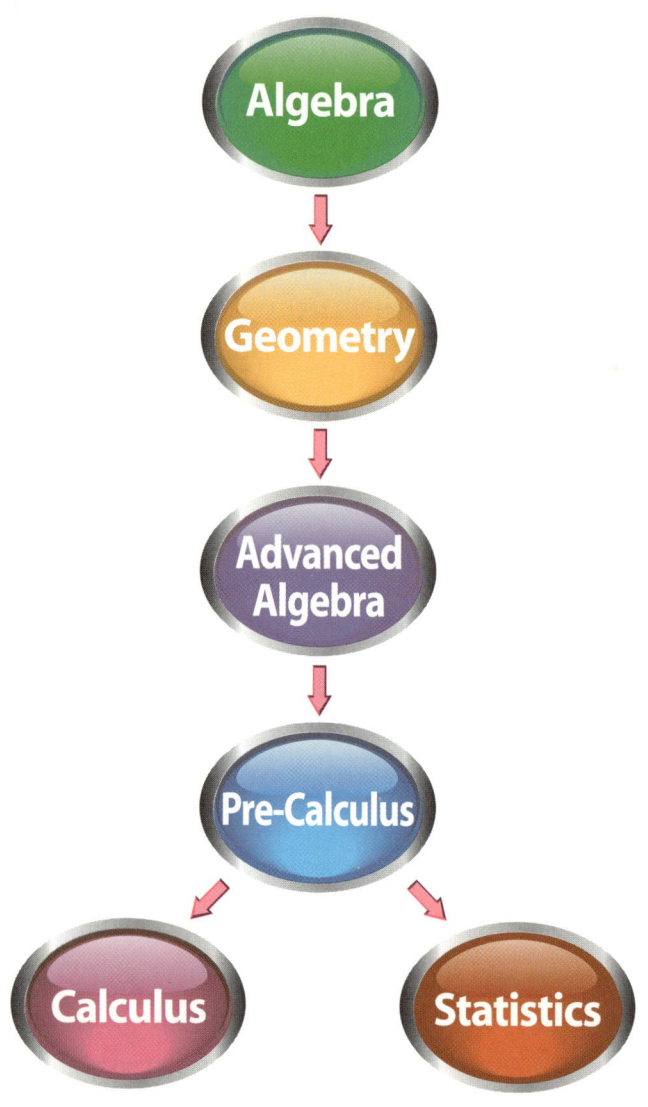

Algebra: 한국어로 대수학이라고 한다. 기하학을 제외한 숫자에 관한 전반적인 내용을 공부한다. 가장 기본적인 수학 클래스이다.

Geometry: 기하학이다. 도형에 대해 배운다. Inductive Reasoning(귀납적 추리)로 증명하는 방식으로 주로 배운다.

Advanced Algebra: Geometry를 배우고 나서 배우는 수업이다. Algebra보다 조금 더 어렵다고 보면 된다.

Pre-Calculus: 단어 뜻 그대로 미적분을 배우기전에 배우는 클래스이다. 미적분을 배울 때 도움이 되는 수학 위주로 배운다. Trigonometry(삼각법), Vectors (벡터) 그리고 Functions (함수)가 주 내용이다.

Calculus: 미적분을 배우는 클래스이다. AP Calculus를 듣고나서 시험을 본 후 4등급(1~5등급) 이상이면 대부분의 대학교에서 학점으로 인정해준다.

Statistics: 한국어로 통계이다. AP Statistics도 있다. 전에 배웠던 수학 내용과는 거의 연결이 되지 않는 수업이다.

AP Classes??
AP는 Advanced Placement의 약자로 미국의 대학교과정의 수업을 미리 고등학교 때 들을 수 있는 수업을 말한다. 대부분 1년 정도 대학교에서 요구하는 내용을 미리 배운 후 시험을 봐서 통과를 하면 대학교에서 학점으로 인정해준다. 꼭 학교에서 수업을 듣지 않더라도 혼자 공부해서 시험을 봐서 통과를 하면 인정해 주기도 한다. 객관식 문제와 주관식 문제로 구성되어 있고 점수는 1점에서 5점까지 있다. 5점은 대학교에서 A이고 4점은 B, 3점은 C이다. 학교마다 다르지만 대부분 4점이나 5점을 받아야 학점으로 인정을 해준다. AP 수업은 그 종류가 다양한데 어떤 AP Class를 학생에게 제공하느냐는 학교마다 다르다. 큰 학교일수록 AP 수업이 다양하고 그 종류가 많다.

 계산기를 마음대로 사용할 수 있는 미국의 수학시간?!

미국에서는 수학 시간뿐만 아니라 과학시간에도 계산기를 사용해도 될 정도로 계산기를 수업 시간에 많이 사용한다. 계산기도 보통 계산기가 아니고 그래프까지 그려주는 공학계산기를 사용하는 경우가 많다. 'Graphing Calculator' 라고 불리는 공학계산기는 주로 'Texas Instruments' 사의 TI-83나 TI-84를 사용하는데 이 계산기로 할 수 있는 것은 정말 많다. 기본적인 계산을 뛰어 넘어서 통계, 확률, 미적분, 함수 등 다양한 기능을 갖추고 있다. 심지어 학교에서 시험을 볼 때에도 계산기를 사용할 수 있고 SAT나 AP 시험을 볼 때에도 이러한 계산기를 사용할 수 있다.

계산기의 가격은 대부분 $100-$150인데 한국 돈으로 10만 원이 넘는다. 따라서 계산기 하나 잊어버리면 찾느라고 정신이 없다.

　　미국에서는 수학을 얼마나 빨리 계산하느냐, 얼마나 정확하게 풀었느냐에 중점을 두지 않는다. 따라서 계산은 조금 틀려도 수학의 본질을 이해하고 왜 그러한 답이 나오는지 증명을 하고 실생활에 어떻게 쓰이는지에 대해 좀 더 중점을 두기 때문에 시험에서도 계산기를 쓰는 것을 허락할 정도로 관대한 것이다. 따라서 미국사람들은 계산에는 좀 둔하지만 수학을 어려워하지 않고 쉽게 생각하는 것 같다. 수학을 잘 못해도 좋아하는 사람들을 많이 볼 수 있다. 계산에 억매이지 않고 창의적으로 증명하는 것에 더 중점을 두기 때문인 것 같다. 처음에 미국에 갔을 때 쉬운 계산도 계산기로 하는 미국친구들이 좀 바보 같았다. 나중에는 그런 친구들과 미적분을 같이 들었을 때 계산은 잘 못하지만 미적분을 이해하는데 어려움이 전혀 없는 모습을 보고 계산을 잘하는 것이 꼭 수학을 잘하는 것이 아니라는 것을 알게 되었다.

 **수학수업 Tip**

[1] 겁먹지 말고 honors나 높은 단계의 수학을 듣자.
　　한국에서 수학을 조금 못했더라도 되도록이면 높은 단계의 수학을 듣는 것이 좋다. 처음에 영어에 자신이 없어서 일부러 쉬운 수학을 듣는 유학생들을 많이 보는데 나중에는 다들 후회를 한다. 결국 시간이 지나 너무 쉬워서 공부할 필요도 없고 시간낭비라는 생각을 한다. 미국의 수학은 한국처럼 심화문제도 거의 없고 있더라도 한국만큼 어렵지 않다.

[2] 용어를 외우고 예제를 많이 풀어보자.
　　솔직히 수학은 용어만 알고 있으면 크게 어려울 것이 없다. 한국인들이 대부분 처음에 가서 용어를 몰라 수학을 못 푸는 경우는 있어도 문제가 어려워 못 푸는 경

우는 거의 없다. 따라서 용어를 외우고 예제를 몇 번 풀어보면 학교에서 수학을 따라가는데 큰 어려움은 없을 것이다.

[3] 건방지게 풀지는 말자.

한국 학생들이 수학이 쉽다고 답만 적어서 내는 사람들도 있고 대충 풀어서 내는 사람들도 있다. 하지만 미국인들은 과정을 중요하게 보기 때문에 과정도 성실히 써서 내야 한다. 무조건 답만 쓰면 남의 것을 베꼈다는 오해를 받을 수도 있다.

[4] 계산기 사용법을 배워두자.

계산기가 보통 한국에서 쓰는 계산기가 아니고 'graphing calculator' 라 쓰는 법을 알아두는 것이 좋다. 배우는데 별로 오래 걸리지도 않고 어렵지도 않아 쉽게 배운다.

CHECK IT OUT | 알아두면 좋은 수학 용어

- **algebra**: 대수학(수위주)
- **geometry** 기하학(도형 위주)
- **statistics** 통계학
- **calculus** 미적분
- **figure** (수학) 그림, 도형
- **rectangle** 직사각형
- **proportion** 비례
- **direct proportion** 정비례
- **Inverse proportion** 반비례
- **degree** 도, 각도율
- **diameter** 지름
- **right angle** 90도
- **circumference** 원주
- **volume** 부피
- **density** 밀도
- **cylinder** 원기둥
- **average** 평균
- **equation** 수식
- **expression** 식
- **substitution** 대입, 치환
- **whole numbers** 자연수 (1, 2, 3~)
- **integers** 정수
- **negative integers** 음수
- **positive integers** 양수
- **rational numbers** 유리수
- **irrational numbers** 무리수

- **product** 곱
- **factor** 인수, 인수분해하다
- **coefficient** 계수
- **variable** 변수
- **divisible by** 나누어지는
  ex. 12 is divisible by 3 (12는 3으로 나뉘어 진다.)
- **remainder** 나머지
- **quotient** 몫
- **odd number** 홀수
- **even number** 짝수
- **common factors** 공약수
- **prime number** 소수 (2, 3, 5, 7, 11, 13, 19, 23...)
- **composite number** 합성수
- **multiplying** 7 x 3 = 21
- **factoring** 21 = 7 x 3
- **7 and 3 are factors of 21**
- **prime factorization** 소인수분해
  ex. 18= 3 X 3 X 2
- **fraction** 분수
- **numerator** 분자
- **denominator** 분모
- **decimal number** 소수
- **proper** 적합한
- **equivalent** 동등한, 같은
- **lowest terms** 가장 낮은(작은) 형태
- **subtract** 빼다
- **digit** 자리수
- **exponent** 지수
- **base** 기수, 밑변

- **square root** 제곱근
- **cube root** 세제곱근
- **perfect square** 완전 제곱
- **linear equation** 일차방정식
- **distributive law** 분배법칙
- **reciprocal** 역, 반대의
- **cross multiply** 두 분수의 각각의 분자에 다른 분수의 분모를 곱하다
- **monomial** 단항의
- **binomial** 이항의
- **trinomial** 삼항의
- **simplify** 간추리다, 간단하게 만들다
- **the largest** 가장큰
- **the least** 가장 작은, 가장 아닌
- **inequality** 부등식, 불균형
- **parentheses** 괄호
- **possible** 가능한
- **common denominator** 공통 분모
- **eliminate** 없애다, 제거하다
- **slope** 기울기
- **generalize** 일반화하다
- **ratio** 비율
- **absolute value** 절대값
- **function** 함수
- **substitute** 대체하다
- **parallel** 수평의
- **vertical** 수직의
- **shaded area** 색칠된 곳, 어두운 부분
- **distribution** 분포
- **sequence** 열, 수열
- **constant** 상수

- quantity 수, 수량
- acute angle 90도 이하 각도
- obtuse angle 90도 이상 각도
- straight angle 180도
- adjacent angle 이웃각, 인접각
- vertex 꼭지점
- intersect 교차하다
- vertical angle 맞꼭지각
- parallel line 평행선
- isosceles triangle 이등변 삼각형
- equilateral triangle 정삼각형
- right triangle 직각삼각형
- hypotenuse 빗변
- diagonal 대각선(의)
- polygon 다각형
- parallelogram 평행사변형
- rhombus 마름모
- square 정사각형
- irregular quadrilateral 부등변사각형
- circumference 둘레
- base 밑변
- formula 공식
- reference 언급
- exterior angle 외각
- interior angle 내각
- semicircle 반원
- radius 반지름
- chord 현
- tangent 접선의
- mean 평균
- median 중앙값, 중수

- area 면적
- rotational 회전의
- symmetry 대칭
- segment 선분, 단편
- undefined 불확정의
- positive slope 양의 기울기
- negative slope 음의 기울기
- coordinate 좌표(의)
- coordinate plane 평면 좌표
- quadrants 4분면
- x-axis x축
- y-axis y축
- y-intercept y절편
- sector 부채꼴, 부분
- combine 합치다
- shift 이동하다
- correspond 일치하다
- strategy 공략
- comparison 비교
- unit 단위
- marked angle 표시된 각도
- L.C.M 최소공배수
- G.C.D 최대공약수
- acceleration 가속도
- assumption 가정
- pyramid 각뿔
- indirect proof 간접 증명법
- common difference 공차
- set 집합
- empty set 공집합
- line of intersection 교선

- intersection point 교점
- intersection of sets 교집합
- period 주기
- sine 사인
- cosine 코사인
- tangent 탄젠트
- logarithm 로그
- correlation 상관관계
- cumulative 누적의
- trigonometric ratio 삼각비
- ascending power 오름차순
- rationalization 유리화
- expansion 전개
- parabola 포물선
- parallel translation 평행이동
- Pythagorean theorem 피타고라스의 정리
- reduction of fraction 약분
- independent event 독립사건
- complementary set 여집합
- ordered pair 순서쌍
- element 원소
- right-angle triangle 직각삼각형
- extraction 추출
- center of gravity 무게중심
- dime 10센트 10-cent coin
- nickel 5센트 5-cent coin
- straight line 직선
- representative value 대표값
- proposition 명제
- infinity 무한대
- body of revolution 회전체
- revolution 회전
- outcome 결과
- arc 호
- side 변
- calculator 계산기
- cumulative frequency 누적도수
- perpendicular at midpoint 수직이등분선
- decimal system 십진법
- binary notation 이진법
- composite number 합성수
- quadratic equation 이차방정식
- factorial 계승

미국 주요교과 과목 - English(영어)편

　미국의 고등학교 English 수업의 종류는 다양하다. 물론 학교마다 다르겠지만 졸업하기 위해 필수로 들어야 하는 'American Literature(미국 문학)'를 제외하고는 자신이 좋아하는 수업을 들을 수 있다. 'Literature(문학)'를 좋아하는 학생은 계속해서 'World Literature(세계문학)'이나 'British Literature(영국문학)' 같은 수업을 듣고 'Speech(연설)'나 'Theatre(연극)'에 관심이 많은 학생들은 그 쪽에 관련된 수업을 듣는다. 다양한 클래스들을 통해 평소에 관심이 있는 'Journalism'이나 'Acting'도 대학교에 가기 전 미리 배울 수 있어서 좋다. 그리고 대부분의 대학교들이 고등학교 4년 (어떤 주는 3년)동안 영어는 계속해서 듣는 것을 중요하게 생각하기 때문에 영어에 자신이 없더라도 4년 동안 꾸준하게 들어주는 것이 좋다. 특히 문학 시간은 읽어야 할 것도 많기 때문에 독해 실력이 중요하고 역사적인 배경에 대해서도 많이 배우기 때문에 미국 역사에 대해 알아두는 것이 좋다.

　대학교에 가서는 영어 전공자가 아니면 졸업하기 위해 필요한 영어 수업을 제외하고는 특별히 영어를 들을 기회가 없다. 대부분 'Communication과 Writing' 수업을 졸업하기 위해 듣는다. 고등학교 때는 'Literature' 위주의 수업을 많이 듣지만 대학교에서는 'Literature'를 특별히 좋아하는 학생들을 제외하고는 거의 듣지 않는다. 그만큼 'Literature'를 어려워한다.

 ## 문학수업 Tip

　솔직히 'Writing, Speech, Theatre' 같은 수업은 선생님이 안내하는 대로 준비만 잘 해가고 수업 시간에 집중만 한다면 그렇게 어렵지는 않다. 하지만 Literature는 다른 수업보다 영어와의 싸움이기 때문에 영어를 아주 잘 해야 한다. 또한 영어를 잘해도 문학적인 감각이 없거나 역사적인 배경이 부족하면 더 어렵다. 따라서 미국 친구들하고 경쟁해서 이기려면 더 부지런하게 읽고 공부하고 주변 사람들에게 도움을 청하는 수밖에 없다. 또한 한국과는 다르게 관련된 문제집도 없어서 결국 수업

시간에 배운 내용과 교과서를 적극적으로 이용하는 수 밖에 없다. 가끔 'Research Paper' 도 써야 하고 교과서 이외의 책을 읽어 시험을 보기도 한다.

[1] 'American Literature' 를 배울 때는 '먼나라 이웃나라' 를 읽어보기

미국문학을 배울 때 대부분 미국의 역사의 흐름에 따라 배운다. 'Puritan'(청교도)과 관련된 문학을 배울 때는 미국의 청교도에 대해 알고 있어야 하고 미국의 독립전쟁에 대해 배울 때는 미국 독립전쟁의 배경에 대해 알고 있어야 한다. 따라서 미국의 교과서도 일반적으로 'Chronological Order (연대순)' 로 되어 있는 경우가 많다. 한 역사적 배경을 두고 다양한 문학작품을 공부한다. '먼나라 이웃나라' 는 이러한 미국의 역사를 쉽고 재미있게 읽을 수 있도록 되어 있기 때문에 다른 두꺼운 역사책을 굳이 읽지 않아도 어느 정도 미국의 역사에 대한 배경지식을 쌓는데 도움이 된다.

[2] 방학 때 놀지 말고 독서 하기

학교에서 그 학년에 읽어야 할 책을 미리 알려주는 경우가 있다. 따라서 방학 때 미리 그 책을 사서 읽어두면 나중에 공부를 할 때 좀 더 수월하게 공부를 할 수 있다. 보통 학교마다 다르지만 한 학기에 2~3권 정도 읽도록 시키는 것 같다. 따라서 방학 때 미리 읽는 것이 큰 부담이 되지 않는다.

[3] 정 어려우면 한국어로 된 번역본과 같이 읽어보자.

유명한 문학작품 같은 경우에는 한국어로 된 번역본이 있다. 원작의 느낌을 100% 살리지는 못하지만 영어로 된 문학작품을 이해하는데 도움이 될 수도 있다. 하지만 너무 번역본에만 의지하면 오히려 더 해가 될 수도 있다. 영어와 한국어는 표현하는 방법이 사뭇 다르기 때문에 번역을 하면서 원작의 분위기를 한국어와 맞게 바꿨을 수도 있기 때문이다. 따라서 참고사항으로 읽어두는 것이 좋지 무조건 한국어판에

의존해서 공부하는 것은 득이 될 게 없다.

[4] Spark Notes 를 잘 활용하기

'Spark Notes'는 문학을 좀 더 쉽게 이해하고 공부할 수 있도록 도와주는 책이다. 예를 들어 미국인들도 어려워하는 'Shakespeare (셰익스피어)'의 작품들 하나 하나를 요약하고 해석해 놓은 책이 있다. 따라서 한 마디로 말하면 'Spark Notes'는 문학작품의 핵심을 정리한 노트라고 보면 된다. 줄거리를 비롯해 작가, 배경, 인물, 문학적 가치 등을 잘 소개해 놓았다. 책으로도 나와 있고 인터넷 사이트로도 찾을 수 있다. 하지만 'Spark Notes'는 공부를 할 때 도움을 주는 참고서의 역할뿐이다. 따라서 다른 건 무시하고 'Spark Notes' 만 본다면 시험에서 좋은 점수를 기대하기는 힘들다. 사이트 주소: www.sparknotes.com

[5] 영어논문을 쓸 때는 'Thesis Statement'를 잘 정하자.

문학시간에 빼먹지 않고 하는 것이 바로 문학작품을 읽고 'Research Paper'를 쓰는 것이다. 'Research Paper' 라고 해서 단순한 보고서가 아닌 자신이 입증하고자 하는 'Thesis Statement (논제)'를 정해 다양한 자료와 증거를 제시하면서 그 논제를 입증하는 것이다. 따라서 문학작품에 대한 다양한 조사를 해야 하고 다양한 정보를 찾아야 한다. 정보도 자신이 입증하고자 하는 논제를 증명할 수 있는 내용을 찾아야 한다. 따라서 처음 글을 쓰기 전에 문학작품을 잘 이해하고 그 문학작품과 관련된 좋은 논제를 찾아야 한다. 일반적인 사실이 될 수도 없고 또한 입증하기 힘든 비상식적인 내용은 논제가 될 수 없다.

다음은 American Literature 시간에 선생님이 가르쳐 준 Thesis Statement에 대한 내용이다.

> The thesis statement is the controlling idea in your paper. Your primary purpose is to persuade the reader that your thesis is a valid opinion.

(논제는 논문을 이끌어가는 중심생각이다. 핵심 목표는 당신의 논문을 읽는 이가 당신의 논제가 타당한 견해라고 설득시키는 데 있다.

What a thesis isn't (논제가 될 수 없는 것은)

* A thesis is not a title. (논제는 제목이 아니다.)
* A thesis is not an announcement. (논제는 공시물이 아니다.)
* A thesis is not an absolute fact. (논제는 절대적인 사실이 아니다.)
* A thesis is not an emotional opinion. (논제는 감정적인 의견이 아니다.)

What a good thesis is (좋은 논제가 될 수 있는 것)

* A good thesis is restricted. (좋은 논제는 범위가 정해져 있다.)
* A good thesis is unified. (좋은 논제는 통일성을 갖고 있다.)
* A good thesis is specific. (좋은 논제는 구체적이다.)
* A good thesis presents an arguable point.
   (좋은 논제는 쟁점을 부각시킨다.)

논제의 나쁜 예:

Maya Angelou writes about the African American experiences in depth. (X)
(Maya Angelou는 아프리카 미국인의 경험을 치밀하게 썼다.)

좋은 논제가 아닌 이유: 쟁점이 없고 구체적이지 않다. 새로운 핵심 이슈가 없다.

Sylivia Plath's book, The Bell Jar,, and her poems are about when she was in a mental institution and wanted to die. (X)
(Sylivia Plath의 책 The Bell Jar과 그녀의 시는 그녀가 정신병동에 있었을 때와 죽고 싶었을 때에 대한 것이다.)

좋은 논제가 아닌 이유: 위의 논제는 절대적인 사실에 대한 것이어서 좋은 논제가 될 수 없다. 논제는 논의할 수 있는 쟁점을 가지고 있어야 한다.

논제의 좋은 예:

> The decline of spiritual and moral values, and the rise of materialism during the Jazz Age in the 1920s inspired F. Scott Fitzgerald's Novel The Great Gatsby.
> (1920년대 재즈시대에 정신적이고 도덕적인 가치의 붕괴와 더불어 물질주의의 팽배가 F. Scott Fitzgerald의 소설 위대한 게츠비에 영향을 미쳤다.)

'Pearson Prentice Hall' 이 추천하는 미국의 고등학교 필독서 목록

Achebe, Chinua. *Things Fall Apart.*

Alvarez, Julia. *How The Garcia Girls Lost Their Accents.*

Anderson, Sherwood. *Winesburg, Ohio.*

Angelou, Maya. *I Know Why the Caged Bird Sings.*

Arnett, Peter. *Live from the Battlefield: From Vietnam to Bagdad.*

Austen, Jane. *Pride and Prejudice.*

Baker, Russell. *Growing Up.*

Blais, Madeleine. *In These Girls, Hope Is a Muscle.*

Bronte, Charlotte. *Jane Eyre.*

Bronte, Emily. *Wuthering Heights.*

Brooks, Polly Schoyer. *Queen Eleanor, Independent Spirit of The Medieval World: Biography of Eleanor of Aquitaine.*

Buck, Pearl S. *The Good Earth.*

Cather, Willa. *O Pioneers!*

Cervantes, Miguel de. *Don Quixote.*

Chaucer, Geoffrey. *The Canterbury Tales.*

Cisneros, Sandra. *The House On Mango Street.*

Conrad, Joseph. *Lord Jim.*

Cooper, James Fenimore. *Last of the Mohicans.*

Cormier, Robert. *The Chocolate War.*

Crane, Stephen. *The Red Badge of Courage.*

Defoe, Daniel. *Robinson Crusoe.*

Delany, Sarah and Elizabeth. *Having Our Say: The Delany Sisters' First 100 Years.*

Dickens, Charles. *David Copperfield.*

Dickens, Charles. *Great Expectations.*

Dickens, Charles. *A Tale of Two Cities.*

Dostoyevsky, Fyodor. *Crime and Punishment.*

Dreiser, Theodore. *Sister Carrie.*

Du Maurier, Daphne. *Rebecca.*

Eliot, George. *Silas Marner*.

Ellison, Ralph. *Invisible Man*.

Faulkner, William. *As I Lay Dying*.

Faulkner, William. *The Sound and the Fury*.

Fitzgerald, F. Scott. *The Great Gatsby*.

Frank, Anne. Anne Frank: *The Diary of a Young Girl*.

Golding, William. *Lord of the Flies*.

Grealy, Lucy. *Autobiography of a Face*.

Gunther, John. *Death Be Not Proud*.

Haley, Alex. *Roots*.

Hardy, Thomas. *Return of the Native*.

Hawthorne, Nathaniel. *The House of Seven Gables*.

Hawthorne, Nathaniel. *The Scarlet Letter*.

Heinlein, Robert *A. Stranger in a Strange Land*.

Hemingway, Ernest. *A Farewell to Arms*.

Hemingway, Ernest. *For Whom the Bell Tolls*.

Hemingway, Ernest. *The Sun Also Rises*.

Homer. *The Iliad*.

Homer. *The Odyssey*.

Hugo, Victor. *Les Miserables*.

Hurston, Zora Neale. *Their Eyes Were Watching God*.

Joyce, James. *Portrait of the Artist as a Young Man*.

Kesey, Ken. *One Flew Over the Cuckoo's Nest*.

Knowles, John. *A Separate Peace*.

Kuralt, Charles. *Charles Kuralt's America*.

Lee, Harper. *To Kill a Mockingbird*.

London, Jack. *The Sea Wolf*.

Malamud, Bernard. *The Natural*.

McCaffrey, Anne. *Dragonsong*.

McCullers, Carson. *Member of the Wedding*.

Melville, Herman. *Moby Dick*.

Miller, Arthur. *Death of a Salesman.*

Miller, Arthur. *The Crucible.*

Mitchell, Margaret. *Gone With the Wind.*

Myers, Walter Dean. *The Glory Field.*

O'Brien, Tim. *The Things They Carried.*

Orwell, George. *1984.*

Paton, Alan. *Cry, the Beloved Country.*

Poe, Edgar Allan. *Complete Tales and Poems.*

Potok, Chaim. *My Name is Asher Lev.*

Potok, Chaim. *The Chosen.*

Remarque, Erich Maria. *All Quiet on the Western Front.*

Salinger, J.D. *The Catcher in the Rye.*

Scott, Sir Walter. *Ivanhoe.*

Shakespeare, William. *Macbeth.*

Shakespeare, William. *A Midsummer Night's Dream.*

Shakespeare, William. *Hamlet.*

Shakespeare, William. *King Lear.*

Shelley, Mary. *Frankenstein.*

Shepard, Alan and Deke Slayton. *Moon Shot: The Inside Story of America's Race to the Moon.*

Shute, Nevil. *On the Beach.*

Silko, Leslie Marmon. *Ceremony.*

Sinclair, Upton. *The Jungle.*

Sophocles. *Oedipus Rex.*

Steinbeck, John. *The Grapes of Wrath.*

Steinbeck, John. *The Pearl.*

Steinbeck, John. *The Red Pony.*

Steinbeck, John. *Of Mice and Men*

Stevenson, Robert Louis. *Dr. Jekyll and Mr. Hyde.*

Stoll, Clifford. *Silicon Snake Oil.*

Swift, Jonathan. *Gulliver's Travels.*

Tan, Amy. *The Joy Luck Club.*
Thoreau, Henry David. *Walden.*
Thurber, James. *My Life and Hard Times.*
Thurber, James. *The Thurber Carnival.*
Twain, Mark. *The Adventures of Huckleberry Finn.*
Twain, Mark. *The Adventures of Tom Sawyer.*
Wharton, Edith. *Ethan Frome.*
Wilder, Thornton. *Our Town.*
Williams, Tennessee. *The Glass Menagerie.*
Wright, Richard. *Black Boy.*
Wright, Richard. *Native Son.*

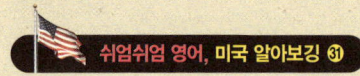

쉬엄쉬엄 영어, 미국 알아보깅 31

'English'가 아닌 'Konglish'가 쓰이는 한국

영어가 한국에 들어오면서 약간의 한국의 색깔이 입혀져 'English'가 아닌 'Konglish'가 되는 경우가 있다. 예를 들어 '수퍼마켓'이 있다. 미국에서 수퍼마켓은 이마트처럼 큰 식품점을 말한다. 하지만 한국에서는 동네의 구멍가게나 편의점 같은 것을 슈퍼나 수퍼마켓이라고 부른다. 또한 많은 사람들이 포장해 가는 것을 'take-out'이라고 하지만 미국에서는 'take-out' 보다 'to-go'라는 말을 더 많이 사용한다. 그 외에 'fried egg'를 'egg fry'라고 잘 못 사용하는 경우도 있고 'window shopping'을 'eye shopping'이라고 하는 경우도 많이 본다. '오바이트'라는 단어 또한 영어 같이 들리지만 사실 영어로는 'throw-up'이나 'vomit'이라는 단어를 사용한다. 어떡하다가 한국에 와서 콩글리쉬로 변했는지는 알 수가 없다.

콩글리쉬에 익숙해지다 보니 사람들이 영어를 사용할 때도 콩글리쉬를 쓰는 경우가 많다. 예를 들어 영어에서는 '살이 빠졌다'를 'I lost weight'이라고 한다. 하지만 한국 사람들은 'I lost my weight'이라고 한다. 'I lost my weight'이 맞는 것처럼 들려도 사실 콩글리쉬이다. 그 외에 'pumpkin'은 '늙은 호박'만 가리키는 단어인데도 불구하고 '애호박'을 가리킬 때 'zucchini'라고 하지 않고 'pumpkin'이라고 하는 것도 예로 들 수 있다. 또한 영어에서 '양파'는 'onion'이고 '파'를 'scallion'이라고 한다. 과자도 영어에서는 다양한 이름으로 불릴 수 있다. '과자'를 'snack'이라고 할 수 있지만 일반적으로 영어에서 'snack'은 '간식'을 의미해 과자 말고도 다양한 먹거리가 될 수 있다. 따라서 과자를 대표하는 단어는 없지만 어떻게 만들어지느냐에 따라 다르게 부른다. 얇게 썰어 기름에 튀긴 것을 'chip'이라고 하고 맛은 약간 짭짤하거나 양념이 되어있다. 'cookie'는 달고 보통 구워 만드는 것을 가리킨다. 'biscuit'은 달지도 짜지도 않고 특별하게 강한 맛이 없다. 'cracker'도 'biscuit'하고 비슷하다. 따라서 과자를 대표하는 단어는 없지만 이렇게 만들어지는 방법에 따라 이름을 나뉘어 부른다. 미국 사람들에게 빼빼로나 칸쵸 같은 한국과자를 선물하면 좋아한다. 또한 겨울에 많이 끼는 '장갑'을 'gloves'라고 하고 '벙어리 장갑'을 'mittens'라고 분리해서 말한다. 미국에서 처음에 콩글리쉬를 남발하면서 민망한 상황이 생기기도 하지만 나중에는 이런저런 것도 알아가는 재미가 있고 좋은 추억이 된다.

EPISODE 32

미국 교과 과목 이렇게 공부해라! 2

사회 및 과학 미리 준비해가기

영어, 수학 다음으로 들어야 할 필수과목이 바로 사회와 과학일 것이다. 두 과목 다 한국에서 배우는 것과 비슷한 듯하면서 다른 느낌이 든다. 한국어가 아닌 영어로 배워서 그럴 수도 있고 공부하는 방식이 조금 달라서 그럴 수도 있다.

 미국 주요교과 과목 – Social Studies(사회) 편

미국의 고등학교 사회과목은 'History(역사)' 수업 중심으로 되어있다. 학교마다 다르지만 American History(미국사)와 World History(세계사)'는 졸업하기 위해서 꼭 들어야 할 필수과목이다. 역사와 더불어 들어야 할 다른 사회과목으로는 미국의 정부에 대해 배우는 'Government (정부)'와 경제에 관한 기본 상식을 배우는 'Economics(경제)'가 있다. 그 외에 elective (선택과목)로 들을 수 있는 수업은 'Sociology(사회학), Psychology(심리학), Global Issues(세계문제)' 등이 있다. 영어와 수학 다음으로 대학교에서 꾸준히 듣기를 원하는 과목이기도 하다.

사회과목은 사실 한국 유학생들에게는 불리할 수 있는 과목이다. 그 이유는 세계사 이외에는 미국 역사부터 시작해서 미국 정부와 미국 경제에 대한 전반적인 지식을 배우는 클래스로 구성이 되어 있기 때문에 미국에 오래 살지 않은 유학생들에게는 당연히 미국에서 자란 미국 학생들보다 불리할 수 밖에 없다. 또한 미국에서 배우는 미국인들을 위한 수업이기 때문에 당연히 수업 내용도 미국인의 관점으로만 맞추어져 있다. 따라서 미국인이 아닌 한국인인 우리는 이러한 초점에 적응하기 힘들 수도 있고 미국인들이 중요시 여기는 문제를 이해하지 못할 수도 있다. 따라서 사회수업을 듣다 보면 확실히 '내가 외국인이구나' 라는 이질감을 느낄 때가 온다.

 사회수업 Tip

[1] 'American History' 를 들을 때도 '먼나라 이웃나라' 를 잘 활용하자.

'먼나라 이웃나라' 는 만화지만 정말 미국의 역사를 연대순으로 쉽고 빠르게 이해할 수 있도록 만들어진 책이다. 또한 만화라고 해서 단순히 기본적인 내용만을 다룬 것이 아닌 시대별로 꼭 알아야 할 부분을 빼놓지 않고 다 다루고 있다. 따라서 미국 역사를 공부하기 전에 '먼나라 이웃나라' 를 읽고 대충 흐름을 알아두는 것이 좋다. 내가 고등학교 때 미국 역사를 배우면서 놀랬던 것이 바로 학교 선생님이 수업시간에 중요하다고 하셨던 말씀이 '먼나라 이웃나라' 에도 비슷한 내용이 있었다는 것이다. 뭐 당연히 미국역사이니까 비슷한 말씀을 하셨겠지만 그래도 중요하다고 강조했던 부분이 비슷해 놀랐었다. 나는 미국에 가기 전에 미국 역사에 대해 전혀 몰라서 '먼나라 이웃나라' 뿐만 아니라 미국 역사에 관한 다양한 책들을 가져 갔다. 하지만 다른 책들은 다 지루하고 어려워서 읽을 생각도 하지 않았다. 차라리 한국어로 그 책을 읽을 시간에 영어로 된 교과서를 읽는 것이 공부에 더 도움이 되겠다라는 생각도 했다. 하지만 '먼나라 이웃나라' 는 만화라 부담도 없고 지루하지도 않아 수업시간에 배운 내용을 점검하는 식으로 빠르게 읽을 수 있었다. 물론 '먼나라 이웃나라' 는 교과서 다음으로 참고하기 위해 보는 책이지 교과서를 대신할 수는 없다.

[2] 미국의 대통령에 관심을 가져라!

미국역사는 대부분 대통령에 대한 내용을 중심으로 배운다. 미국이 영국으로부터 독립을 하고 자주국가를 세우면서부터 현재까지 미국은 수십 명의 대통령이 나라를 이끌고 역사를 만들어 왔다. 따라서 미국역사를 공부할 때 대통령에 대해 많이 알고 있으면 있을수록 좋다. 예를 들어 남북전쟁 때는 링컨, 경제 대공황 때는 루즈

벨트, 쿠바 미사일 사건에는 케네디 대통령이 떠오를 수 있어야 한다. 그들이 펼친 정책들이 사회적으로 큰 영향과 다양한 이슈를 만들어 냈기 때문에 대통령을 빼고는 미국역사를 얘기할 수 없다.

[3] 신문을 읽는 습관을 기르자.

미국에서 사회 시간은 다양한 토론의 장이 펼쳐지는 시간이다. 내가 'AP World History'를 들었을 때 수업시간에 선생님이 우리에게 가르친 시간이 30분이라면 나머지 30분은 항상 토론의 시간으로 쓰였다. 처음에는 공부나 하지 뭔 토론인가 싶었다. 그래서 관심도 가지지 않다가 나중에는 할 말이 없어서 가만히 앉아만 있는 나를 발견했다. 미국 사회에 대해 잘 모르고 있는 데다가 그들이 관심을 가지고 있는 사회적인 이슈도 전혀 몰랐기 때문이다. 한마디로 무식해서 가만히 입다물고 있었다. 따라서 신문을 적극적으로 읽고 활용하는 것이 중요하다. 아무 것도 모르는 한국에서 온 동양애가 되지 않도록 미국 사회에 관심을 가져보자.

[4] 'note taking'을 빨리 할 수 있도록 연습하자.

사회시간은 다른 시간보다 가장 'note taking'을 많이 하는 클래스가 아닌가 싶다. 선생님이 친절하게 프린트해서 깔끔하게 정리하여 나누어 주면 매우 고맙겠지만 일반적으로 그러는 선생님은 드물다. 나누어 준다고 해도 빈칸을 남기고 나누어 주거나 핵심적인 부분만 정리해서 나누어 주는 경우가 많기 때문에 세세한 것까지 알고 있어야 하는 것은 결국 스스로 'note taking'을 해서 채워나가는 방법 밖에는 없다. 따라서 수업시간에 'note taking'을 할 때 빨리 쓰지 않으면 놓치는 경우가 허다하다. 나중에 놓친 부분은 교과서를 보면 되지 않느냐고 하는 사람들도 있겠지만 선생님이 중요하다고 생각하는 부분을 알고 있는 것이 막연하게 교과서를 읽는 것보다 훨씬 더 빠르고 시험에도 나올 가능성이 크다. 하지만 간혹 선생님이 학생들이 다 쓰지도 않았는데 기다려 주지도 않고 바로 넘어갈 때도 많기 때문에 'note taking'을 빨리 할 수 있어야 한다. 또한 아무렇게 'note taking'을 하는 것이 아닌 중요한 부분을 알아보기 편하게 하는 것이 중요하다. 무엇보다 고등학교때는 'note taking'이 별로 중요하지 않다고 생각하는 사람들이 있을 수 있지만 대학교에서는 'note taking'을 잘 못하면 망한다고 보면 된다. 따라서 고등학교 때부터 미리 연습해 두는 것이 좋다.

CHECK IT OUT | 알아두면 좋은 사회 용어

- totalitarianism 전체주의
- dictator 독재자
- appeasement 회유
- Holocaust 유대인 대학살
- Pearl Harbor 진주만
- Aggression 공격
- D-day 공격개시일
- Civil War 남북전쟁
- Independence Day 독립기념일
- Revolution 혁명
- Cold War 냉전
- Doctrine 정책
- Blacklist 블랙리스트
- Berlin Wall 베를린 장벽
- capitalism 자본주의
- socialism 사회주의
- democracy 민주주의
- equality 평등
- freedom 자유
- individualism 개인주의
- collectivism 집산주의
- alliance 동맹
- communism 공산주의
- iron curtain 철의 장막
- rebellion 반란
- monopoly 독점
- civilian 시민
- atomic bomb 원자폭탄
- government 정부
- superpowers 초강대국
- infiltrate 잠입하다
- conformity 준거
- censure 비난하다
- peninsula 반도
- mediate 중재하다
- imminent 절박한
- reform 개혁하다
- inevitable 피할 수 없는
- stalemate 궁지
- rhetoric 수사법
- satellite 인공 위성
- condemn 유죄 판결을 내리다
- repression 억압
- insurgent 폭도
- crisis 위기
- corrupt 타락한

- blockade 봉쇄
- treaty 조약
- declaration 선언
- blue collar 육체노동의
- white collar 사무직의
- optimistic 낙관적인
- pessimistic 비관적인
- era 시대
- anticommunism 반공주의
- nuclear family 핵가족
- bomb shelter 공습 대피소
- economic growth 경제성장
- GI 미국군인
- stereotype 고정관념
- Miranda Rights 미란다 권리
- Medicaid 저소득층 의료보장제도
- Medicare 노인 의료 보험제도
- boycott 불매운동
- segregation 인종 차별, 격리
- suffrage 선거권
- polygamy 일부다처
- fugitive 도망자
- casualty 사상자
- abolish 폐지하다
- reconstruction 재건
- immigration 이민
- Great Depression 경제 대공황
- assassination 암살
- wage 임금
- slavery 노예 제도
- antislavery 노예 제도 반대
- revolutionary war 혁명전쟁
- propaganda 허위보도
- pardon 사면
- impeachment 탄핵

 미국 주요교과 과목 – Science(과학) 편

    미국 고등학교에서 기본적인 'Biology(생물), Chemistry(화학), Physics(물리)' 를 제외하고도 다양한 과학수업을 제공한다. CSI처럼 수사 과학에 대해 배울 수 있는 'Forensic Science' 도 있고 'Astronomy(천문학), Geology(지질학), Oceanography(해양학)' 등 다양한 수업들이 있다. 졸업하기 위해서는 'Biology 와 Chemistry'는 기본적으로 배워야 하지만 더 좋은 대학에 들어가기 위해서는 'Physics' 도 배우는 것이 좋다. 사람들이 한국에서 배우는 것보다 미국에서 배우는 과학이 더 어렵다고 하는 것을 많이 들었지만 그렇게 수준 차이가 나지는 않는다.

오히려 물리 같은 경우에는 한국이 훨씬 더 어려운 것 같다.

미국은 한국하고 비교했을 때 lab위주의 수업을 많이 한다. 따라서 거의 일주일에 한 두 번은 experiment (실험)을 한다고 보면 된다. 그러나 실험이라고 해서 어렵거나 복잡하지는 않다. 대학교에 가면 과학실험이 확실히 어려워지고 시간도 보통 2시간에서 3시간 정도 걸리지만 고등학교는 그렇게 긴 실험을 하기에는 여건이 부족해 대부분 1시간 안에 짧게 끝낼 수 있는 실험을 한다. 실험을 하고 나서 개인이나 팀으로 보고서도 써야 하고 가끔 몇 주 동안 같이 준비해서 발표해야 하는 프로젝트도 있다.

고등학교 때는 일반적으로 다음과 같은 순서로 과학을 배운다. 과학을 잘하는 학생들은 9학년부터 바로 Biology나 Chemistry를 배우고 나중에 고학년에 올라가 AP를 많이 듣는다. 아예 처음부터 AP로 듣는 학생들도 있다. 자기 수준과 선택에 따라 다른 것 같다. 과학을 싫어하는 학생은 아예 처음부터 필수과목만 듣고 나머지는 쉬운 'elective(선택과목)' 로 채우는 사람들이 많다.

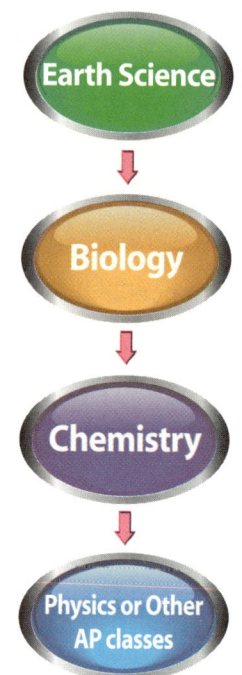

CHECK IT OUT | 알아두면 좋은 과학 용어

- acid 산
- acid rain 산성비. 빗물의 산도가 ph 5.3 이하인 것
- activation energy 활성화 에너지. 화학 반응을 일으키게 하는데 필요한 에너지
- active site 활성자리. 효소의 영역중 촉매적 활성을 일으키는 부위
- base 염기
- conclusion 결론
- theory 이론
- observation 관찰
- genetic 유전의
- catalyst 촉매
- catalytic 촉매의
- solid 고체
- liquid 액체
- gas 기체
- enzyme 효소
- cell 세포
- tissue 조직
- organ 기관
- evolution 진화
- organism 유기체
- cell membrane 세포벽
- ecosystem 생태계
- cytoplasm 세포질
- diffusion 확산
- concentration gradient 농도차
- nucleus 핵

- osmosis 삼투
- photosynthesis 광합성
- solution 용액
- electron 전자
- neutron 중성자
- positron 양성자
- protein 단백질
- carbohydrate 탄수화물
- lipid 지방
- nuclei nucleus의 복수형
- permeability 투과성
- circulate 순환하다
- lipophilic 친유성의
- polarize 극성을 갖게 하다
- depolarize 감극하다
- hydrophobic 물을 무서워하는, 물과 친하지 않은
- hydrophilic 물을 좋아하는
- homeostasis 항상성
- asexual 무성
- reproduction 생식
- germinate 싹이 트다
- gamete 배우자, 생식체
- fertilization 수정
- differentiation 분화
- anatomy 해부학
- overdose 과량 복용
- hydrogen 수소
- carbon 탄소

- oxygen 산소
- nitrogen 질소
- periodic table 주기율표
- allele 대립유전자
- asthma 천식
- habitat 서식지
- cell wall 세포벽
- cellulose 섬유소
- chromosome 염색체
- cytoskeleton 세포내골격
- evolution 진화
- evolution theory 진화론
- mutation 돌연변이
- Darwinism 다윈의 이론
- mitosis 체세포분열
- meiosis 감수분열
- species 종
- isolate 고립시키다
- decay 부식하다
- diversity 다양성
- biomass 생물량
- capillaries 모세혈관
- cardiac 심장의
- circulatory system 순환기관
- clone 복제생물
- competition 경쟁
- competitive exclusion 경쟁 제거
- diaphragm 횡경막
- digestion 소화
- digestive system 소화 기관
- duplication 복제
- hypertonic 높은 농도의, 고혈압의
- hypotonic 낮은 농도의, 저혈압의
- ionic bond 이온결합
- covalent bond 공유결합
- nucleic acid 핵산
- radiant 복사
- chloroplast 엽록체
- dominance relationship 우성관계
- gene interaction 유전자 상호작용
- natural selection 자연선택
- anti-biotics 항생물질
- metabolic activities 대사활동
- autotroph 독립영양생물
- decomposer 분해자
- pathogens 병원균
- nerve tissue 신경조직
- connective tissue 결합조직
- rib cage 갈비뼈
- joint 관절
- cartilage 연골
- excretion 배설
- blood plate 혈소판
- immune response 면역반응
- cell cycle 세포주기
- respiration 호흡
- fermentation 발효
- active site 활성자리

- chemical reaction 화학반응
- reactant 반응물
- product 생성물
- sulfur 황
- phosphorus 인
- starch 전분
- gene expression 유전자 발현
- gene interaction 유전자 상호작용
- seed plant 종자 식물
- fern 고사리
- annual ring 나이테
- phagocyte 식세포
- abortion 낙태
- contraception 피임
- egg 난자
- sperm 정자
- germ 세균
- agonistic behavior 적대행동
- symbiosis 공생
- altruism 이타주의
- precipitation 강수량
- tropical rain forest 열대우림
- terrain 지형
- raccoon 너구리
- moss 이끼류
- salamander 불도마뱀
- AIDS (*a*cquired *i*mmune *d*eficiency *s*yndrome) 에이즈
- gamete 배우자
- spore 포자
- hemophilia 혈우병
- law of segregation 분리의 법칙
- additive law 덧셈법칙
- dominant 우성
- recessive 열성
- trait 형질
- conduction 전도
- thyroid 갑상선
- regulation 조절
- defense 방어
- pollination 수분
- pollen 화분
- seedless plant 비종자 식물
- depression 우울증
- eczema 습진
- hypertension 고혈압
- diabetes 당뇨
- diarrhea 설사
- insomnia 불면증
- nosebleed 코피
- mechanism 방법
- multiplicity 다양성
- predicate 단언하다
- weariness 피로

쉬엄쉬엄 영어, 미국 알아보기 ㉜

따로 놀기를 좋아하는 미국?

내가 미국에서 5년 넘게 살면서 느낀 것이 있다. 바로 미국은 따로 노는 것을 좋아한다는 것이다. 예를 들어 우리나라를 포함해서 대부분의 나라들은 몸무게를 잴 때 킬로그램(kg)를 사용한다. 하지만 미국은 파운드(lb)를 사용한다. 1 kg은 파운드로 2.2 lb이다. 따라서 사람들은 파운드로는 몸무게를 잘 알지만 'kg'으로 얘기하면 이해를 하지 못한다. 키도 한국에서는 센티미터(cm)를 쓰지만 미국에서는 피트(ft)를 쓴다. 그 밖에 온도를 얘기 할 때도 한국에서는 섭씨인 Celsius를 사용하지만 미국에서는 화씨인 'Fahrenheit'를 사용한다. 따라서 'Celsius'로 온도를 얘기하면 미국 사람들은 감을 잡지 못한다. 따라서 미국에 갔을 때 처음에는 많이 헷갈렸었다. 사람들이 키나 몸무게나 온도 등을 얘기할 때 나는 잘 이해가 가지 않았고 또 내가 미국인들에게 한국식으로 얘기하면 그들도 혼란스러워 한다. 그 밖에 온스(oz)나 마일(mile) 등 한국에서는 잘 사용하지 않는 단위를 많이 사용한다.

정말 웃겼던 것은 이렇게 일상 생활에서는 파운드나 피트 같은 단위를 사용하면서 학교에서 과학이나 수학을 배울 때는 주로 세계적으로 공통으로 사용하는 kg이나 cm를 사용한다는 것이다. 따라서 학생들은 과학시간에 단위를 바꾸는 연습을 많이 한다. 일상 생활에도 세계공통으로 쓰이는 단위를 사용하면 편할 텐데 굳이 잘 쓰이지 않는 단위를 사용하여 두 번 고생하게 한다. 이러한 단위를 제외하고도 일상 생활에 신발을 사거나 옷을 살 때도 한국과는 다른 치수를 사용한다. 한국에서는 주로 inch나 mm를 사용하거나 여자들은 55사이즈 66사이즈, 티셔츠 등을 살 때는 95사이즈 100사이즈와 같은 치수를 사용한다. 하지만 미국에서는 일반적으로 Small, Medium, Large 또는 1에서 10까지에 숫자를 이용하여 치수로 사용한다.

– 미국 신발 사이즈와 한국 신발 사이즈 비교

[여성 신발 사이즈]

미국 사이즈	5	5.5	6	6.5	7	7.5	8	8.5	9	9.5	10	10.5
한국 사이즈(mm)	220	225	230	235	240	245	250	255	260	265	270	275

[남성 신발 사이즈]

미국 사이즈	6.5	7	7.5	8	8.5	9	9.5	10	10.5	11	11.5	12	12.5
한국 사이즈(mm)	240	245	250	255	260	265	270	275	280	285	290	295	300

EPISODE 33

수업시간에 알고 있어야 할 것들

미국에서 수업들을 때 알고 가면
유익한 정보들

미국학교 첫날은 긴장의 연속이었다. 한국에서는 학생은 한 교실에 머물고 선생님이 수업 시간쯤에 교실로 찾아가지만 미국에서는 학생이 수업을 듣기 위해 직접 선생님이 있는 교실로 찾아 가야 하기 때문에 쉬는 시간은 결국 락커에 들려 책을 챙겨 교실을 찾아가고 중간에 화장실을 잠깐 들리면 끝이다. 한국에서는 쉬는 시간이 10분 정도지만 미국에서는 5분 정도로 한국보다 짧다. 따라서 내가 미국에 처음 갔을 때 교실이 어딘지 몰라 찾아 헤매느라 쉬는 시간이 쉬는 시간이 아니었다. 그 짧은 시간에 큰 학교를 혼자서 지도 하나만 손에 들고 이리저리 돌아다녔다. 지나가던 애들한테 물어보기도 하고 선생님을 붙잡아 데려다 달라고도 했지만 제시간에 교실에 찾아간 기억이 없다. 사립학교로 옮겼을 때는 학교가 작아서 5분의 시간도 길게 느껴질 만큼 교실을 직접 찾아가는데 익숙해졌지만 공립학교를 다닐 때는 학생수가 2,000명이 넘는데다가 2층으로 되어 미로처럼 교실이 이곳 저곳에 있어 익숙해지느라 애를 먹었다. 하지만 고등학교는 같은 건물 안에서 수업을 이동하지만 대학교에 가면 건물과 건물을 이동해야 하는데 중간에 비는 시간이 길면 상관이 없지만 10분도 안 되는 시간에 캠퍼스 한 쪽에서 반대 쪽으로 이동해야 했던 적이 있다. 그 수업은 아무리 빨리 걸어도 늦어 늘 수업시작 전에 보는 퀴즈를 허둥지둥 풀었던 기억이 난다.

하지만 아무리 수업시간 전에 이런 저런 고생을 했다고 하더라도 정작 가장 큰 고생은 수업시간이다. 수업시간에 적응하고 이해하고 참여하는 것이 가장 힘들지 않을까 한다. 나는 수업 첫날에 어리버리한 상태로 멍해 있었던 것 같다. 분명히 긴장은 많이 했는데 너무 긴장한 탓인지 선생님의 말이 하나도 귀에 들어오지 않았다. 어떤 선생님들은 첫날에 수업의 내용과 규칙들을 이야기하면서 보내는 분들도 계시고 아예 첫날부터 진도를 팍팍 나가는 선생님도 있다. 첫날 선생님들이 나누어주는 'syllabus와 course info'는 꼭 챙겨 집에 와서 꼼꼼히 읽어 보는 것이 좋다. 선생님마다 점수를 주는 방식도 다르고 학생에 대한 기대도 다르고 수업시간에 지켜야 할 규칙도 다르기 때문에 미리 알아두는 것이 좋다. 선생님의 성향을 빨리 파악하는 것이 좋은 성적을 받기 위한 지름길이다.

그럼 미국의 수업시간 중에 알아야 할 것들에 대해 알아보자.

 시간표와 수업 내용

첫 시간에 'syllabus와 course info(outline)'를 주는데 가장 먼저 살펴야 할 것은 'grading system'이다. 선생님마다 점수를 다르게 주기 때문에 각 수업마다 좋은 점수를 받기 위해 어떤 것에 더 중점을 두어야 하는지 알아두어야 한다. 숙제의 비중을 크게 두는 선생님이 있는 반면에 'final exam (기말고사)'에 점수 비중을 크게 두는 선생님이 있다. 각자 개인의 'teaching style (가르치는 방식)'을 가지고 있기 때문에 주의해야 한다. 'grading system과 course organization (수업 구성)'이 복잡하면 복잡할수록 선생님이 까다롭고 신경 써야 할 부분이 많다고 보면 된다. 그 다음에 알아봐야 할 것은 숙제를 제출하지 못했거나 시험을 보지 못했을 때 'make-up'을 어떻게 할 수 있는지에 대해 알아 봐야 한다. 당연히 항상 수업을 가야 하겠지만 가끔 아프거나 어쩔 수 없는 이유로 수업에 못 갈 때가 있다. 의도적으로 수업에 오지 않아 못하는 것은 인정해 주지 않지만 피치못할 사정으로 빠지게 되면 대부분 선생님이 'make-up'을 하게 해준다. 선생님마다 make-up해주는 방법이 다르기 때문에 학기 초에 알아두는 것이 좋다. 어떤 선생님은 시험이나 숙제의 가장 낮은 점수를 몇 개 'drop(점수에 포함시키지 않는 것)' 해주기 때문에 아예 따로 'make-up'을 못하게 하는 선생님도 있다. 또한 고등학교든 대학교든 수업을 어떤 이유라도 몇 번 이상 빠지면 'fail(낙제)'을 시키기 때문에 이런 부분이 있다면 알아두고 주의하는 게 좋다. 또한 'course material(수업준비물)'이 필요하다면 미리 사두는 것이 좋다.

 시험의 종류

시험도 다양한 형식이 있다. 선생님마다 시험의 형식과 난이도가 다른데 짧게 공부해도 점수가 잘나오는 클래스가 있는가 하면 죽어라(?)고 공부해도 시험이 너무 어려워 점수가 잘 안 나오는 클래스도 있다. 어떤 클래스는 평균점수가 50점도 안 되어 선생님이 'curve(상대평가)'를 하는 경우가 많다.' curve(상대평가)'를 하지 않는 선생님은 나중에 'bonus point'나 'extra credit(추가 점수)'를 받을 수 있는 기회를 주기도 한다.

- closed book exam: open book exam이라고 따로 말해 주지 않는 이상 대부분이 closed book exam이다.
- open book exam: 교과서나 책을 보면서 볼 수 있는 시험을 말한다. 하지만 주어진 시간 안에 책을 찾아가면서 시험을 보기에는 빠듯하다. 오히려 책을 보느라 시간을 많이 허비해 시험을 제대로 보지 못하는 경우도 있다. 어떤 선생님은 open book exam을 오히려 더 어렵게 만드는 경우도 있다. 따라서 대부분의 학생들이 open book exam을 좋아하지 않는다. open book exam이라도 충분히 공부해 가야 하고 만약에 중간에 책을 본다고 해도 어디에 있는지 시험을 보기 전에 알아두는 것이 좋다.
- make-up exam: 시험을 보지 못했거나 다시 볼 때 보는 시험을 말한다.
- essay exam: 한국어로 서술형 시험 또는 논술 시험이라고 할 수 있다. 주로 영어나 사회 시간에 자주 보는 시험이다.
- multiple choice exam: 객관식 시험, 미국에서는 컴퓨터용 사인펜이 아닌 number 2 pencil을 사용한다. 따라서 지우고 다시 쓰기에 용이하다.

- take-home exam: 집에 가져가서 볼 수 있는 시험을 말한다. 집에 가서 책이나 인터넷을 찾아서 풀어가도 되는 시험이다. 하지만 대부분 문제들이 헷갈리고 어려워 아무리 집에 가서 풀 수 있는 시험이라고 해도 만만한 시험이 아닌 경우가 많다.
- true-false exam: OX로 답을 하는 시험을 말한다. 영어에서는 OX로 안하고 'T(true) 또는 F(false)' 로 답한다.
- oral exam: 구술시험이다. 주로 언어 시험을 볼 때 많이 본다.
- test: exam보다 작은 시험으로 통한다.
- quiz: test보다 더 작은 시험이다.
- pop quiz: 예고도 없이 갑자기 보는 시험을 말한다.

 과제물의 종류

과제물 또한 선생님에 따라 다양하다. 평범하게 문제나 에세이를 써오라는 선생님도 있고 독특하게 인터뷰를 하거나 게임을 만들어 오라는 선생님도 있다. 선생님들 나름대로 과제물을 통해 학생들을 가르치기 위해 다양한 방법을 동원한다. 예를 들어 'American History' 시간에 내준 과제물로 80세 이상의 노인을 인터뷰해서 미국의 경제대공황 때의 생활모습과 사회 전반적인 분위기를 파악하여 그 시대에 대한 paper를 쓰는 과제였다. 처음에는 인터뷰 할 사람을 찾는 것도 마땅치 않고 귀찮게 생각했는데 나중에 생각해보니 딱딱하게 교과서로만 배우는 것보다 그렇게 직접 내가 나서서 찾아보고 배우면서 하니까 더 기억에 오래 남는 것 같다. 그럼 미국 학교의 과제물의 종류에 대해 알아보자.

- homework (assignment): 가장 기본적인 숙제를 일컫는 단어이다. 수학문제를 푸는 것일 수도 있고 교과서 책을 읽는 'reading assignment' 일 수도 있다.

- project: homework (assignment)보다 더 많은 시간과 노력을 투자해야 되는

과제물이다. 예를 들어 물리시간에 했던 project로 이쑤시개를 이용하여 가장 튼튼한 다리를 만드는 과제였다. 'Group Project'라 여러 명이 팀을 이루어 아이디어를 짜고 토론을 하고 조사를 하며 가장 튼튼한 다리를 만들기 위해 디자인도 직접 해가면서 project를 완성했다. 그렇게 열심히 만든 다리를 'evaluation(평가)' 하기 위해 추를 매달아 다리가 과연 몇 무게까지 버틸 수 있을까 실험을 했는데 잘 버티다가 어느 무게에서 폭삭 무너지는 모습을 보고 허탈했던 기억이 난다. 비록 좋은 성적을 받았지만 남은 이쑤시개를 정리할 때 씁쓸했다.

- essay: 영어뿐만 아니라 사회, 과학 등 다양한 과목에서 자주 해야 하는 과제이다. 내용도 자신에 대해 쓰는 것도 있고 기본적인 교과내용에 대해 쓰는 것도 있고 선생님마다 다양하게 내준다.

- group discussion: 주로 수업시간 내에 내주는 과제인데 조끼리 모여서 토론을 하고 문제를 풀어서 내는 과제이다. 조원을 잘 만나는 것이 중요한데 선생님이 정해 주기도 하고 알아서 조를 짜야 하는 경우도 있다. 또한 group discussion할 때 잘하는 몇 명이 답을 내는 것이 아닌 조원 전체를 participate 하게 만들기 위해 규칙을 정하는 선생님도 있다.

- lab report: 실험 보고서, 주로 과학시간에 자주 하는 과제물이다. 개인이 낼 때도 있고 group lab report로 해서 낼 때도 있다. lab report의 구성은 주로 선생님이 정해 주신다. 그 구성대로 하지 않으면 감점을 당한다.

- presentation: 발표, 대학교 와서 저학년 때는 규모가 큰 클래스가 많아 presentation을 할 기회가 별로 없지만 고등학교 때는 거의 모든 클래스에 presentation이 한 번은 꼭 있다고 보면 된다. presentation도 1분 정도로 짧은 것도 있고 30분 정도 되는 긴 presentation도 있다. 고등학교 때

Economics(경제)를 들었을 때 팀으로 모의 사업구상을 하여 20분 정도 발표를 해야 했었던 적이 있었다. 따라서 친구들과 다양한 'visual aid(시각교구)' 등을 만들고 'power point'를 만들어 발표를 했던 기억이 난다.

- online homework: 온라인 숙제, 대학교에 가면 온라인으로 제출해야 하는 숙제가 많은 것 같다. 특히 수학이나 과학수업을 들으면 일주일에 한 번씩 'due'(마감일)에 숙제를 제출해야 한다. 온라인 숙제는 직접 제출해야 하지 않아도 된다는 장점이 있지만 일정 횟수밖에 수정하지 못한다는 단점이 있다.

- research paper: 연구 논문, 고등학교 때부터 다양한 'research paper'를 쓰게 한다. 특히 영어 시간에 많이 쓰는데 꼭 지켜야 할 논문 형식이 있어 미리 배워두고 쓰기 시작하는 것이 좋다. 보통 학교에서 선생님이 많이 지도해 주시기 때문에 잘만 따라 하면 큰 어려움이 없을 것이다. 또한 표절에 예민하기 때문에 'citation(인용)과 bibliography(참고문헌목록)'을 쓸 때 주의해야 한다. 한 장이라도 자신의 문장이 아닌 남의 것을 썼다는 것을 들키면 그 'research paper'는 'F'를 받거나 'I'(incomplete)를 받을 수 있다. 대학교에 와서는 아직 저학년이라 'research paper'를 쓸 기회가 별로 없었지만 'writing class'에서 'UN에 대한 research paper'를 쓴 적이 있다. 고등학교 때 오히려 더 많이 썼던 것 같다. 가장 기억에 남는 research paper는 「로빈슨 크루소」를 읽고 인물에 대한 분석을 했던 것과 '위대한 게츠비'를 읽고 당시 Lost Generation(잃어버린 세대)이 어땠는지에 대해 쓴 것이다.

- term paper: 학기말 논문, 주로 대학교 때 많이 쓰고 고등학교 때는 영어 시간에 쓰는 paper이다. research paper와 비슷하다고 보면 된다.

인터넷으로 성적 확인을 잘 하자

고등학교 때부터 인터넷으로 성적을 매일 확인할 수 있다. (어느 곳은 중학교 때도 가능하다.) 따라서 자신이 어떤 과목의 성적이 부족하고 어떤 과목을 잘하고 있는지 한 눈에 볼 수 있다. 숙제부터 시작해서 시험까지 선생님들이 학교 홈페이지에 점수를 올리면 학생들은 각자 아이디와 비밀번호를 치고 들어가서 자신의 성적을 확인하고 만약에 잘못된 부분이 있으면 선생님에게 미리 말해 수정할 수 있다. 대학교에 가면 시험 하나 하나의 비중이 커지고 과제의 비중이 작아지기 때문에 시험을 망치면 만회하기 힘들지만 고등학교는 다양한 과제와 퀴즈, 시험들이 작게 분포되어 있어 충분히 만회할 기회가 많기 때문에 미리미리 성적을 확인하면서 공부하는 것이 중요하다. 물론 대학교에 가서도 성적 확인을 자주 해주는 것이 좋다.

 ## 수업시간에 물어볼 때는 이렇게 물어보기

미국 학생들은 수업시간에 한 순간의 주저함 없이 질문을 한다. 간혹 포스(?)가 강한 선생님 앞에서는 주춤하는 경우도 보이긴 하지만 거의 대부분 한국인이 보면 무례하다 싶을 정도로 수업 중간에 질문을 한다. 처음에 나는 언제 질문을 해야 하는지 적절한 타이밍을 몰라 망설이다가 결국 질문을 못하고 수업 끝나고 물어보든가 아님 이메일로 물어본 적이 많다. 그럼 수업시간에 질문을 할 때 어떤 영어를 사용하면 좋은지 한 번 알아보자.

Excuse me for interrupting, but I have a question.
(방해해서 죄송하지만 질문이 있어요.)

꼭 "Excuse me for interrupting"이란 문장을 쓰지 않고 간단하게 "I have a question"이라고 해도 된다.

Could you leave that slide on the screen for a little longer?
(그 슬라이드 잠시만 더 보여주시겠어요?)

미국에서는 칠판에 강의 내용을 쓰는 것보다 'power point나 overhead projector'를 이용하는 경우가 더 많다. 따라서 note taking(필기)을 하다가 다 쓰지 못했을 경우 위의 문장을 이용하여 양해를 구하면 좋다. 만약에 이 문장을 말하기 전에 이미 슬라이드를 넘겨버렸을 경우에는 "Could you go back to the last slide? I haven't finished taking notes yet"이라고 하면 된다.

Could you give an example? (예를 들어 주시겠어요?)

이해를 하지 못했을 때 주로 사용하고 다른 예를 들어 달라고 할 때는 "Can I have another example?" 혹은 "Could you give me another example?"이라고 하면 된다. '좀 더 자세히 말해 주세요'라고 할 때는 "Could you explain that in more detail?"이라고 하면 된다. 아예 이해를 하지 못했을 때는 "Could you explain it again?"이라고 하면 된다.

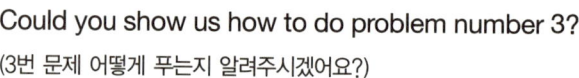

Could you show us how to do problem number 3?
(3번 문제 어떻게 푸는지 알려주시겠어요?)

주로 수학 시간에 많이 사용되는 표현이다. 같은 방법으로 풀 수 있냐고 물어볼 때는 "Is it possible to do number 5 in the same way?"라고 하면 된다. 다른 방법으로 풀 수 있냐고 물어 볼 때는 "Is there another way to solve the problem?"이라고 하면 된다.

I have a question about an earlier point.
(나는 이전 내용에 질문이 있어요.)

지금 얘기하고 있는 수업내용이 아닌 그 전에 있었던 내용에 대해 질문이 있을 때 사용한다. 어제 있었던 강의에 대해 궁금한 점이 있으면 "I have a question about yesterday's lecture"라고 하면 된다.

Is the explanation written anywhere in the textbook?
(교과서에 설명이 있나요?)

교과서에 설명이 있는지 없는지 물어볼 때 쓰는 표현이다.

Could you repeat that please? (다시 말씀해 주시겠어요?)

선생님이 하신 말을 필기하다가 다 쓰지 못했을 때 부탁하는 표현이다.

 'Review Sheet' 잘 활용하기

'review sheet'은 한국말로 복습지로 시험을 보기 전에 선생님들이 시험에 나올 'key words'(핵심 단어)들을 모아 둔 종이를 말한다. 친절한 선생님이라면 부가적인 설명을 자세하게 써 주시겠지만 대부분 단어들만 나열해놓은 경우가 많다. 따라서 'review sheet'을 우습게 여기는 경우가 있는데 시험공부를 할 때 가장 먼저 살펴야 할 게 review sheet이다. 'review sheet'은 결국 선생님이 시험에 낼 내용들과 꼭 알아야 할 핵심 단어들만 나열해 놓기 때문에 쓸데없이 이것 저것 공부하는 것보다 'review sheet'을 중점적으로 보면서 공부하는 것이 훨씬 더 효율적이다. 특히 역사나 생물같이 외워야 할 내용들이 많은 수업들은 'review sheet'이 있으면 공부하기가 더 수월하다. 만약에 선생님이 따로 'review sheet'을 만들어 주시지 않으면 직접 찾아가서 공부해야 할 부분들을 집어달라고 하면 대부분의 선생님들이 친절하게 가르쳐 줄 것이다.

GPA 계산하는 방법

GPA (Grade Point Average)는 학생이 들은 모든 수업의 평균 점수로 학교마다 계산하는 방식이 다를 수도 있다. 일반적으로 A는 4.0, B는 3.0, C는 2.0식으로 계산하며 AP 나 honors를 들으면 가산치를 부여하는 학교도 있다. 또한 대학교에서는 A+제도가 거의 사라졌고 고등학교에서 A+와 A의 점수를 같게 준다. 다만 성적표에만 A+로 나올 뿐 전체 GPA에는 별다른 영향을 미치지 않는다.

학교마다 다르지만 일반적으로 다음과 같다.

grade letter	grade letter
A	4.0
A-	3.67
B+	3.33
B	3.0
B-	2.67
C+	2.33
C	2.0
C-	1.67
D+	1.33
D	1.0
D-	0.67
F	0

점수 계산법 = [sum of (각 수업의 letter point x credit hours)/ sum of credit hours]

예를 들어 보자.

내가 12학점을 들었는데 각각 4학점씩 3과목을 들었다고 가정해보면

수학: A
과학: B
영어: B

위와 같이 성적이 나왔다.

  수학에서 A를 받았는데 A는 letter point가 4.0이니 4.0 × 4가 되고 과학과 영어는 각각 3.0 × 4가 된다. 따라서 이들의 합은 40이 된다. 이 합에 credit hours (이수 학점)은 총 12학점을 들었으니 40을 12로 나누면 대략 3.33이 나온다. 따라서 내가 들은 수업의 총 평균성적은 GPA 3.33이 되는 것이다.

수업시간에 자주 쓰는 note-taking symbols & abbreviations

  수업시간에 빨리 필기를 하기 위해 선생님도 학생도 'symbol과 abbreviation (약어)'을 사용하는 경우가 많다. 미리 알아두면 좋을 것이다. 또한 미국에서는 아직도 cursive (필기체)를 많이 사용한다. 필기체 또한 쓸 줄은 잘 몰라도 읽을 줄은 알아야 한다.

&: and
/: or
#: number
≠: not equal (틀림, 다름)
→: leading to, result in
↓: decrease
∵: because
re: regarding (관해서)

+: and
@: at
△: change
↔: either way, both ways
↑: increase
∴: therefore
no.: number
a.k.a: also known as

cf.: confer (참조), compare (대조)
def.: definition
etc.: et cetera (등)
p. or pp.: page
vs.: versus (대)
w/o: without
VIP: very important (매우 중요한)
gov't: government (정부)
socio: sociology (사회학)
chem.: chemistry (화학)

ch.: chapter
e.g.: for example
i.e.: that is
ref.: reference (참조)
w/: with
btw: by the way (부연설명)
usu.: usually
econ: economics (경제)
bio: biology (생물)

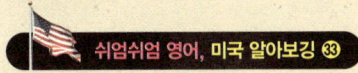 쉬엄쉬엄 영어, 미국 알아보기 ❸❸

전등이 별로 없는 미국집들?!

　미국에 처음 갔을 때 밤에 집이 매우 어둡다는 생각이 들었다. 호스트 가족과 함께 살았던 집은 전형적인 미국의 2층집으로 매우 넓었다. 하지만 밤에 그 넓은 집을 밝힐 전등이 부족하다는 느낌이 들었다. 한국 사람들은 대부분 아파트에 살면서 집 안 곳곳에 전등이 많다. 심지어 현관문에도 자동으로 켜졌다 꺼지는 전등도 있다. 미국은 어떤 방은 아예 전등이 없는 곳도 있고 있어도 방을 환히 밝히기에는 어두운 전등만 있다. 집에서 가장 밝은 곳은 부엌과 욕실이다. 그 외에는 대부분 밤에 어둡게 해놓는다고 생각하면 된다. 따라서 미국 사람들은 집안 곳곳에 램프다 전기스탠드가 많다. 원하는 곳에 램프나 전기스탠드를 설치해 놓고 쓴다. 따라서 나는 밤에 공부할 때 내 방보다 부엌에서 더 많이 했던 것 같다.

　전등뿐만 아니라 화장실 바닥에 하수구가 따로 없다. 욕조나 샤워부스가 있는 곳에만 하수구가 있지만 화장실 바닥에는 따로 없다. 한국에서는 욕실 청소를 할 때 바닥에 물을 뿌리면서 하지만 미국에서는 바닥에 물을 뿌리면 마를 때까지 기다리거나 걸레로 닦아야 한다. 또한 미국에는 부엌이나 화장실을 제외하고는 대부분 카펫이 깔려 있다. 따라서 청소를 할 때 애를 먹기도 한다. 온돌바닥으로 집을 따뜻하게 하는 한국과 달리 히터로 집을 따뜻하게 하기 때문에 카펫이 없으면 바닥이 차가워 생활하기 힘들다. 한국에서는 주로 벽지를 이용하여 집을 꾸미지만 미국의 집은 페인트 칠을 많이 한다. 대부분의 사람들이 사람을 고용하지 않고 직접 페인트 색을 고르고 페인트를 사와서 직접 칠한다. 처음에는 의식주가 한국과 많이 달라 고생을 하기도 하지만 익숙해지면 미국식 생활도 차차 견딜만 해질 것이다.

알고 보면 유용한 미국 생활 단어들

Mini Dic
for Studying in America

▶ Useful Terms for Studying in America

Useful Terms
for Studying in America

미국에서 학교를 다니고 생활하는데 꼭 필요한 단어들을 정리했습니다. 직접 겪으면서 체험한 용어들이기 때문에 앞으로 미국에 와서 생활하고 적응하는데 큰 도움이 될 것입니다.

- **abbreviation** 약어

- **absence** 결석. 무단 결석을 unexcused absence라고 한다.

- **academic advisor** 지도교사. 미국 학교에서 가장 먼저 만나게 되는 사람이 바로 academic advisor일 것이다. counselor(상담교사)라고도 한다. 한 학기 동안의 스케줄 짜는 것을 도와주고 학업에 대한 고민을 들어주는 역할을 한다.

- **academic calendar** 학사 일정표. 일년 동안의 학교의 주요한 행사나 방학이 적혀있는 일정표를 말한다.

- **academic probation** 학업에 뒤떨어져서 경고를 받는 것을 말한다. 일정기간 다시 열심히 공부를 하여 성적을 향상시켜야 하고 그렇지 못할 경우 제적을 당한다.

- **academic requirements** 졸업하기 위해 이수해야 할 필수과목. 미국에서 고등학교나 대학교 때 졸업을 하기 위해 반드시 수강해야 할 과목들이 있다. 미리 이러한 과목을 academic advisor랑 상담을 통해 필수과목과 선택과목을 잘 배분하여 시간표를 짜는 것이 중요하다.

- **academic standing** 학업 상태. 학생이 지금 학업 상태가 어떤지 말해주는 것을 말한다. 보통 advisor나 counselor한테 물어보면 알려준다.

- **accommodation** 숙박 설비

- **account number** 은행의 계좌번호로서 personal check(개인수표) 아랫단 부분 앞쪽에는 routing number(은행 지점을 표시하는 번호)가, 뒤쪽에는 계좌번호가 찍혀 있다.

- **admission application** 입학 지원서. 학교마다 중요시하는 내용이 다르기 때문에 잘 알아보고 준비해야 한다.

- **admissions office** 입학사무처. 입학에 관한 일을 관장하는 곳이다. 학교에 지원할 때부터 입학할 때 필요한 모든 일을 이곳을 통해 처리한다.

- **affirmative action** 차별 철폐 조치. 미국에서는 다양한 인종이 살기 때문에 흑인이나 여성 등 사회적 소수계층을 보호해주기 위한 지침이다.

- **allowance** 용돈. 부모마다 용돈을 얼마나 주느냐는 다르지만 일반적으로 일주일에 한번씩 주기적으로 준다. 집안 일을 하거나 심부름을 해야 용돈을 주는 부모도 있다.

- **alumni** 동창생. class는 같은 해 졸업한「동기생」을 말하는 단어이고 alumni는 졸업연도와 상관없이 같은 학교를 나온「동창생」들을 지칭할 때 쓰는 단어이다.

- **amenities** 쾌적한 문화, 편의 시설. 학교 구내 및 주변에 있는 쇼핑몰, 수영장, 헬스클럽, 은행, 극장 등 다양한 문화 및 편의 시설을 포괄적으로 의미하는 단어이다.

- **ACT** American College Test의 약자. SAT와 비슷한 시험으로 미국 대학교를 입학하기 위한 대입 수학능력시험이다. 주로 중, 서부의 대학들에서는 ACT를 많이 인정해주고 동부에서는 SAT를 중요시하는 경향이 있었으나 갈수록 대부분의 대학에서 둘 다 인정해주는 추세이다. ACT는 SAT에 없는 과학추리 파트가 있는 등 SAT와 ACT는 출제경향이 다르므로 학생 자신들의 강점과 약점을 고려하여 선택하는 요령이 필요하다.

- **Amtrak** 전 미국 철도 여객 수송 공사. 대체로 고급스러운 기차로 뉴욕과 워싱턴 D.C. 구간의 경우 심야에는 편도에 80~90불 정도이지만 바쁜 시간대에는 150불 정도로 비싼 편이다. 경우에 따라서는 비행기 값 세일 가격과 비슷한 가격대이다.

- **arcade** 오락실. 한국하고 비슷한 느낌의 오락실이다. 게임의 종류는 한국과 약간 다르지만 동전을 넣고 게임을 하는 방식은 비슷하다. 비디오 오락실이면 video arcade로 표현

- **area code** 지역번호. 미국은 지역이 방대하여 수많은 지역번호가 있다. 특히 대도시의 경우에는 여러 개의 지역번호가 사용되고 있어 잘 알고 있어야 한다.

- **associate degree** 준 학사. 2년제 대학이나 전문학교에서 받을 수 있는 학위이다.

- **bachelor's degree** 학사(BA). 석사의 경우에는 MA(master's degree)이다.

- **balance** 잔고. 통장에 남아 있는 잔고를 일컫는 단어이다.

- **ballroom** 연회장. 사교댄스 파티가 열리는 큰 연회장 같은 곳으로 파티가 없을 때는 job fair가 열리거나 banquet같은 다양한 행사가 열리기도 한다.

- **banquet** 연회. 대학에서는 학기가 끝나고 상을 주고 받는 축하연을 의미한다. Academic Banquet하면 성적이 좋은 우수학생들을 위한 축하연이고 Choir Banquet하면 합창단 내에서의 축하연을 의미한다. 다양한 Banquet이 있다.

- **bibliography** 문헌 목록. 논문이나 보고서를 쓸 때 참고한 책들을 적어놓은 목록들을 말한다.

- **birth certificate** 출생 증명서

- **brown bag** 미국사람들이 점심을 담아 가지고 다니는 갈색 종이 봉투. 학생이나 교수들도 주로 이 봉투에 샌드위치 등 점심을 넣어 다닌다.

- **bulletin board** 학교 게시판. 학교에 대한 다양한 행사와 정보가 게시되어 있다.

- **bursar's office** 대학의 출납부서. 대학에서 수업료 등 각종 돈을 내는 곳이자 대학의 수입과 지출을 관리하는 곳이다.

- **campus tour** 캠퍼스 방문. 많은 미국 학생들은 대학교 지원서를 내기 전이나 후에 자신이 가고 싶어하는 학교를 부모님과 함께 방문하여 학교의 분위기를 살피고 자신에게 적합한 학교인지 가늠해 본다. 또한 꼭 대학교가 아니어도 중학생들이 고등학교를 고를 때 campus tour를 하기도 한다.

- **career day** 학생들이 다양한 직업에 대해 배울 수 있는 날이다. 다양한 직업을 가진 사람들이 학교를 방문하여 자신의 직업에 대해 소개하거나 또는 학생(주로 고등학생들이) 부모님의 친구나 친척이 다니는 직장(예: 관공서, 병원, 회사 등)에 하루 나가 1일 현장 관찰을 하는 방법으로 진행된다.

- **career fair** job fair 라고도 한다. 대학교에 다양한 회사들이 찾아와 자신들의 회사를 소개하고 회사가 원하는 인재를 찾고 학생들은 자신이 관심이 있는 회사에 이력서를 내고 인터뷰를 할 수 있는 기회가 주어진다. 한국의 취업 박람회와 비슷하다.

- **carpool** 승용차 함께 타기로서 합승식으로 태워준다.

- **case study** 사례연구. 구체적인 사례를 중심으로 하여 집중적으로 연구하는 것을 말한다. 대학교에서 자주 쓰이는 단어이다.

- **cheating** 컨닝. 미국에서는 honor code(명예 규칙)를 중요시하여 plagiarism(표절), cheating(컨닝) 등에 대해서 매우 엄격하게 처벌하는데 심하면 퇴학을 당할 수도 있다.

- **check-up** 건강검진. medical check-up이라고도 쓴다. 병원에 가서 검진을 받을 때 사용하는 단어이다. medical examination도 같은 뜻이다.

- **co-ed** 남녀공학을 말한다. 미국 대학은 대부분 남녀공학으로서 일부 대학(Wellesley, Smith, Barnard, Bryn Mawr College 등) 만이 여대로서 전통을 지키고 있다.

- **coin** 동전

  - **nickel** 5 센트짜리 동전
  - **dime** 10 센트짜리 동전
  - **quarter** 25 센트짜리 동전

- **College Board** 미국의 대학교와 중고등학교 비영리 회원 연합. SAT와 더불어 AP Test 등 다양한 공인 시험을 주관한다. 가난하거나 사회적 소외 계층(unprivileged) 아이들을 위한 다양한 프로그램도 운영하고 있다.

- **color blind** 색맹

- **common application** 대다수 미국 대학(약 200여개)들이 공통으로 사용하는 입학원서를 의미한다. 이 원서는 www.commonapp.org에서 다운로드 받을 수 있으며 또한 고등학교 진학 상담실(high school guidance office)에 비치되어 있다.

- **core curriculum** 졸업하기 위해 꼭 들어야 할 필수과목들을 가리킨다.

- **classified ad** 안내광고. 신문이나 온라인에 작게 항목별로 구분되어 있는 광고를 일컫는다. 일반적으로 개인이 올려놓는 광고이다. 따라서 classified ad를 보면 적당한 가격에 싸게 물건을 살 수도 있고 팔 수도 있다. 텔레비전에 나오는 광고는 commercials 라고 한다.

- **class participation** 수업 참여도. 수업시간에 참여하는 것을 말하는데 기록으로 남겨 최종 학점이나 점수에 반영하는 선생님들이 많다.

- **clipped word** 단축어. abbreviation과 같은 뜻으로 쓰인다.

  - **ad** advertisement (광고)
  - **biz** business (사업)
  - **bio** biology (생물)
  - **champ** champion (챔피언)
  - **demo** demonstration (데모, 논증)
  - **exec** executive (중역)
  - **gym** gymnasium (체육관)
  - **mike** microphone (마이크)
  - **pub** public house (선술집)
  - **rep** representative (대표)
  - **sub** substitute (대리자)
  - **thru** through (~을 통하여)
  - **veggie** vegetable (야채)
  - **auto** automobile (자동차)
  - **bike** bicycle (자전거)
  - **combo** combination (결합)
  - **doc** doctor (의사)
  - **exam** examination (시험)
  - **frig** refrigerator (냉장고)
  - **info** information (정보)
  - **pic** picture (사진)
  - **pop** popular (인기 있는)
  - **ref** reference (심판)
  - **sis** sister (여자 형제)
  - **tho** though (비록~일지라도)
  - **vet** veterinarian (수의사)

- **comic strip** 연재만화. 신문이나 잡지에 실리는 연재만화를 말한다. 주로 말 풍선 (balloons)과 그림으로 구성되어 있다. comic strip과 비슷한 단어인 cartoon은 좀 더 포괄적인 의미로 사용된다. comic strip을 언급할 때도 사용하지만 텔레비전에서 아이들이 즐겨보는 만화 프로에도 쓰이는 단어이다.

- **commencement** 졸업식, graduation ceremony라고도 하지만 commencement라고도 한다. commence는 동사로 '시작하다' 라는 뜻을 가지고 있는데 '졸업을 하고 사회에 나가 인생을 새로 시작하다' 라는 뜻에서 졸업식을 commencement라고 하는 것 같다.

- **committee** 위원회. screening committee는 심사위원회.

- **consent form** 동의서. 여러 가지 동의서를 가리킨다. 학교에 제출해야 하는 동의서일 수도 있고 아파트를 계약할 때 동의서로도 사용되는 등 다양한 곳에서 접할 수 있는 단어이다.

- **convenience store** 편의점

- **copyright** 저작권. IRP는 Intellectual Property Right로서 지적 소유권을 의미한다.

- **course number** 과목 번호, 수업신청을 할 때 과목의 이름 대신에 사용하는 번호이다. 일반적으로 100~200대의 숫자는 Lower Division으로 1학년이나 2학년이 듣는 수업이고 300~400대는 Upper Division으로 고학년이 듣는 수업으로 분류된다.

- **courtesy call** 예방, 의례적인 방문. call하면 전화라고 생각하는 사람들이 많은데 'courtesy call' 은 전화가 아닌 예의상 방문하는 것을 말한다. 주로 비즈니스나 외교 활동에 많이 쓰이는 단어이다. 하지만 요즘에는 고객을 붙잡기 위해 다양한 정보 제공과 판매를 위해 하는 전화도 courtesy call이라고 하기도 한다.

- **courtesy phone** 호텔이나 공항에 필요한 정보나 긴급한 상황에 쓰는 전화를 말한다.

- **cubicle** 주로 도서관에 있는 개인용 열람석. 흔히 도서관에서 자주 볼 수 있는 칸막이가 되어 있는 책상을 말한다.

- **cultural shock** 문화적 충격

- **day care center** 보육시설 (어린이 집)

- **daylight saving time** 일광 절약 시간, 여름철에 긴 낮 시간을 좀 더 효율적으로 사용하기 위해 1시간 시계를 앞당겨 사용하는 제도를 말한다. DST라고 줄여 말하기도 하고 summer time 이라고도 한다.

- **day school** 기숙사 학교가 아닌 통학하는 사립 학교를 말한다. 기숙사 학교는 boarding school이라고 한다.

- **dean** 학장. dean's list는 우등생 명단이라는 뜻이다. GPA가 높은 우등생들의 명단으로 아마 학장이 관리하기 때문에 그러한 이름이 붙여진 것 같다.

- **deductible** 세금 공제.

- **deferral** 입학사정 보류. 대학교를 early decision이나 early action으로 지원했을 때 합격이 되지 않았지만 보류상태로 나중에 일반지원자와 같이 다시 경쟁할 수 있는 기회를 주는 것을 의미한다.

- **deposit** 보증금, 예약금. 아파트를 계약하거나 핸드폰을 살 때 내야 하는 돈을 얘기한다. 계약이 끝났을 때 다시 돌려받을 수 있다.

- **deputy** 대리의, 차석의. deputy mayor하면 부시장으로 vice mayor과 비슷하게 사용된다. deputy judge라면 예비 판사라는 뜻이다.

- **dermatologist** 피부과 의사

- **designated driver** 지명 운전자. 술을 마시러 갈 때 술을 마시지 않는 사람을 정해 운전하게 하는 것을 말한다.

- **detention** 방과후 학교에 남겨두는 것을 말한다. 학생들이 지각을 하거나 수업에 문제를 일으켰을 때 detention을 준다.

- **diploma** 졸업장, 수료 증서

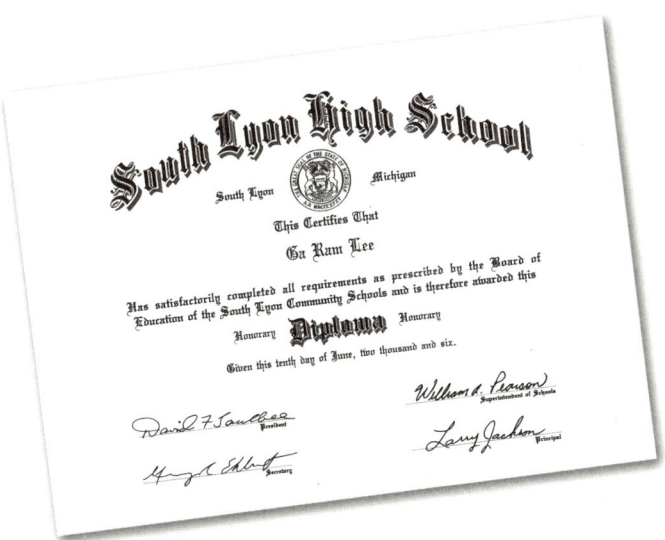

- **disease** 병

  - **acid reflux** 위산역류
  - **asthma** 천식
  - **athlete's foot** 무좀
  - **cavity** 충치
  - **cramp** 경련, 심한 복통, 생리통
  - **diabetes** 당뇨
  - **dementia** 치매
  - **fracture** 골절
  - **gastric ulcer** 위궤양
  - **herpes** 포진
  - **indigestion** 소화불량
  - **heartburn** 속 쓰림(소화불량에 의해 발생하는)
  - **migraine** 편두통
  - **neurosis** 신경증, 노이로제
  - **polio** 소아마비
  - **pneumonia** 폐렴
  - **rabies** 광견병
  - **stroke** 뇌졸중
  - **STD** Sexually Transmitted Disease의 약자로 성병을 일컫는다.

- **discount store** 할인 점포

- **dissertation** 학위 논문. 석사나 박사 논문을 의미한다. thesis도 학위 논문을 의미하며 석사 논문은 master's thesis, 박사 논문은 doctoral thesis이다. 기말에 제출하는 논문은 term paper로 표현하며 treatise는 주로 학술 논문을 뜻한다.

- **distance education** 학교에 가지 않고 인터넷이나 텔레비전, 라디오를 통해 수업을 듣는 것을 말한다. 고등학교보다는 대학생들이 시간표를 조절하기 위해 많이 듣는다.

- **dormitory** 기숙사. dorm이라고 줄여 얘기하기도 하고 residence hall이라고도 한다.

- **double space** 한 행씩 띄어 타자하다.

- **dress code** 복장 규정. 아무리 미국이 자유분방한 나라라고 해도 학교에서 복장 규정이 있다. 엄격한 학교일수록 더 심하게 복장 규정을 지켜야 한다. 예를 들어 짧은 치마를 입지 못하게 하거나 바지를 내려 입지 못하게 하는 규정들이 있다. 각종 파티나 모임 등에서도 적용된다.

- **drug abuse** 마약 남용

- **early action** 대학에 지원할 때 일반 지원이 아닌 조기 지원을 가리킨다. early action에서는 합격해도 등록을 하지 않아도 된다.

- **early decision** early action과 마찬가지로 조기 지원이지만 합격하면 반드시 등록을 해야 하

는 의무가 있는 지원이다. 따라서 자신이 진심으로 원하는 학교가 분명할 경우 학교가 지원자의 수준보다 다소 높아도 합격 가능성을 기대할 수 있다는 장점이 있다.

- **elective** 선택과목, 미국은 다양한 선택과목이 있다. 학교가 크면 클수록 그 폭도 커진다.

- **endorse** 보증하다. (주로 재정적으로 보증하는 것을 의미)

- **enrollment** 등록

- **ETS** educational testing service의 약자로 TOEFL부터 시작해서 SAT까지 다양한 시험을 주관하는 기관이다.

- **evaluation** 평가. student evaluation하면 학생이 수업의 질을 향상시키기 위해 선생님들이 만든 설문지를 말한다. 때로는 대학에서 교수나 강사의 수업 능력을 평가하기 위해 만들기도 한다.

- **exchange student** 교환 학생

- **extracurricular activity** 과외활동. 학업 이외에 운동, 클럽활동, 봉사활동 등 다양한 활동을 일컫는다.

- **eye contact** 시선을 마주침. 미국의 문화에서는 eye contact을 굉장히 중요시한다.

- **facilities** 시설. 공공기관의 건물이나 상업적인 건물들의 시설을 종합적으로 일컫는다.

- **faculty** 대학교 혹은 초, 중, 고등학교의 교직원을 가리키는 단어이다. faculty meeting은 전 교직원 회의라고 보면 된다.

- **FAFSA** Free Application for Federal Student Aid로서 미연방 정부가 지원하는 학비를 받기 위해 신청하는 양식이다. 유학생들은 받을 수 없고 영주권자는 신청할 수 있다. 가정 형편과 상관없이 누구나 신청할 수 있다.

- **Federal Express** 미국의 유명한 택배회사로 FedEx라고 불린다. 동사로도 사용하여 Did you FedEx my package? (내 물건을 FedEx로 보냈어?)라고 표현할 수도 있다.

- **fellowship** 특별 연구원의 지위로 주로 대학교수들이 받는다. fellowship은 또한 대학원생들에게 주는 특별 장학금이라는 의미도 있다.

- **field trip** 견학. 대부분 학교 버스를 타고 가까운 박물관이나 공연을 관람하러 간다. 학급 또는 학년 마다 견학 가는 곳이 다를 수도 있다.

- **financial aid package** 재정적 지원제도. 특정대학이 제공하는 grants(지원금), loans(대출), a work-study job(학교 내 직업) 등을 포괄적으로 의미한다.

- **fraternity** 남학생 사교 클럽으로 보통 'frat'이라고 부르며 회원제이다. sorority는 여자 대학 사교클럽으로 fraternity처럼 회원제이다. 이 클럽들은 동질성을 바탕으로 단단한 결속력을 가지고 있

는데 이벤트나 파티 등을 통하여 서로의 유대를 돈독히 한다.

- **full-time student** 정규 학생. 정규학생은 한 학기에 12학점 이상 듣는 학생을 말하고 비정규 학생은 part-time student로서 12학점 이하로 듣는 학생을 말한다. 학점을 따지 않고 수업 만 청강을 하는 경우에는 auditing student(청강생)라고 한다.

- **furnished** 가구가 비치된. furnished apartment면 가구가 비치된 아파트

- **glossary** 용어집, 어휘 사전

- **grace period** 유예기간. 은행에서 사용되면 이자가 없는 기간을 말하고 법조계에서는 법제도의 적용을 받지 않는 기간을 의미한다. 어떤 상황에 사용되느냐에 따라 다르지만 대부분 적용이 미루어지는 기간을 말한다.

- **GPA** graded point average의 약자로 미국학교의 성적을 나타낸다. 학교의 grading system에 따라 4.0 또는 4.5가 만점으로 되어있다.

- **graduate school** 대학원. graduate student는 대학원생. undergraduate student는 학부학생을 말한다.

- **grant** 보조금 또는 장려금. 때에 따라 다르게 사용되지만 주로 학생에게 주는 장학금이나 연구자들에게 주는 연구보조비를 말한다. 정부에서 제공하는 자금일 수도 있고 비영리기관, 회사 등에서 주는 자금일 수도 있다.

- **hardcover** 딱딱한 표지로 제본된 책. paperback은 종이 표지의 책을 의미

- **Health Certificate** 건강진단 증명서. 보통 학교에 입학하기 전에 제출하는 서류다. immunization record (예방접종 기록)도 함께 제출해야 한다.

- **health insurance** 건강보험

- **homecoming** 학년이 시작한 직후 10월쯤에 있는 행사로서 주로 학교 미식축구팀의 경기 후에 댄스 파티를 갖는다. 이때 남자는 정장을, 여자는 드레스를 입는다.

- **homestay** 홈스테이. 유학생이 현지인 가정집에서 지내는 것을 가리킨다.

- **homeschooling** 홈스쿨링. 학교에 가지 않고 가정에서 공부하며 교육을 받는 것을 말한다. 고등학교 과정까지 마칠 수 있고 중간에 다시 학교로 돌아가거나 학교를 다니다가 홈스쿨링을 할 수도 있다. 학교교육을 신뢰하지 못하는 부모들이 직접 아이들을 관리하기 위해 홈스쿨링을 많이 하며 대개는 고학년이 되면서 학교로 보내는 경향이 많다.

- **Incomplete grade** 완성되지 않은 학점을 가리킨다. 주로 대문자 'I'를 약자로 사용하여 수업과정을 마치지 못했을 때 받게 된다. 이는 학기 중에 교사나 교수가 지시한 과제물을 제때 마치지 못한 경우에 받는다. 방학기간 중 추가 과제를 마칠 경우 추후 성적표에는 I-A(Incomplete A) 또는 I-B(Incomplete B) 등으로 표시된다.

- **interdisciplinary study** 학제 간 연구. 두 가지 이상 분야를 통합하여 연구하는 학문.

Bioinformatics가 Biology (생물학)과 Computer Science(컴퓨터학)가 합쳐져 만들어진 학문인 것처럼 서로 다른 분야의 학문이 일관성을 가지도록 만들어진 학문을 말한다. 대부분 하나의 분야로 분류된 새로운 학문 분야들이다.

- **international student** 국제 학생, 외국계 학생, 유학생

- **journal** 일기 또는 학술지. 일기는 diary(다이어리)라는 단어보다 journal이라는 단어가 많이 사용된다. 학술단체에서 정기적으로 발행하는 학술지도 journal이라고 한다.

- **junk food** 정크 푸드(건강에 좋지 않은 주로 fast food)

- **junk mail** 스팸 메일

- **landlord** 집주인. 세입자는 tenant로서 landlord와 tenant 간 임대계약은 lease contract라고 표현한다.

- **Laundromat** 빨래방

- **learning disability** 학습 장애

- **leave of absence** 휴학 기간

- **liability insurance** 책임 보험. 미국에서 자동차 보험의 경우 liability insurance는 기본으로 들어야 하며 종합 보험의 경우에는 comprehensive insurance라고 표현한다.

- **license plate** 자동차 번호판. 미국에서는 DMV(Department of Motor Vehicle)에서 주로 번호판을 받는데 일반적인 번호판은 기본적인 패턴이지만 추가적인 돈을 지불하면 다양한 장식이 되어있는 vanity plate를 받을 수 있다.

- **literacy** 문자 해독력, 식자력. illiteracy rate는 문맹률을 의미

- **LSAT** Law School Admission Test의 약자로 미국 법대에 들어가기 위한 필수 시험이다.

- **maiden name** 결혼 이전의 성

- **major** 전공. 부전공은 minor라고 한다.

- **marking period** 학기 중 중간에 교수가 점수를 정리하여 공고하는 것을 말한다. 1st marking period라고 하면 학기 중 첫 번째 점수를 올리는 것을 말한다. 따라서 marking period전에 학생이 점수를 확인해서 수정해야 할 부분이 있으면 수정해야 한다. 학교마다 다르지만 한 학기에 통상 3번 marking period가 있다.

- **MCAT** Medical College Admission Test 약자로 미국 의대에 들어가기 위한 필수 시험이다.

- **memorandum** 비망록, 메모

- **mid-term exam** 중간고사. final exam은 기말고사

- **mission statement** 사명선언. 유엔 사명선언서처럼 자신의 의무를 적은 선언서를 말한다.

- **morning assembly** 아침 조회. 학교마다 아침조회가 있는 학교도 있고 없는 학교도 있다. 대부분 학교의 announcement (안내 사항)를 발표한다.

- **movie** 영화. film이라고도 한다.

> **미국의 영화 등급**
> - **G (General Audience)** 누구나 관람가
> - **PG 13** 13세 이상 관람가
> - **PG (Parental Guidance)** 부모가 자녀와 함께 하는 관람가
> - **R (Rated)** 18세 이상 관람가
> - **X rate** 포르노 영화

- **National Merit Scholarship Program** 미국 고등학교에서 PSAT 성적의 4% 상위권 학생들 중에서 학교성적, 추천서, 과외활동 등을 기준하여 선발하는 장학제도이다. 대학입학에서 유리한 자격요건 중의 하나이지만 미국 시민만이 받을 수 있고 유학생에게는 해당되지 않는다.

- **need-blind admissions** 입학원서를 심사할 때 해당 학생이 장학금을 신청했는지 여부를 고려하지 않는 제도이다. 주로 미 시민권자나 영주권자에게만 적용이 되며 일부 재정이 탄탄하거나 일류 대학에서만 실시하고 있다. 유학생에게도 이 제도를 철저하게 지키고 있는 대학은 3개 대학(Harvard, Yale, Princeton)으로서 일단 입학이 되면 유학생에게도 부모의 재정적 능력을 고려한 후 일정한 장학금을 제공해준다.

- **newsletter** 주보, 화보. 특별한 주제를 가지고 발행하는 신문이나 잡지를 말한다.

- **night person** 저녁형 인간, 아침형 인간은 morning person이라고 한다.

- **non-academic offerings** 정규수업을 들어 학점을 따는 대신에 'teacher aid'나 'lab aid'를 하면서 수업을 대신하는 것을 말한다. 성적도 좋아야 하고 선생님의 허락이 있어야 들을 수 있다. 학점은 다른 정규수업을 듣는 것보다 적거나 없다.

- **non-resident** 학교가 소재한 주에 거주하지 않는 비 거주를 의미. 미국의 사립대학의 경우에는 부모가 그 주에 살고 있든(resident) 비 거주(non-resident)이든 관계없이 학비가 동일하나 주립대학의 경우에는 non-resident의 경우에는 resident에 비해 학 학기에 수업료(boarding을 제외한 순수한 tuition)가 통상 5천불에서 심지어는 1만불까지 차이가 난다.

- **office hours** 집무시간. 사무실에서 일하는 시간이라고 보면 된다. 학생들은 office hours에 교수나 선생님을 찾아가 질문을 한다. office hours를 잘 활용하는 것이 좋다.

- **office supplies** 사무용품. 사무용품을 파는 유명업체로는 Office Depot 및 Office Max가 있다.

- **optometrist** 시력 측정 의사
- **parents' night** 선생님과 부모님이 만나 자녀 교육문제를 상담을 하는 시간이다.
- **parking permit** 주차 허가증. 주차를 하기 위해 받아야 할 허가증이다. parking lot은 주차장, parking meter는 주차권 자동 판매대라는 뜻이다. 일반적으로 길가에 있는데 동전을 넣고 주어진 시간 동안 주차를 한다.
- **party** 파티

  - **after party** 연극이나 공연 후에 가지는 파티이다.
  - **costume party** 주로 Halloween에 여는 파티로 다양한 의상으로 꾸미고 가는 파티이다.
  - **farewell party** 송별회
  - **fundraising party** 자금을 모으기 위한 파티
  - **Homecoming Party** 학년 시작 시즌에 학교차원에서 주최하는 대규모 사교파티이다.
  - **housewarming party** 집들이
  - **open house** 개방 파티. 주로 학기초에 집이나 기숙사에서 많이 여는 파티이다.
  - **potluck party** 각자가 음식을 만들어와 벌이는 파티
  - **Prom party** 미국의 고등학교 11학년과 12학년을 위한 파티이다.
  - **shower party** 선물을 주는 파티(예: baby shower, bridal shower)
  - **surprise party** 깜짝 파티
  - **welcome party** 환영 파티

- **patent right** 특허권. patent lawyer는 특허 변호사로 수익이 매우 높은 직종임. under(학부)에서는 생물학, 화학 등 이공계통을 하고 law school을 졸업하여 bar exam(변호사 시험)에 합격하면 자연스럽게 patent lawyer 분야로 진출할 수 있다.
- **periodical** 정기 간행물
- **placement test** 반 편성 시험. 미국 대학에 입학이 되었지만 영어 성적이 부족한 경우에는 영어 어학과목 일부를 수강해야 하는데 이 경우 placement test를 거쳐 성적이 괜찮으면 일주에 한 과목, 성적이 나쁘면 매일 몇 시간씩 하는 intensive course에 등록해야만 한다.
- **prank call** 장난 전화. prank는 practical joke라는 뜻으로 매우 짓궂은 장난을 의미한다.
- **preparatory school** prep school이라고도 하며 미국의 사립고등학교로서 대학교를 가기 위해 많은 유학생들과 미국학생들이 다닌다.

- **prerequisite** 선수 과목. 다음 단계의 수업을 듣기 위해 필수로 들어야 할 과목을 말한다. 예를 들어 Chemistry를 듣기 위해서는 Advanced Algebra를 먼저 이수해야 한다.

- **Prom** 고등학교 때 시니어와 주니어를 위한 사교 파티로 보통 학년 말에 있다. 학생들이 여자는 드레스를 입고 남자는 정장을 입고 즐거운 시간을 보내는 파티이다.

- **provost** 교무처장

- **PSAT** SAT시험을 보기 전에 예비시험이라고 보면 된다. 주로 11학년 때 보는 시험인데 결과가 좋은 사람에게는 National Merit Scholarship (국가 장학금)을 받을 수 있는 기회가 주어진다.

- **psychiatrist** 정신과 의사, 정신병 학자

- **psychologist** 심리학자. 미국은 기초학문으로 심리학이 매우 발달해 있는데 주로 clinical psychologist (임상 심리학자), educational psychologist(교육 심리학자), IO (industrial and organizational) psychologist(조직 심리학자), developmental psychologist(발달 심리학자) 등 여러 분야가 있다.

- **recommendation** 추천서. letter of reference라고도 한다.

- **registration** 학기가 시작하기 전에 들어야 할 수업과 시간표를 정하는 것을 말한다.

- **resident assistant** RA라고 부르며 기숙사에서 다양한 도움을 주는 사람이다. 주로 고학년 학생들이 약간의 혜택(benefit)을 받고 일한다.

- **resume** 이력서. curriculum vitae 또는 biographical data라고도 사용한다.

- **rolling admission** 입학 원서의 마감일을 정해놓지 않고 일정 분의 원서가 도착하면 screening committee를 개최하여 선착순으로 입학을 허가하는 제도를 말한다. 우수한 학생을 수시로 입학시키기 위한 제도.

- **ROTC** Reserve officers' Training Corps의 약자로 예비장교 훈련단이다.

- **RSVP** 회신을 바람. 프랑스어에서 유래된 표현으로 Repondez s'il vous plait.(Respond if you please.)

- **sabbatical year** 안식년

- **sale** 판매, 세일

  - **buy one get one free** 하나를 사면 다른 하나를 공짜로 주는 판매
  - **buy one get one 50% off** 하나를 사면 다른 하나는 50% 싸게 판매
  - **clearance sale** 창고 정리 판매, 'closeout' 이라고도 한다.
  - **fire sale** 파산이나 사고로 인해 엄청 싸게 물건을 판매하는 것을 말한다.
  - **garage sale** 중고품 판매
  - **rebate** 물건을 사면 가격의 일부를 나중에 환불해주는 판매를 말한다. 그 자리에서 환불해주는 instant rebate도 있지만 가장 흔한 것은 'mail in rebate' 로써 바코드나 영수증을 우편으로 보내면 환불해 주는 제도이다. 미국인들이 가장 자주 쓰는 마케팅이다.

- **redeem** 상품 구매시 쿠폰을 사용할 때 사용하는 단어이다.

- **scantron** 컴퓨터용 시험지로 한국에서는 OMR 카드라고 하지만 미국에서는 'scantron' 이라고 한다.

- **SAT** Scholastic Aptitude Test. 미국의 대학수학능력시험을 가리킨다. Writing/Essay(작문), Critical Reading(독해), Math(수학)로 구성되어 각각 800점으로서 총 2400점이 만점이다. SAT Subject Tests(SAT II)는 특정 과목에 대한 지식을 측정하기 위한 시험으로 사회, 과학, 역사 등 20개 정도의 특정 과목의 시험을 볼 수 있다. SAT II는 과거에는 Achievement Tests로 알려져 있었다.

- **school color** 학교를 대표하는 색. 시카고 남쪽 Urbana-Champaign에 소재하고 있는 일리노이 주립 대학의 경우에는 orange 색과 navy blue 색이다.

- **school ring** 학교 반지. 미국에서는 모교를 기억하기 위해 학교이름과 졸업연도가 새겨진 반지를 사기도 한다.

- **seat belt** 안전벨트. 운전 중에는 안전을 위해 반드시 안전벨트를 매고 아이들은 car seat을 따로 장착하고 안전벨트를 몸에 맞게 매야 한다. 뒤 좌석에 있어도 반드시 좌석벨트를 매야만 한다.

- **sexual harassment** 성희롱. 성적으로 불쾌한 발언, 접촉 등을 말한다.

- **soap opera** 연속극. 대부분 낮 시간에 주부들을 대상으로 방영되는 남녀 간의 멜로 드라마를 의미한다. 이에 비해 sitcom은 situation comedy의 약자로 한국의 시트콤처럼 매번 새로운 내용의 홈 코미디를 말한다. Friends(프렌즈)가 유명하다.

- **social gathering** 친목회, 친구들이나 친한 사람들이 만나는 것을 말한다.

- **social security number** 사회 보장 번호. 우리나라의 주민등록번호와 같은 개념이다. 미국에서는 은행구좌를 개설하거나 운전면허증 등을 받기 위해서는 필수적으로 요구된다. 물론 유학생의 경우에는 SS 번호가 없어도 학교 구내에 들어와있는 은행에서는 학생증 만으로도 구좌를 개설할 수가 있다.

- **special education** 특수 교육. special need가 있어 special care가 필요한 학생들을 위한 교육으로서 주로 정신 지체아(the mentally retarded) 학생들이 대상이 된다.

- **stationary** 문방구. mechanical pencil은 샤프 펜슬, pencil sharpener는 연필깎이

- **student council** 학생회. student directory는 학생 주소록을 의미

- **studio** 오피스텔 형태로 되어있는 빌딩 안 one room 타입의 방을 의미

- **study group** 같이 모여 공부하는 그룹

- **Summa Cum Laude** 졸업할 때 최우등생에게 주어지는 상이다. 우등생에게는 Magna Cum Laude라는 상이 주어진다. 또한 우등생들을 위한 클럽인 Phi Beta Kappa도 있는데 미국의 유명한 지도자들 중 이 클럽 출신들이 많다.

- **summer school** 여름학교

- **suspension** 정학. 학교에서 문제를 일으켰을 때 정학을 준다. 학교마다 정학을 주는 기간과 규범이 다르다.

- **tardy** 지각. 무단지각을 unexcused tardy라고 한다. 통상 부모가 등교시간 직후(아침 8시 전후) 학교 측 지정 연락처에 합리적인 지각 사유를 통보하면 무단으로 처리되지는 않는다. 무단지각이 많으면 detention을 받을 수도 있다.

- **teacher aid** 조교 또는 TA라고 한다. 고등학교에서는 고학년 학생들이 주로 하고 대학교에서는 대학원생들이 주로 한다. TA를 하면 선생님이나 교수의 인정을 받을뿐만 아니라 좋은 경력이 될 수 있다.

- **toll free number** 무료 전화 번호. collect call은 수신자 부담 전화 번호

- **tow-away zone** 견인 구역. 주차공간이 아닌 지역으로서 주차 시 towing을 당할 수 있다.

- **transcript** 성적표. 학교마다 다르지만 통상 초, 중, 고등학교에서 marking period가 끝날 때마다 집으로 성적표를 보낸다.

- **undecided student** 전공을 정하지 않은 학생

- **university press** 대학 출판부

- **utilities** (전기, 수도 등) 공공사업. public utilities로도 사용한다. utility bill이면 전기, 수도, 가스비 등 공과금을 의미

- **waitlist** 대기자 명단. waiting list라고도 표현한다.

- **wire** 송금하다. transmit money도 같은 표현이다.

- **yearbook** 졸업 앨범. 졸업 앨범이라고 해서 졸업생들의 사진만 있는 것이 아니라 전교생의 사진이 들어있다. 또한 클럽활동의 사진과 다양한 학교활동의 사진들도 들어가 있어 학교시절의 추억을 되살릴 수 있다. 졸업 앨범은 원하는 사람만 돈을 주고 사야 하는데 사고 나서 졸업 앨범 앞뒤에 친구들끼리 서로 메모를 써준다.